本书获得北京大学上山出版基金资助，特此致谢！

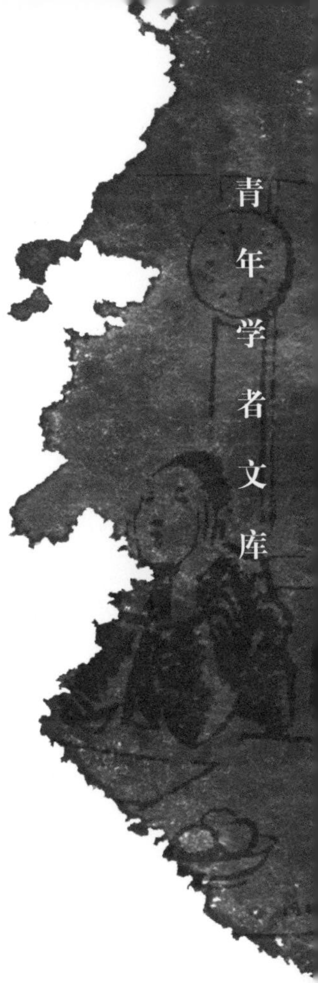

青年学者文库

民国时期中学国文教科书研究

Study on Middle-School Chinese Textbooks in the Republican Period

李斌 著

北京大学出版社
PEKING UNIVERSITY PRESS

图书在版编目(CIP)数据

民国时期中学国文教科书研究/李斌著. —北京：北京大学出版社，2016.11

（青年学者文库）

ISBN 978-7-301-26891-9

Ⅰ.①民… Ⅱ.①李… Ⅲ.①中学语文课—教材—研究—中国—民国 Ⅳ.①G633.302

中国版本图书馆 CIP 数据核字(2016)第 027809 号

书　　名	民国时期中学国文教科书研究 MINGUO SHIQI ZHONGXUE GUOWEN JIAOKESHU YANJIU
著作责任者	李　斌　著
责任编辑	延城城
标准书号	ISBN 978-7-301-26891-9
出版发行	北京大学出版社
地　　址	北京市海淀区成府路 205 号　100871
网　　址	http://www.pku.cn　　新浪微博：@北京大学出版社
电子信箱	pkuwsz@126.com
电　　话	邮购部 62752015　发行部 62750672　编辑部 62756467
印 刷 者	三河市博文印刷有限公司
经 销 者	新华书店
	965 毫米×1300 毫米　16 开本　21.75 印张　252 千字
	2016 年 11 月第 1 版　2016 年 11 月第 1 次印刷
定　　价	48.00 元

目 录

序　言

温儒敏

李斌先生的博士论文《民国时期中学国文教科书研究》即将出版，邀我写篇序言，我当即就答应了。这是一个重要的课题，以往还很少见到这方面的研究成果。我知道人民教育出版社正承担关于"百年语文"的课题，也苦于这方面缺少殷实的成果可作借鉴。这个题目做好了，对于当下的中小学语文教科书的编写，也有参考意义。

由于政治和战争等原因，民国时期的国文教科书出版情况非常散乱，要进入这方面研究，必须先做资料清理工作。该书作者查阅了清末直至1949年的半个多世纪的中学国文教材，还从晚清及民国时期的报刊、名家的书信日记和后人的回忆中，钩稽出了大量有关中学国文教科书的相关信息，在此基础上逐一清理出民国各时期国文教材的编写情况和教学实践的不同反应。现在喜欢说什么都是"工程"，我觉得李斌这种研究才是工作量极大的"工程"。本书第一次全面而清晰地把民国时期中学国文教科书的面貌呈现出来。仅此一点，该书就在学界站住了。

我比较感兴趣的是该书所发掘的早期一些重要的国文教科书，如林纾、吴曾祺、刘宗向等在清末民初编辑的中学国文教材。这些教材当时就有很大影响，甚至为此后百年的教科书选文（主要是古文部分）奠定了基础。作者对这些教材的定位，是比较公允的。该书下工夫的还有教科书编写背后的思想资源。如五四时期的教科书，就受到《新青年》相关讨论的影响，胡适、刘半农等对教科书编写是有过很大支持的。在讨论《国文百八课》时，作者关注到这套教材对语文作为一门“科学”的界定，以及这一界定在教育史上的意义。前一阵《国文百八课》成为传媒的“热点”，似乎还很少有人注意到这一点。此外，对1940年代国民政府编定的“国定”本初中国文与开明书店的四套新编国文教科书的研究，也是这本书的一个亮点。

应该指出，中学国文（语文）教材的设置和编写，与整个国民教育的总方针是分不开的，并且是教育方针实施的一个重要部分。由于教育方针具有一定的时代性和政治性，中学国文（语文）教材教学也必然具有一定的时代和政治色彩。对此，该书作者在缕述民国时期中学国文教材演化递变时，始终对这一点（如说到清末的教育改制、新文化运动的影响以及后来的国民党的“党化教育”等）加以注意。另一方面，又注意到当时中学国文教育毕竟和后来国民党加强控制有所不同，国文教材的编写还具有相当的独立性，编写单位和个人以及社会舆论有着相对的自由度。从这样的实际情况出发，作者按史的发展框架，有条不紊、层层深入地分析考察民国时期的中学国文教材，基本勾勒出那一段历史时期中学国文教材演进、演化、演发的情况。

作者对民国时期中学国文教材历史的整理，始终有一条线索，就是“语文教学内容”四个方面（思想教育、技能训练、知识灌输和文学教学）的“纠缠”“冲突”，他试图从这些纠缠和冲突中（实际指它们之间轻重主次的“排序”和“关系”），总结出一些规律性的东西，以回应近年来关于语文教学的某些讨论。

由于民国时期中学国文教材包容的时间跨度长，教材总量多，内容驳杂，想建构一个很好的论文框架，选择话题、进行明晰的论述，并非易事。但从已成书稿看，由于作者做了大量的资料搜寻、研读工作，弄清了教材编写的总体面貌，洞烛幽隐，多有辨证，新见叠出。这些富于启示的见解比较集中体现在结语部分，我们列数一下看看：

> 语文天生就有思想教育的功能，所以语文教育要讨论的不是有无“人文性”的问题，而是什么样的“人文性”的问题；
>
> 无论哪个时期，都不可能把中学语文仅仅作为一门工具学科，教科书选文和对选文的处理无不融入和体现出教科书编者的价值观念及政治立场；
>
> 语文教学中的“人文性”并不等于思想政治教育，将工具性混淆为知识教学是不适宜的；
>
> 语文教育应当突出培养和训练学生的读写能力；
>
> 语文教育中的知识教学必须为提高学生的读写能力服务。

我很惊讶，这些观念都和现在课改的理念不谋而合。该书不仅具有重要的学术价值，而且对当下的语文教学具有鲜明的现实意义。

关于语文，我们已经有太多的争议和讨论，有太多的文章和所谓“成果”，但始终还是经验性的纠结为多，学理性的总结较少，通常就是观点加例子，难得见到严密细致的量化分析与科学的论证，往往就是公说公有理，婆说婆有理。如果要让语文教育走向比较理性的科学的路，我们需要更多扎实的研究，首先就要弄清“家底”。百年来尤其是最近二十多年来我国语文教学的历史经验，就是“家底”。尽管人们对语文教学状况有这样那样的不满，甚至有些愤激，但无可否认，以往的语文教学还是成绩巨大，经验丰富。当我们进入研究，就必须对此保持一种温情与敬意，当然还要加上分析的态度，守正创新，把以往语文教学好的东西继承下来，绝不能搞虚无主义，一切推倒重来。

这也是李斌这本书给予我的另一个启示。

是为序。

2012年4月28日于南院

引 言

自上世纪末以来，中学语文引起了人们的持续关注。无论是其性质、课程设置还是教科书编辑，以往的定义和做法都被质疑并有新的尝试。这种时候，尤其需要对它进行“科学的研究”①。在我看来，“科学的研究”需要两个基础，一是调查现实情况，一是总结历史经验。这两方面都有人在做，但成就都不大。人们往往习惯于语文教学实践的具体描述和抽象名词的纠葛，比如长期以来语文人文性与工具性的讨论，而对实际调查和历史研究缺乏兴趣。这显然不是解决问题的正确思路。实际调查有赖于具有社会科学背景的专家从事，作为人文学科的研究者，我更适合探究历史。探究历史得出的不是语文究竟是什么的确定答案，而是追究语文教育在某一特定语境下呈现出某种现象的原因。历史研究不给出标准答案，也不必寻求定论，但我们却能从中获得经验和方法，去综合考虑和解决当前语文教育面临的问题。

---

① 温儒敏在谈到语文高考时说：“语文高考命题和阅卷是一门学问，应该上升到理论的科学的层面，要调查分析社会接受程度等各个方面的情况。我们那么大一个国家，要有人专门研究这个问题。现在对语文高考缺乏真正科学的研究，这也是一个问题。”(《中学语文改革要考虑大多数人的问题》，《温儒敏论语文教育》，北京：北京大学出版社，2010 年。)他在谈到低年级的阅读问题时说：“大家都被一些功利性的缺少科学论证的说法弄得很紧张。目前我们对学前儿童及低学段学生的阅读也还缺少科学的研究，需要整合多学科来共同完成，给千百万家长一些可靠的认识。”(《“不要输在起跑线上”有误导》，同上书。)他对“科学的研究”的强调，给我很大的启发。

一

近年来,除语文教育史家外,越来越多的文学史家和历史学家开始关注民国时期的中学国文教育,并认识到这一课题的复杂性。陈平原在2002年曾说:"中学国文教育,时至今日仍是个棘手的难题。"[①]罗志田在探讨陈寅恪所出国文试题后称:"中学国文教育在20世纪上半叶中国的教育界一直受到持续关注,包括梁启超、胡适等人都曾参与讨论,而胡适本人更有三次同样题目的演讲。其间新旧中西的层次至为复杂,很多人的见解与我们常规认知未必接近。"[②]说它"棘手""复杂",一方面暗示出这一课题尚未取得较高成就,另一方面也说明它有魅力,召唤着尝试者。

话题值得探讨,但范围太大,从何入手?任何真正的历史研究必须建立在翔实的史料基础上,探讨民国时期的中学国文教育也不例外。语文教育专家李杏保、顾黄初认为,现代语文教育史料主要由四方面组成:一是相关刊物上有关语文教育的文字,二是各类语文课本,三是民国时期出版的语文教学研究专著,四是后人有关语文教学实践的回忆资料。[③] 这四个方面,再加上相关的书信、日记,官方有关语文教育的法令政策和措施,及各地档案馆所存中学档案,就能够比较完整地反映我们可能接触到的史料情况。

目前,对上述材料的研究已取得一些成绩,其成果可分为两类。第一类根据史料情况,分块讨论。有些考察语文教育家的中

---

① 陈平原:《八十年前的中学国文教育之争——关于新发现的梁启超文稿》,《中华读书报》2002年8月7日。

② 罗志田:《近代读书人的思想世界与治学取向》,北京:北京大学出版社,2009年,第189页。

③ 李杏保、顾黄初:《中国现代语文教育史》,成都:四川教育出版社,2000年第二版,第17—18页。

学国文教育思想，比如对叶圣陶的研究。有些研究官方中学国文教育政策的变迁，比如对课程标准的研究。[①] 有些研究教科书，比如对《国文百八课》的研究。相关的语文教育史著作，在具体章节的设计上，一般以时代为经，以语文教育思想、课程标准、教科书为纬，全貌描述，这就是建立在分块研究的基础上。第二类成果综合运用上述史料，集中探讨某一问题。比如郑国民《从文言文教学到白话文教学——我国近现代语文教育的变革历程》[②]、蔡可《现代中学语文课程与文学教育的演变》[③]、耿红卫《革故与鼎新——科学主义视野下的中国近现代语文教育改革研究》[④]等著作，就分别抓住文言文与白话文在语文教科书中的比例变化、文学教育与中学语文教育的关系、语文教育中的"科学主义"等话题，综合运用官方的政策措施、教科书和教学法、舆论等史料进行考察。

上述两类成果，构成了民国时期中学国文教育史研究的主体，为这一课题的进一步展开积累了经验，但也有需要反思的地方。

第一类成果中，对以叶圣陶为中心的语文教育家的研究最多。长期以来，教育学者多着眼于叶圣陶、朱自清、夏丏尊等有限的几位语文教育家。近些年来，文史学家介入这一话题后，开始触及胡适、梁启超、陈寅恪等人的语文教育思想[⑤]，但大都从研究者的兴趣出发，显得零星，不成系统。研究中学国文课程标准的，多止步于

---

① 以颜禾《1941年中学国文课程标准评析》(《教育评论》2007年第1期)、江明《影响中国20世纪的语文课程纲要——民国时期的课程纲要介绍》(《语文教学通讯》2005年第15期)等文为代表。

② 北京:北京师范大学出版社,2000年。

③ 北京大学博士论文,2005年。

④ 济南:山东教育出版社,2008年。

⑤ 以蔡可《现代中学语文课程与文学教育的演变》中有关胡适部分的论述、陈平原《八十年前的中学国文教育之争——关于新发现的梁启超文稿》、罗志田《斯文关天意:1932年清华大学入学考试的对对子风波》为代表。

面貌和变迁过程的描述，甚至连历次课程标准起草委员会的构成都还没有揭示出来，更不用说深究其产生和变化的政治、文化、制度因素了。至于教科书，研究者认为："学者们对它的研究显然是太不够了。无论对我国近百年来的种类数以千计的语文教科书，新中国建立40余年来的语文教科书，还是对近年来在体系、体例方面都新开堂奥的10余种语文教科书，都少见全面而系统的研究。"①这话是符合事实的，民国时期的中学国文教科书，其概貌就还没有被描述过。

综合运用各类史料集中探讨民国时期中学国文教育中某个"问题"，如果做得好，当然是最理想的，但就目前学科现状来说，却很难做好。一般来说，只有在对相关史料进行系统挖掘、整理和分门别类等初步研究的基础上，才会有就某一学科的某些核心问题的具体探讨。在民国时期中学国文教育很多基本情况都没弄清楚的情况下，贸然进行所谓的"问题"的探讨，这种后设的问题意识是否在历史中真实存在，值得怀疑。历史比我们今天对它的想象丰富得多，理想的历史研究不仅仅会启示我们如何解决今天正遇到的问题，也会为我们将来如何面对预料不到、却可能会发生的事情提供启发。所以有必要抛开后设的"问题意识"，尊重历史的"主体性"，研究历史本身的复杂因素。

要发现历史本身的"问题"，必须先对相关的一手材料分门别类，进行扎扎实实的挖掘、整理和阅读。而在民国时期中学国文教育的相关史料中，最迫切和最具可行性的是整理和研究教科书。其原因有四。第一，按理说，档案才是近代史研究最重要的材料，但个人能力有限，一是没条件到处跑，二是档案材料没有边际，三是现在档案馆的开放和服务还远远不能满足研究的需要。而民国

① 朱绍禹主编:《中学语文教材概观》，北京:人民教育出版社，1997年。

时期主要流行的中学国文教科书,凭个人之力,大部分尚能找到。第二,教科书非常重要。有学者认为:“教科书的历史,在一定意义上就是基础教育的历史。”[①]这是符合民国实际情况的。1926 年,杨贤江说:“大半的中小学校的教师仍是教科书的教师;换句话说,大半的中小学的教授乃是教科书的教授(textbook-teaching)。”“一切教师当开始任职时,差不多全要依赖教科书的;有些甚至永久地采用教科书;而有些经验的教师,也有大半的工作是离不开教科书的。”[②]第三,教科书是官方教育政策、民间教育观念和各地中学具体教学实践之间的桥梁和中介,对它的研究,最有可能整合相关史料,呈现历史的丰富和复杂性。第四,目前有关中学国文教科书的研究,从规模和深度来说,都远远不够,跟这一课题的重要性还不相称。

二

已有的民国时期中学国文教科书研究可分两个阶段。第一阶段为民国时期,其研究队伍主要由三股力量组成。第二阶段为 80 年代至今,其研究人员主要由教育史家及文史学家两支队伍组成。

民国时期的研究力量一是语文教育家阮真 1929 年在中山大学教育研究所带学生展开的研究。他们对当时最通行的四种初中国文教科书篇目、字数、文体、排序等指标进行量化统计,目的是为了编一本取四书之长的更为“合理”的初中国文教科书。二是 1930 年代黎锦熙在北平师范大学带领学生展开的研究。1925 年,黎锦

① 朱绍禹主编:《中学语文教材概观》,北京:人民教育出版社,1997 年,第 2 页。

② 杨贤江:《教科书教授的利弊与采用补充教材之研究》,《教育杂志》第 18 卷第 12 期,1926 年。

熙开始编著中学国文教科书书目提要[①],其内容除关于"审定"教科书的"内容体例的叙略"外,还将清末民国时期的中学国文教科书分为"姚选标准时期""曾选标准时期""新文学勃兴时期"以及"民十六至现今"四个时期。1930 年代,他的学生王恩华、王国栋、洪芸仙继续编辑书目提要,并发表了相关成果。[②] 三是 1940 年代《国文月刊》刊登的研究文章。余冠英《坊间中学国文教科书中白话文教材之批评》[③]没有针对具体某一套中学国文教科书,而是就普遍现象提出意见。张清常《对于坊间中学教科书所选"学术文"教材之商榷》[④]选择 1930 年代三套高中国文教科书的五、六两册为研究对象,探讨"'学术文'选注编制等问题"。除这三股力量外,虽有一些零星文章值得钩稽[⑤],但大都是就某一套教科书的批评,算不上系统的研究。

新中国成立后长期未见相关研究成果发表,直到 1980 年代中期,才开始有零星的成果出现,迄今为止出现了四种研究思路及新的研究动态。

---

① 《书目提要》即《三十年来中等学校国文选本书目提要》的简称。该文发表于 1933 年《师大月刊》第 2 期,有很多油印本流行。

② 这些成果包括王恩华《国难后中等学校国文选本书目提要》(《师大月刊·卅二周年纪念专号》,1934 年 12 月 17 日)、王国栋《非常时期国文教材研究》(《师大月刊》第 29 期,1936 年 9 月 30 日)、洪芸仙《高中国文教材之研究》(《师大月刊》第 24 期,1936 年 1 月 30 日)。

③ 《国文月刊》第 17 期,1942 年 11 月 16 日。

④ 《国文月刊》第 18 期,1942 年 12 月 16 日。

⑤ 顾黄初、李杏保《二十世纪前期中国语文教育论集》收录一些,但遗漏的重要文章还有很多。

第一种属介绍性质，于1980年代中后期开始出现[①]，大多以短篇幅勾勒出民国时期中学国文教科书的发展概貌。第二种集中探讨“编制”。颜禾《近现代对中学语文教材编写的论争》[②]、《20世纪40年代的中学语文教材编制思想》[③]，李杏保、顾黄初《中国现代语文教育史》[④]中有关教科书的介绍，周庆祥《中学语文教材概论》[⑤]中题为“近代语文教材的编制”的第四章，郑国民《从文言文教学到白话文教学》中题为“语文教科书的变革历程”的第三章[⑥]，及大量有关《国文百八课》的研究成果[⑦]，都集中在“编排方式”的探讨。第三种思路是用文化研究的方式，研究教科书的性别、阶级

---

① 我见到的有王贵寅《我国中学语文教科书的演变及其发展趋势》(《吉林师范大学学报》[人文社会科学版]1987年第1期)、颜禾《我国近现代中学语文教材编写史略》(《教育评论》1988年第1期)、刘正伟《1901—1949年语文教科书发展研究》(《中学语文教学参考》1997年8—10月)、温立三《中学语文教科书世纪回眸》(《中国图书评论》2000年第3期)，闫萍等《中国现代中学语文教材研究》(北京：文心出版社，2007年)等。

② 《教育评论》1989年第4期。

③ 《教育评论》2008年第3期。

④ 该书在教育史专业领域内影响较大，已经出到第3版，由于两位主编参与了陈必祥主编的《中国现代语文教育发展史》(昆明：云南教育出版社，1987年)一书，所以该书内容对陈书多有延续，而陈书影响也很大，香港学者陈国球在其《文学教育与文学经典的传递》一文中多处引用，后者收入陈平原等著《教育：知识生产与文学传播》(合肥：安徽教育出版社，2007年)一书。

⑤ 长沙：湖南师范大学出版社，1993年。

⑥ 郑国民：《从文言文教学到白话文教学——我国近现代语文教育的变革历程》，北京：北京师范大学出版社，2000年。

⑦ 如黄光硕《〈国文百八课〉的体系和选文》(《课程·教材·教法》1986年第6期)，张复琮、曾祥芹《〈国文百八课〉文章学系统——评夏丏尊、叶圣陶的七十二篇“文话”》(《河南财经学院学报》1986年第4期)，黄光硕《〈国文百八课〉的习问》(《课程·教材·教法》1989年第4期)，王倩《体上求用　用中见体——〈国文百八课〉“文话”系统对作文教学的启示》(《首都师范大学学报》[社会科学版]2003年第3期)，胡小敏《〈国文百八课〉研究》(浙江师范大学硕士论文，2004年)，林喜杰《〈国文百八课〉研究》(首都师范大学硕士论文，2004年)，岳辉《〈国文百八课〉文话研究》(北京师范大学硕士论文，2005年)，王荣生《从文体角度看中小学作文教学——从〈国文百八课〉说起》(《上海教育科研》2008年第3期)。

及种族等价值取向，这方面的成果我仅见商丽浩、李可依《简析民国高中国文教材中女性文选》[①]一文。

上述三种研究思路都体现在教育学者的论文中，新世纪以来，越来越多的文史学家开始介入这一领域，其成果表现出两种面相。

第一种面相探讨教科书与文学观念变迁的关系。徐雁平《从中学国文教科书看近世文学观念的转变》[②]认为新文化运动以前中学国文教科书都选桐城派的文章，并重点探讨了胡适的文学观念和整理国故的思想对顾颉刚、叶圣陶等编辑的《初中国语教科书》等中学国文教科书的影响，表明"白话文学的地位可以说是在知识与权利的配合下确立起来的"。陈尔杰《"文章选本"与教科书——民初"国文"观念的塑造》[③]不赞同徐雁平的观点，他注意到讲究"韩欧义法"的刘宗向在他所编的中学国文教科书中并非拘泥于桐城文，认为这是"编纂者原本具有的'文章'观念""因应教育的制度现实"所造成的，此外，他还讨论了民初中学国文教科书中文体分类与当时文学观念转变之关系。姚丹《二十世纪二三十年代中小学新文学教育——以教材为考察对象》[④]探讨了中学国文教科书中冰心、胡适等人的作品对于培养学生的"文学感觉"与"新的文学观"的作用。吴晓峰《国语文教科书中的文言白话之争》[⑤]通过商务印书馆《新学制国语教科书》和中华书局《初级国语读本》的比较，揭示"国语运动和文学革命在国语价值和国语建设目标认识上的差异"。

第二种面相探讨某一篇或某一类作品在教科书中的分布及形

---

① 《教育学报》2005 年第 6 期。
② 《现代中国》2002 年第 3 辑。
③ 北京大学硕士论文，2008 年。
④ 《鲁迅研究月刊》2008 年第 8 期。
⑤ 《学术论坛》2005 年第 10 期。

态。藤井省三《鲁迅〈故乡〉阅读史——近代中国的文学空间》①中题为“教科书中的《故乡》”的第二章，细致考察了《故乡》在教科书中被收录和处理的方式。② 刘洪涛《现代中学语文的外国文学作品形态分析》③通过对1920—1930年代出版的二十四种初中国文教科书和七种高中国文教科书的统计分析，探讨外国文学作品在教科书中的存在形态。陈宇航《译介、欧化与国化——20世纪20年代初翻译文学进入中学国语教科书的进程与作用》④通过对教科书篇目、内容的统计分析，“阐明了翻译作品在当时教科书中充当的‘全职文学角色’和‘奠定了现代文学观念’等作用”。吴元元《二十世纪二三十年代初中语文教科书中的外国文化》⑤，对中华书局《初级国语读本》与世界书局《初中国文》两套教科书中的翻译作品、介绍外国文化的作品、借用外国文化举例论证的作品进行了“简单的梳理和分析”。蔡可《现代中学语文课程与文学教育的演变》⑥第五章集中探讨中学国文教科书中“文学”的位置，跟上述诸人的研究思路相似。

三

上述成果在规模上要么为单篇论文，要么作为语文教育史或其

---

① 北京：新世界出版社，2002年。

② 通过与试卷对比，藤井敏锐地发现：“有关现代文学的试题始终是被作为单纯的常识性问题。这似乎暗示着从作为‘文本’的《故乡》产生的‘读法’的多样性与以根据分数排序列为目的的考试试题的冲突。果真如此，那么教科书的这些注释和问题，为什么从多种‘读法’中只选择特定的读法？”（藤井省三著，董炳月译《鲁迅〈故乡〉阅读史——近代中国的文学空间》，北京：新世界出版社，2002年，第65页）这是很好的问题，有待来者继续思考。

③ 《中国现代文学研究丛刊》2003年第3期。

④ 清华大学硕士论文，2004年。

⑤ 北京师范大学硕士论文，2008年。

⑥ 北京大学博士论文，2005年。

他专著的有机组成部分。这就意味着,还没有一部专门研究民国时期中学国文教科书的著作。因有如下两种严重情况,这一缺失并非无关紧要。

第一种情况是,因对研究对象缺乏了解,相关成果中有很多史料错误。

首先,有关民国时期中学国文教科书的工具书中存在大量错误。这里略举几处。1934 年版《第一次教育年鉴》戊编《教科书之发刊概况》是研究教科书的必备工具书,其第一九二条有:“民二十一,中华书局出版朱剑芒高初中国文各六册”;第一九六条有:“同年,中华书局出版徐蔚南之创造国文读本六册”。两处说法都不准确。第一,这三套教科书并非中华书局而是世界书局所出。第二,朱剑芒《初中国文》并非出版于 1932 年,其第 1、2 册 1929 年 6 月出版,第 6 册 1929 年 8 月出版。第三,朱剑芒《高中国文》并非六册,而是三册,每册分上下,1930 年 1 月出版。第四,徐蔚南《创造国文读本》前三册初版于 1932 年,后三册初版于 1933 年。北京图书馆与人民教育出版社图书馆合编,书目文献出版社 1995 年版《民国时期总书目 · 中小学教材》是另一教科书研究的基本文献,该书第 186 页左栏两条为:“新学制国语教科书(1—6 册),顾颉刚、叶圣陶等编,王云五等校”,“新学制初级中学国语教科书(1—6 册),周予同等编辑,胡适等校”。这里提到的两套教科书其实是同一套教科书。第一、二册周予同、吴研因、范祥善编辑,第三至六册顾颉刚、叶圣陶编辑,全书由胡适、王云五、朱经农统一校订。《从文言文教学到白话文教学》一书题为“1902 年至 1935 年出版的中小学语文教科书”的附录称叶圣陶、周予同分别编了两套教科书。该书说明此附录参考了北京师范大学的馆藏,似乎不会出错。其实作者只抄录了《民国时期总书目 · 中小学教材》中的条目,没有认真核对馆藏，所以也就跟着错了。

工具书中出现错误，也许是编制时粗心所致，但学术论文也常常犯错。比如，《中国现代中学语文教材研究》一书第 393 页介绍了一套《高中国文》：“《高中国文》是由国民政府教育总署编审委员会依据 1936 年颁布的《高级中学国文课程标准》编写的，1938 年 8 月由新民印书馆股份有限公司出版发行的一套高中国文教材。”这套教材 1938 年的版本，署“教育部编审会”，所以作者看到的应该是 1941 年的修订版，著作者署“教育总署编审会”。这一机构属于沦陷区华北政务委员会，如果稍具历史常识，当不会在这一机构前面加上“国民政府”的字样，况且，国民政府并没有设立过“教育总署编审委员会”这样的机构。又如，《从中学国文教科书看近世文学观念的转变》一文称：“林纾编《中学国文读本》八册，光绪三十四年（1908）五月由商务印书馆初版”，不仅时间不精确，而且将十册误为八册。[①]《汉语文教材概论》[②]第 95 页说：“1948 年，叶老等编写的《开明国文读本》（白）和《开明文言读本》（文），均出版了头两册，原计划各出 6 册，因时局变化而中止。”这一句话有三处错误。第一，没有《开明国文读本》，白话本只有《开明新编高级国文读本》和《开明新编国文读本甲种》，作者所指应是《开明新编高级国文读本》。第二，《开明文言读本》出版了三册，并非头两册。第三，“1948 年”的说法也不精确。的确，《开明新编高级国文读本》第一册，《开明文言读本》第一、二册都出版于 1948 年，但《开明新编高级国文读本》第二册于 1949 年 8 月初版，《开明文言读本》第三册于 1949 年 6 月初版。又如，网上广泛流传的《鲁迅作品

---

① 详细情况参考本书第一章的论述。

② 北京：北京大学出版社，2004 年。

入选教材80年史》[①]认为1920—1940年代“入选中学语文课本的鲁迅作品篇目有散文:《秋夜》《雪》《风筝》《好的故事》《聪明人和傻子和奴才》《藤野先生》;小说:《孔乙己》《一件小事》《风波》《故乡》《兔和猫》《鸭的喜剧》;杂文:《我们现在怎样做父亲》《〈呐喊〉自序》《论雷峰塔的倒掉》《最先和最后》”。但1922—1923年出版、曾经产生过广泛影响的民智书局《初中国语文读本》所选鲁迅作品却包括《药》《恨恨而死》《与幼者》《生命的路》《两样称呼》(即《随感录·四十八》)、《从老到死》(即《随感录·四十九》)、《土人》(即《随感录·四十二》)、《保存国粹》(即《随感录·三十五》)、《大恐惧》(即《随感录·三十六》)、《我们怎样做父亲》《一个青年的梦序》及《狭的笼》《幸福》《疯姑娘》《忆爱罗先珂华西理君——桃色的云代序》《察拉图斯忒拉的序言》等翻译作品。这一事实显然不是《鲁迅作品入选教材80年史》中的说法所能涵盖的。此外,该文认为直到1940年代的解放区,《阿Q正传》才“第一次被选入中学语文课本”,其实,早在1932年1月,《阿Q正传》就已被选进王灵皋(高语罕)编、亚东图书馆《国文评选》第三集。

不重视基本史料,必然导致结论的偏颇。比如《简析民国高中国文教材中女性文选》一文,通过抽样考察了吴曾祺《重订中学国文教科书》、穆济波《初级古文读本》、傅东华《复兴高中国文》、开明书店《开明新编高级国文读本》《文言读本》五套教科书,得出结论:当时高中国文教科书编者“似乎都未对女性选文有明确的考量,从女性选文的数量、内容和影响等层面提出明确的编辑观点”。可是,1935年6月,商务印书馆出版的何炳松、孙俍工《复兴高中国文课本》第三册第三学程教学清词时,选潘端《鹧鸪天》、顾之琼《浪淘沙》、曹鉴冰《疏影·雁影》、叶慧光《珍珠帘·孤雁》、许玉晨

① http://edu.163.com/09/0826/13/5HL7IN1J00293HCH.html.

《金缕曲·答外》,以"代表清代之女性词人"[①]。第九学程教学宋词时,分三派,除苏派、柳派外,还特选李清照的《声声慢》《凤凰台上忆吹箫》《醉花阴·九日》,以"代表女作家之词派"[②]。1935年10月,正中书局出版胡怀琛编《高中国文》第四册教学宋词时,特从李清照《漱玉词》、朱淑真《断肠词》中选录四首,"以见女子文学之一斑。并以见苏、辛、周、姜外之宋词也"[③]。《复兴高中国文课本》与正中书局《高中国文》都是1935—1949年间最有代表性的高中国文教科书。在这些事实面前,抽样调查得出结论认为民国时期高中国文"教材主编尚未有明确的女性文选的编辑观",自然就站不住脚了。

发人深思的是,这些错误并非故意挑剔,而是触目皆是;犯这些错误的不仅有初出茅庐的年轻人,还有这一领域内有名的专家学者。显然,学界对研究对象的基本面貌还不是很清楚。这也是我认为亟须系统整理和综合研究民国时期中学国文教科书的原因。

第二个情况是,对民国时期中学国文教科书基本面貌缺乏梳理,使得近年来教育学界所呼吁的"语文教材学"根基不牢。

近年来,语文教育史家越来越注意到教材研究的重要性。1997年,朱绍禹呼吁,我们"确信语文教材研究是一件极有意义的工作,而且认为这种研究实在是一门学问。对这门学问研究的结果应该形成为一门语文教材学——一门具有广博内容和深刻思想的学问。我们吁请语文教育界人士为语文教材学的研究和建立作

---

① 《第三学程教学举要》,《复兴高中国文课本》(第三册),上海:商务印书馆,1935年6月。

② 《第九学程教学举要》,同上书。

③ 《漱玉词断肠词》题义,《高中国文》(第四册),南京:正中书局,1935年10月。

出共同的努力”[①]。2005 年,刘占泉说:“从古代到现代,我国语文教育工作者对教材作系统化研究的自觉性是不够强的。单就现代而言,语文教材数量不少,但在教材体系建构方面一直存在严重的问题,变革性的尝试并不多见,且鲜有完整的经验和总结。究其原因,除了社会政治和教育观念方面的因素之外,与没有建立起具有中国特色的语文教材学也有关系。”“惟有深入开展对语文教材的系统化研究”,语文教材的编写与使用“才能尽早走上现代化、民族化、科学化的正确道路”。[②] 自 1990 年代以来,也出版了一些语文教材研究的著作,比如周庆元主编《中学语文教材概论》[③]、朱绍禹主编《中学语文教材概观》[④]、王伯勋《中学语文教材分类研究》[⑤]、王相文等主编《中学语文教材研究导论》[⑥]、黄光硕《语文教材论》[⑦]、刘占泉《汉语文教材概论》[⑧]、洪宗礼《母语教材研究》(10 卷)[⑨]等。此外,还有很多期刊上的单篇论文和关于苏教版、人教版、台湾国文教科书研究的学位论文。但是,“概论”“概观”类的宏观研究和某一套教科书的微观研究较多,对某一具体时段的教科书的综合性研究较少;对 1990 年代以来的教科书研究较多,对民国时期的教科书研究较少[⑩];尤其是民国时期的中学国文教科书,相关研究还非常薄弱。所谓“语文教材学”,如果缺了这一块,

---

① 朱绍禹主编:《中学语文教材概观》,北京:人民教育出版社,1997 年。

② 刘占泉:《汉语文教材概论》,北京:北京大学出版社,2004 年,第 4 页。

③ 长沙:湖南出版社,1994 年。

④ 北京:人民教育出版社,1997 年。

⑤ 长沙:湖南出版社,1998 年。

⑥ 长春:东北师范大学出版社,1997 年。

⑦ 北京:人民教育出版社,1996 年。

⑧ 北京:北京大学出版社,2004 年。

⑨ 南京:江苏教育出版社,2007 年。

⑩ 据我所知,对民国时期语文教科书进行综合研究的仅范远波《民国小学语文教材研究》(华东师范大学博士论文,2007 年)。

怎么能称得上"学"呢？

可见，无论是从对象本身在民国语文教育史、"语文教材学"研究中的重要性，还是从已有研究的规模和质量来看，都需要一部研究民国时期中学国文教科书的著作。这就是本书写作的由来。

四

由于民国时期中学国文教科书数量庞大，且很多已无从查找，因此，确定这一对象后，还需交代讨论范围。

民国时期中小学教科书采取审定制，在审定制下，各出版社都有编辑教科书的自由，很多学校还自编讲义。这使所有民国时期中学国文教科书的研究者必然面临一个问题：选择哪些中学国文教科书作为重点探讨对象？是否具有代表性？如果从具有代表性这一角度来说，一般学校的自编讲义可以排除。1922 年，陶孟和说："现在中国初等、中等的教科范围，可谓完全操之于编教科书者或上海两家书局之手，专门学者及有教育经验的反无置喙之余地，无研究之机会。"[①]1932 年，胡适说："现在教材，大部皆书店老板所定。"[②]两人的说法大体相近，书局出版的教科书比自编讲义使用范围广，更具代表性。

确定以书局出版的教科书为研究对象后，还面临一个问题：民国时期很多出版社都出版过教科书，究竟选择哪些出版社的教科书为研究对象？是否具有代表性？考察已有成果，对这一问题有三种处理方式：其一，阮真、张清常等研究者以"流传最广"的中学国文教科书为研究对象；其二，徐雁平、陈尔杰等研究者以黎锦熙《三十年来中等学校国文选本书目提要》提供的书目为研究对象；

① 陶孟和：《论学制系统》，《新教育》第 4 卷第 2 期，1922 年 2 月。

② 胡适：《中学国文教学法》，《北平晨报》1932 年 8 月 8 日。

其三,刘洪涛、郑国民等研究者以《民国时期总书目·中小学教材》为基础,参考北京师范大学特色馆藏圈定研究对象。阮真等人生活在民国时期,容易观察哪套教科书流传最广,当今学者则没这个条件。黎锦熙《三十年来中等学校国文选本书目提要》1933 年就已发表,以此为基础考察清末民初的教科书比较适当,但 1933 年后出版的教科书怎么办?似乎只有以《民国时期总书目·中小学教材》所提供的范围作为对象最为恰当了。

《民国时期总书目》是由文化部出版局、上海市出版文献资料编辑所、上海市图书馆、北京市图书馆等多家单位联合,自 1961 年起,至 1980 年代中期,经过二十多年的工作,方才完成的“一部大型的回溯性书目”①。其中,《中小学教材》卷“由北京图书馆和人民教育出版社图书馆合编,以后者的馆藏为主,并有部分北京师范大学图书馆藏书”②。除活页文选与重复不计外,《中小学教材》在“语文”课本栏收录中学国文教科书一百余种,尽管还有些错误,也遗漏了不少,却属目前收录民国时期中学国文教科书最齐全的工具书;且其中收录的很多中学国文教科书,都还没有人进行整理和研究。本书既然力图最大可能呈现民国时期中学国文教科书的面貌,以《中小学教材》提供的书目为考察范围是合适的。

需要说明的是,本书对该书目中部分查找不到或保存不完整,且发行量不大、不算太重要的教科书不予考察,增加少数几部该书目中没有,而北京大学图书馆藏和相关著作中提到的教科书。同时,为了使论述集中,本书暂不考察沦陷区、解放区的相关教科书,不考察《中小学教材》“语文”课本栏下未收录的语法、文学史、国学概论、作文法等著作。

---

① 《出版说明》,《民国时期总书目·中小学教材》,北京:书目文献出版社,1995 年。
② 《本册编辑说明》,同上书。

确定研究对象后，在对其进行系统整理和初步阅读的基础上，需进一步思考考察角度。

已有成果在考察角度上呈现四种模式。第一种模式是介绍性的，以黎锦熙带领学生所做书目提要、闫萍《中国现代中学语文教材研究》和李杏保、顾黄初《中国现代语文教育史》中的相关成果为代表。第二种模式关注中学国文教科书的“编制”，以阮真带领学生发表的研究成果和一系列关于《国文百八课》的研究为代表。第三种模式研究新文学在中学国文教科书中的位置，以徐雁平、姚丹等文学史家的相关研究为代表。第四种模式借鉴“课程社会学”的理论，讨论教科书的价值取向，其成果以商丽浩、李可依《简析民国高中国文教材中女性文选》为代表。

这四种模式中，第一种模式多为某一学科初兴时的研究方法，面面俱到，深度不够。第三种模式从新文学出发，角度无可非议，但是，当这些新文学家创作的“文本”进入教科书后，它们已不再是文学史家眼中的“文学”，而是教育青少年的特殊“材料”，承担着传递教育讯息的符码功能，因此，从已有的“文学与教育”的研究角度进入中学国文教科书，必然遮蔽更为复杂的话题。第四种模式角度新鲜，但模仿痕迹太浓，出发点是先验的理论，亦非教科书本身。这三种模式都为我所不取。剩下的第二种模式，研究者带着为当下教科书编写寻求经验的目的，重点探讨的是编排方式、练习设计等技术性问题，对编者的选文标准、编排方式背后的时代背景、文化理想和使用效果缺乏追问，容易使研究对象平面化，因此很难进入教科书编写的历史语境。因此，本书的研究必须突破已有的四种研究模式，另辟蹊径。

我在借鉴国外教科书研究成果时，发现1960年代以前，各国的教科书研究都采用“工艺学模式”，着眼于技术层面，关注教科书的编排结构和编制的心理学原理。由于强调技术、效率,忽略教科书编写背后的意识形态和社会文化语境,所以长期以来缺乏活力。1960 年代以来,受文化研究影响,教科书研究领域逐渐兴起新的研究方式,国内有学者称为"课程社会学"。它采用内容分析、频率统计、形象分析等方法,关注教科书所体现的意识形态,比如阶级差别、种族歧视、性别角色等方面。教科书研究的活力逐渐显现。作为这种研究模式的领军人物,美国学者阿普尔认为:"教科书不仅仅是'事实'的'传输系统',它还是政治、经济、文化活动、斗争及相互妥协等共同作用的结果。教科书是真正由人们根据自己的真实兴趣构思、设计和创作出来的。它的出版发行受到政治和经济领域中市场、资源、权力等因素的制约。"①显然,这一研究方法不是将教科书孤立在教育学领域之内,而是与复杂的政治、经济、文化语境相关联,从而有利于打开教科书的研究空间,取得符合历史实际的研究成果。

研究民国时期中学国文教科书的"编制",实际上是"工艺学模式",研究空间有限。但《简析民国高中国文教材中女性文选》等文也借鉴了"课程社会学"理论,其结论却不符合历史事实,缘故何在?我认为,这是由于他们照搬了"性别角色"等研究角度及抽样调查的方法,而没有深入到"政治、经济、文化活动、斗争及相互妥协"的历史语境中去。因此,借鉴"课程社会学"的方法,不是照搬其具体的论题和研究框架,而是借鉴其将研究对象放回历史语境中去的思路。

有鉴于此,本书决定将民国时期的中学国文教科书放回它产生和发展的政治、经济、文化语境中去考察。从这个意义上说,本书

---

① M. 阿普尔、L. 克里斯蒂安-史密斯主编,侯定凯译:《教科书政治学》,上海:华东师范大学出版社,2005 年,第 2 页。

就不仅仅是查漏补缺、填补空白，而是尝试着更新中学国文教科书的研究方法了。将思路打开后，我发现，民国时期中学国文教科书主要受四种力量制约：课程标准、编者、审查者、舆论。教育主管部门召集专家制定中学国文课程标准，不仅要依据政府规定的学制年限、课程设置、课时分配，还得参考社会舆论。课程标准制定后，教育部或相关部门还可能随时做出国文教科书编辑方针的指令，给予引导。出版社主要根据政府的中学国文课程标准，组织人员编辑教科书，但编者有可能并不完全按照课程标准执行，而是将自己的文化教育理念渗透进去。教科书编出后，为了合法出版，出版社将其呈部审查，教育主管部门的审批依据主要来自课程标准，但政府领导的临时指令、审查人员个人的文化教育理念和与出版社的人事关系偶尔也会影响决策。课程标准出台与教科书出版后，报纸杂志会刊发社会舆论，这是批评的一种形式；至于各学校采用与否、效果如何，大学入学考试中国文一门如何出题，其实是批评的另一种形式。这些因素凝聚起来，影响到新的课程标准的制定和新的教科书的编辑，从而开始下一个时期四种力量的角逐。

在这四种力量的制约下，不同国文教科书之间的主要区别及各种力量关于国文教科书的争夺焦点，即教科书发展演变的主要矛盾，是不同的教科书内容设定。

对教科书内容的不同设定之所以是民国时期中学国文教科书发展演变的主要矛盾，缘于人们有关国文教学目的的意见分歧很大。1920 年，有人说："我之前在某中学担任教授，有一天校长问我们教授国文的要旨。有一个答说是'教学生能看各种书籍'。这一句话，没头没脑，不知说到那里去了。又有一个说是'为学生讲解中国文章的体裁，并使知道中国学术思想变迁的情形'。前句范围何其小！后句范围何其大！又有一个老先生答了一百多字，起首说:‘呜呼!人心不古,道德沦亡,为今之计,非推崇国文来挽回不可……’”[①]1927年,梁启超说:“在今日学校各项课程之中,最为重要者,固属国文,而同时教授最感困难,教师最感缺乏,学生除有生性特别嗜好外,最感干燥而无生趣者,亦惟国文。”造成这一现象最重要的原因在于:“各项科目,皆有显著的标准,而国文则惟有象征的函义,例如:数学一项,自加,减,乘,除,以至于分数,级数,开方;更高而上之为代数,几何,三角,大代数,解析几何,微积分,深浅是非,皆有一定标准。如有人云开方,较三角为深,微分较代数为浅;两直角之和,等于一锐角,则无论何人,皆知其荒谬绝伦,他如史、地、化、理、生物各课皆然。惟国文一道不然。既无一定的标准,可以与一己之好恶情感,定古文之是非深浅。例如:性不喜佛者,则以昌黎《原道》为圣经。性喜高玄者,则以史迁《伯夷列传》《孟子荀卿列传》等迷离恍惚之文字,为神龙变幻,其味无穷。如此类者,皆堪发噱,而皆有各持一说,言之有故,持之成理,究竟以何为是非深浅之标准?”[②]可见,梁启超意识到当时国文科之“最感困难”者,在于教学目的的分歧。1934年,阮真观察到:“我国中学的国文教学,向来是无的放矢,任便教者随意,今天教一篇《赤壁赋》,明天教一篇《桃花源记》,他们知道这些文章脍炙人口,不可不读,并不知道教学上要达到何种目的。虽然民国二年教育部颁布了《中学国文科教学要旨》,但因为太简略,而且笼统概括,不落边际,教者不能贯彻这种要旨到国文科各学程的教学上去,所以仍然等于没有目的。自从民国九年以后,有些教育家和国文教师,渐渐注意到这个问题了。但都是你定你的目的,我定我的目的。古文派

① 种因:《对于现在中学国文教授的批评及建议》,《教育杂志》第12卷第5期,1920年5月20日。

② 《梁序》,王森然《中学国文教学概要》,上海:商务印书馆,1929年。

有古文派的目的,新文艺派有新文艺派的目的;科学派有科学派的目的,国学派有国学派的目的;甚至国家主义派有国家主义派的目的,世界主义派又有世界主义派的目的。民国十四年,全国教育联合会新学制课程标准起草委员会,请了二三名人,定了高初中国文教学标准,但仍没有统御实际教学的效力。便是编教科书的人,首先反对他们所定的标准。穆济波在《新学制中学国文科课程标准纲要问题》(见《中华教育界》十三卷八期)一文中,攻击甚力。民国十八年八月,教育部中小学课程标准起草委员会,又颁布了《中小学课程暂行标准》,中间又改订高初中国文教学的目标,将来能否统御思想分歧,意见各异的全国中学国文教师,使他们都照着这种目标去实施教学,还未可预卜。据我看来,或者竟要完全失败的。"[①]1940 年 11 月 18 日,叶圣陶视察华美女中,"晤国文教师二人,聆其谈论,似乎于国文科之目标未能了然,与一般教师同"[②]。为此,叶圣陶多次去中学演讲,阐明国文教学目的。[③]

教学目的的分歧,必然导致教科书内容的差别。1932 年,叶圣陶观察到,人们"把国文程度低落的原因归到读物的不良上去","于是商量国文教材应该怎样编选。个人的主张就有五花八门之观。有人说只消读《论语》就是,读《论语》可以识理;里面长篇短论都有,又可以作行文的楷模。有人说,宋元明的语录应该多读,对于青年修养,国文科必须顾及。有人说六朝文不宜忽略,那种修辞工夫是现代人所缺乏的。有人说国文科的教材应该是中国文化的全体,所以如《太上感应篇》也得看看,因为这也是中国文化。有

① 阮真:《中学国文教学目的之研究》,《中华教育界》第 22 卷第 5 期,1934 年 11 月。

② 《叶圣陶集》(第十九卷),南京:江苏教育出版社,1994 年,第 311 页。

③ 叶圣陶于 1940 年 11 月 28 日"再至省女中","为全体学生讲演,题为《学国文之目的》"。12 月 2 日,去灌县初中讲《学习国文之要》,就都是阐明国文教学的目的(同上书)。

人说方今国难当头，应该多读岳飞、戚继光等人的传说，以期振起民族精神。此外意见还多，比较不重要，恕不报告了。”①1942年，吴奔星观察到：“谈到介乎师生之间的教材，也可分为两种：一种是现成的，一种是自编的。前者探自坊间，为类至多，都说是根据部颁课程标准编辑的，但出入很大，差别甚多：有自古代选自现代的，或自现代推至古代，以时代为经，以作品为纬的；有以体制为准，自浅至深，由简及繁的；有详附‘作者生平’‘题解’‘文章体制及特征’‘注释’与‘文法与修辞’的，有仅附‘作者略历’及简单注释的。总之，花样甚多，不一而足，大原则固不越乎‘课程标准’，而小节目则多各‘标’其‘准’。后者是教师边教边编的，完全以各人之所嗜及所长以定其选材之标准。喜欢文言文的，多选文言文；喜欢语体文的，多选语体文；喜欢应用文的，多选应用文；长于诗词的，便偏重诗词；长于小说的，便偏重小说；长于戏剧的，便偏于戏剧。千差万别，人各不同。这种事实，在目前各中学及师范学校，也都分歧地陈列着。”②这些观察说明民国时期中学国文教科书内容上的差别的确很大。

教科书内容的设定直接缘于编者对中学国文性质的理解，不仅是教科书的灵魂，也是民国时期中学国文教育各种问题的聚焦点，所以是后人研究民国时期中学国文教科书时必须处理的核心问题。只有以此为论述主题，才能揭示民国时期中学国文教科书的实质。但遗憾的是，很少有人提出看法，更谈不上具体研究了。本书将弥补这一缺陷，在描述民国时期中学国文教科书面貌的基础上，以教科书内容为焦点和线索，探究具体历史语境中不同教科书

---

① 叶圣陶：《国文科之目的》，《中学生》第29期，1932年11月。

② 吴奔星：《中学国文教学的“分工合作制”——一个新的建议》，《国文月刊》1942年第11期。

内容的生成、冲突、演变及效果。

一旦将本书目的确定为在历史语境中考察民国时期不同中学国文教科书内容的生成、冲突、演变及效果后，探讨的也许就不仅仅是中学国文教育本身了。它还牵涉到传统与现代、国粹与西学、中央与地方、政府与民间、计划与市场等各种关系——这也是中国教育现代化进程中面对的主要关系。所以，本书的直接目的是追究民国时期中学国文教科书内容的生成、演变与效果，间接目的则是从一个特定角度反映中国教育现代化进程中所遇到的特殊问题，及解决这些问题的经验教训——对当下中学语文教育的启示自然也就包含其中了。

五

1912—1949年有关中学国文主要制定过四次课程标准①，按所依据的课程标准的不同，不同时期的教科书在内容上呈现出鲜明的阶段性。本书大致以此为分章依据，除“导论”和“结语”外，共分六章。

第一章讨论1912—1919年的中学国文教科书。清末，商务印书馆分别邀请林纾与吴曾祺编出两套中学国文教科书，并于民初重订出版。两位编者既不喜欢考据家之文，也不满于跟政事“有关系”的“载道”之文，企图通过国文教学传授古文作法。民国初年调整中学修学年限、课程设置及教学目的。商务、中华编出三套中学国文教科书，一方面以“作文之法”为内容，另一方面选入大量经、史、子部文献，目的却在保存国粹。而湖南学者刘宗向编辑的《中

---

① 四次时间分别为1913年、1923年、1932年（1929年颁布暂行课程标准，1932年标准在此基础上制定，1936年在1932年基础上又重新修订，本书将这三次标准归为一个时期）、1940年（1941年、1948年在1940年标准的基础上做过两次修订，本书将这三次标准归为一个时期）。

等学校国文读本》则希图通过中学国文教学“厉行明史”“幽情思古”,代表了民初部分人士在国势日蹙的形势下深深的危机感,及企图通过传统文化凝聚民心的努力。

第二章主要讨论1920年代的初中国文教科书。跟林纾等人的教科书相比,文言教科书不仅经、史、子和诗词的比重扩大,“唐宋八大家”和桐城派文章的比重降低,还选入了当代人的文言作品,体现了新文化提倡者“文学史”观的影响。白话教材侧重新思潮和新文学,淡化“形式上的训练”,这固然迎合了部分学生的兴趣,却招来学界的批评。

第三章讨论1928—1939年间的初中国文教科书,按其设计教学内容的侧重点不同,可归结为思想道德教育、文学教学和文章作法教学三种。思想道德教育延续了1920年代教学新思潮的理念,但主要彰显了传统的道德伦理观念,而跟当时的激进思潮保持距离。文学教学延续了1920年代侧重新文学教学的观念,或引导学生亲近周作人一派的文学趣味,或试图让学生学会通过文学作品分析社会现象与政治问题,或希望教给学生系统的文学概论和作文论知识。1930年代中期,大多数初中国文教科书都以叙述文、说明文、议论文等普通文的文章作法为纲编辑而成,但主要内容为灌输系统的文章作法知识,而非实实在在的技能训练。

第四章主要讨论1923—1933年间的高中国文教科书。胡适在高中国语课程纲要中强调阅读经过整理的专书,但在实践中遇到了困难。1920年代各地高中开设了大量国文选修课,主要教学内容为包括经史子集在内的“国故”,所用教材以古籍为主,近人学术论著为辅。1920年代中期,商务、中华各自出版两套高中国文教科书,或体现“整理国故”的理念,或以新思潮与新文学为主要内容。1929年选修课逐渐取消后,高中国文教学“各自为阵”的情况体现在 1928—1933 年间出版的教科书中，它们主要设计了思想道德、文章作法、文学、古文文体、学术思想五种内容。

第五章讨论 1933—1939 年的高中国文教科书内容，从高一至高三依次为文章体制、文学源流、学术思想。“文章体制”大都将《古文辞类纂》《经史百家杂钞》所划分的古文文体与小说、诗歌、戏剧、叙述、说明、议论、抒情等文体混合在一起。不同的编者，其文学观念或“正统”或新锐，呈现的“文学源流”自然就不一样。“学术思想”或突出各时代的代表学派，或强调“吾国民族根本及历史文化演进之要”，取向也不尽相同。学界批评这些教科书好高骛远，要求中学国文重在读写能力的训练。

第六章讨论 1940—1949 年国统区的中学国文教科书。抗战爆发后，国民政府趁机推行中小学部分教科书国定制，并编出《初中国文甲编》，令全国中学采用。《初中国文甲编》为凸显国民政府的教育思想，别有用心地提倡“智仁勇”“礼义廉耻”“忠孝仁爱信义和平”等传统观念。抗战胜利后，叶圣陶主编了四套中学国文教科书，除呼应民主潮流外，更以阅读与写作技能训练为主要内容。

第一章

民初中学国文：古文作法、保存国粹与『厉行明史』

清末引进新式教育制度,《钦定中学堂章程》规定的十二门中学课程中,修身、读经、词章三门直接授以传统文化。修身"当本《论语》《孝经》之旨趣,授以人伦道德之要领",读经教材为《书经》《周礼》《仪礼》《周易》。两年后颁布的《奏定中学堂章程》对此三门课程的内容及授课时数虽有所调整,但变化不大。"词章"改名"中国文学"。读经以《左传》《周礼》为教材,除刘师培《经学教科书》外,坊间几乎没有新编经学教科书。修身/伦理要求"摘讲陈宏谋《五种遗规》,读有益风化之古诗歌"。教科书出过不少,都本儒家思想立言。刘师培《伦理教科书》"集前儒之说,萃为一编"①。林纾于清末曾在京师大学堂预科及师范班讲修身一课,成《修身讲义》一书,弟子朱羲胄称是书"多摭取《理学宗传》,及周程张朱陆薛诸子有益身心性命伦常之语,逐条诠说阐发"②。可见,修身/伦理、读经、词章/中国文学三门课程分工较为明确,跟传统知识谱系三分为义理、制度/考据、词章接近。③ 朝野对此的认识较为一致。

民国成立后,调整中学修学年限、课程设置及教学目的:废止

① 刘师培:《伦理教科书》,宁南武氏刻本,1936 年。

② 朱羲胄:《春觉斋著述记》,上海:世界书局,1949 年。

③ 传统学问三分为义理、考据、词章,是自乾嘉以来学界的共识。戴震在《与方希原书》(1755 年)中说:"古今学问之途,其大致有三:或事于义理,或事于制数,或事于文章。"王达敏认为:"戴震在乾嘉学坛是最早明确将学问分为义理、考据、辞章三途的学者。他有关三者关系的论述影响至巨。"(王达敏:《姚鼐与乾嘉学派》,北京:学苑出版社,2007 年,第 168—169 页)

读经;中国传统道德伦理不再作为修身的唯一教学内容,修身也不再承担古诗歌的教学任务[①];民初虽有乐歌课,但任务是"谙习唱歌及音乐大要,以涵养德性及美感。乐歌先授单音,次授复音及乐器用法"[②],也不承担教授古诗歌的功能。课程调整后,中学生是否需要学习经部文献、儒家学说及古诗歌,通过什么途径学习,是当时比较受关注的问题。

1912 年 7 月 10 日至 8 月 10 日,蔡元培主持召开全国临时教育会议,议决案审查报告表之一的《中学校教科程度及其支配标准》规定,中学国文二至四年级每周一小时学习美文,"选读诗词曲等唤起文学兴趣",四年级"讲读中世及上古文以周秦诸子四书五经为主"[③]。其实是将清末读经课的部分内容及修身课中教授"有益风化之古诗歌"的任务转交给了中学国文。不久,教育部出台两份关于中学国文的文件。《中学校令施行规则》规定:"国文要旨在通解普通语言文字,能自由发表思想,并使略解高深文字,涵养文学之兴趣,兼以启发智德。国文首宜授以近世文,渐及于近古文并文字源流、文法要略及文学史之大概,使作实用简易之文,兼课习字。"1913 年 3 月 10 日公布的《中学校课程标准》延续了《中学校令施行规则》对中学国文的规定并进一步排好教学秩序:中学国文第二学年兼授文字源流,第三、四学年兼授文法要略,第四学年兼授中国文学史;四年中作为首要教学任务的,是讲读文章和作文。归纳起来,《中学校令施行规则》和《中学校课程标准》要求中学国

① 《教育部公布中学校令施行规则》(1912 年 12 月)规定:"修身要旨在养成道德上之思想情操,并勉以躬行实践,完具国民之品格。修身首宜授以道德要领,渐及对国家社会家族之责务,兼授伦理学大要,尤宜注意本国道德之特色。"(舒新城编:《中国近代教育史史料(中)》,北京:人民教育出版社,1961 年,第 521 页)在缪文功主编的中华书局第一套中学修身教科书中,"国家""社会"等新名词出现频率已非常高。

② 《教育部公布中学校令施行规则》,同上书,第 524 页。

③ 《中学校教科程度及其支配标准》,《教育杂志》第 3 卷临时增刊,1912 年 9 月。

文教学任务集中在“通解普通语言文字”与“自由发表思想”上，并以文字源流、文法要略及文学史为辅助课程，且不承担清末读经和修身课的任务。

可见，《中学校教科程度及其支配标准》有关国文教学“四书五经”及“选读诗词曲”的规定，《中学校令施行规则》和《中学校课程标准》并未提及，这说明对于中学国文教学究竟要承担何种功能，全国临时教育会议与教育部的看法并不一致。这给民间编辑中学国文教科书留下了较大的发挥空间。

据《民国时期总书目·中小学教材》卷，1912—1919 年间，各地出版中学国文教科书十套。[①]本书根据条件，以林纾《中学国文读本（重订本）》，吴曾祺《中学国文教科书（重订本）》，刘法曾、姚汉章《中华中学国文教科书》，许国英《共和国教科书国文读本》及《共和国教科书国文读本评注》，谢蒙《新制国文教本》及《新制国文教本评注》，刘宗向《中等学校国文读本》六套教科书为对象，探讨民初中学国文教科书的内容。[②]

---

① 其中，商务印书馆三套，分别为林纾编《中学国文读本（重订本）》（1913 年），吴曾祺编《中学国文教科书（重订本）》（1913 年），许国英编《共和国教科书国文读本》（1913 年）及《共和国教科书国文读本评注》（1914 年）。中华书局三套，分别为刘法曾、姚汉章编《中华中学国文教科书》（1912 年），潘武编《国文教科书》（1913 年），谢蒙编《新制国文教本》（1914 年）及《新制国文教本评注》（1915—1917 年）。其他出版社四套，分别为陆基编《中学新国文》（上海中国图书公司，1913 年），刘宗向编《中等学校国文读本》（长沙宏文图书社，1914 年），苦海余生编《简易国文讲义（重订）》（上海中华编译社，1919 年），上海工业专门学校编《中学国文读本》（长沙湘鄂印刷公司，1919 年）。

② 最早对这六套中学国文教科书作出研究的是黎锦熙。黎锦熙在《三十年来中等学校国文选本书目提要》中将林纾和吴曾祺的教科书归为第一期（清末），定为“姚选标准时期”，将其他四套归为第二期（民初），定为“曾选标准时期”，并介绍每套教科书编辑出版、选文情况和编辑体例，文字极为简略。1980 年代以来，陈必祥《中国现代语文教育发展史》，李杏保、顾黄初《中国现代语文教育史》，周庆元《中学语文教材概论》，闫苹等《中国现代语文教材研究》对这些教科书都略有介绍，但大致是在黎锦熙的基础

第一节　林纾、吴曾祺所编教科书中的“古文作法”

民国初年，商务印书馆请许国英将林纾与吴曾祺在清末编辑的中学国文教科书重订出版。[①]吴曾祺《中学国文教科书》重订初版的

(接上注)上细化而来。周庆元对该期中学国文教科书特点的总结具有代表性：“一是所选都是文言；二是编法仿效文选旧制，类似于《古文辞类纂》《经史百家杂钞》；三是编排方式多用时代逆序；四是编制目的在于让学生诵读古今各家范文，学会写作各类常用文章”(《中学语文教材概论》，第46页)。近年来，文史学者开始涉足这一领域，徐雁平介绍并略略引申黎锦熙的观点，认为“1919年以前桐城古文基本上是中学国文教育的范本”(徐雁平：《从中学国文教科书看近世文学观念的变化》，《现代中国》第三辑，2002年10月，第70页)。陈尔杰通过对这几套教材的仔细考察，认为这一时期的中学国文教科书，已“绝非桐城古文所能概括”，并将中学国文教科书的编辑看成是选家的文章观念“怎样在制度设计所划分出来的空间中获得实现”的过程(陈尔杰：《“文章选本”与教科书——民初国文观念的塑造》，北京大学硕士论文，2008年，第13页)。这实际上已经触及朝野在规划中学国文时的互动，比较符合客观实际，是这方面已有成果中学术质量最高的。但“制度设计”并非仅是从近世文渐及近古文的教学秩序，还包括清末教育主管部门有关中学国文教学的观念对民初的影响、民初中学课程设置的调整及教育部对中学国文教科书的审查情况，这些都为陈尔杰的论文所不及。上述成果虽已打开清末民初中学国文教科书研究的大门，但就笔者所关心的论题——考察这些教科书的内容——来说，还有许多方面尚待进一步探究。

①　林纾编《中学国文读本》初版本共十册，林纾弟子朱羲胄介绍说：“是书第一二卷，为清朝人之文，于清光绪三十四年四月，初由商务印书馆印行；第三四五卷，为宋明元五代人之文，于宣统元年四月印行；六七卷，为唐人之文，皆是年六月成书，九月印行；八卷，为六朝人文，同年十月成秩，二年正月初印；九卷十卷，皆周秦汉魏人文，二年八月成书，十一月印行。其编辑凡例，由近代而递贯及古，其犹水之沿流而溯源也，虽未立类目，而各以类从，数千年文章轨则，于斯略具。又逐篇详加评批，开示义法，皆先生平日心得之言。”(朱羲胄：《中国文学读本十卷》条目，《春觉斋著述记》，世界书局，1949年)民国初年，为适应中学学制从五年到四年的变化，商务印书馆请许国英将这套教材重订为八册出版，初版第一、二册合订为第一册，选清文，初版第九、十册合订为第八册，选周秦汉魏文，初版第三至八册则变为重订本第二至七册。重订本保留了林纾眉批，但删去了各册序言。吴曾祺《中学国文教科书》共五集，1908年初版。初集选清文，“惟人存者不录”(《初集例言》)，共一百四十三篇；二集选“金文一十篇，元文二十篇，明文九十

年月已不可考，已知1913年3月，初集出至重订八版，1914年2月，第三、四集出至重订十版，后来出版次数相对减少，但到1917年8月，初集仍出至重订十一版。林纾《中学国文读本》重订第一册印有商务印书馆编译所写的《凡例》，写作日期署为“民国二年一月三十日”，可见该书重订初版时间不会早于1913年1月；至1913年3月，重订第一册出至第九版，至1915年11月13日，重订第一册出至第十一版；后几册虽没有第一册印刷的版次多，但到1916年11月，第八册仍出至重订九版。这两套如此受欢迎的中学国文教科书究竟设计了什么样的内容呢？

由于这两套教科书的重订本在初版本的基础上变动不大，所以将其放回清末的历史背景中考察，也为我们勾连清末与民初两个时段的中学国文教科书提供了契机。

一

作为清末教科书的出版重镇，商务印书馆在出版了大量中小学教科书后，开始请人编纂中学国文教科书。商务高层相中了两人：一是寓居沪上，依靠商务印书馆涵芬楼的丰富藏书编纂《涵芬楼古今文钞》的吴曾祺；一是名满天下，在京师大学堂任教的古文家林纾。

商务印书馆之所以选择这两人编辑中学国文教科书，首先是因为他们跟商务关系密切。吴曾祺，福建侯官人，1852年出生，1908年为商务印书馆编辑《中学国文教科书》时已经五十六岁了。其弟子江畲经称：“师于并世文人少所许可，独推重啸桐，每与余言：啸桐治古文义例精严，为同时侪辈所不逮。师与啸桐同居里闬，每相过

（接上注）七篇”（《二集例言》）；三集“自五代至宋之终，得文一百四十首”（《三集例言》）；四集“选自晋至唐，得文一百七十六篇”（《四集例言》）；五集“自周秦至三国，得文一百十三篇”（《五集例言》）。民初中学学制改为四年，五集重订为四集出版。重订本第一集为明清文，第二集为五代宋金元文，初版本第四集重订后作为第三集出版，第五集作为第四集出版，并删去了各集例言。

从,上下其议论,极一时之欢","啸桐出处之际,师每有赠言,其殁也,祭诔之文,皆至情所流露,令人不忍卒读"①,啸桐即高梦旦长兄高凤歧。主持商务印书馆国文部的高梦旦,在物色中学国文教科书编辑人选时,吴曾祺与高啸桐的关系当成为其考虑的因素之一。林纾早在1882年就已认识他的福建老乡高啸桐,跟高啸桐、高而谦、高梦旦三兄弟都是挚友。高梦旦多次为林纾著作写序。在一篇序言中,高梦旦回忆跟林纾在甲午之役后的交往时写道:"时就游谯,往往恒数日夜,或买舟作鼓山方广游,每议论中外事,慨叹不能自已"②,这种关系是很亲密的。商务高层挑选中学国文教科书的编辑人选时,自然会考虑林纾。当然,商务高层更为看重的是两人的古文造诣和教育方面的资历。林纾文章早已深得时人赞誉,"当清之际,士大夫言文章者,必以纾为师法"③,并在新式中学堂担任国文教员;吴曾祺"终岁授徒以自给,前后著籍者无虑数千人"④,其时正借涵芬楼编辑文钞。两人古文造诣高,在教育方面有经验,是编辑中学国文教科书的合适人选。

商务印书馆出版中小学教科书,虽说出于张元济等人的教育兴国理念,但作为出版商,盈利也是商务高层考虑的重心。中小学教科书一旦获得当局批准作为审定本发行,就会迅速增加销量,为出版商带来可观的利润。所以,获得学部审定是商务印书馆在清末编撰教科书时必须考虑的因素,也是林纾、吴曾祺编辑中学国文教科书时面对的问题。

① 江畲经:《涵香山馆文集序》,刊吴曾祺《涵香山馆文集》(第二集),上海:商务印书馆,1936年。

② 高梦旦:《闽中新乐府一卷·书后》,引自朱羲胄《春觉斋著述记》(卷二),上海:世界书局,1949年,第5页。

③ 钱基博:《现代中国文学史》,北京:中国人民大学出版社,2009年,第170页。

④ 吴曾祺:《陈仲奋文集序》,《涵香山馆文集》(第二集)。

1904 年颁布的《奏定中学堂章程》是清末审查教科书的主要依据，该章程要求“中国文学”教学讲究“文义”“文法”，并提出作文五忌[①]，这跟桐城派的古文观念相近，与考据家的文章理念相远，同林纾、吴曾祺的趣味正好相符。

林纾在《中学国文读本》第一册序言开篇就说：“世之治国故者，初若博通淹贯，即可名为成就，顾本朝考订诸家林立，而咸有文集，陆离光怪，炫乎时人之目，而终未有尊之为真能古文者。”[②]可见，林纾编选中学国文教科书，首先考虑的，是如何抗衡考据家的文章观念在中学国文教学中的影响。

考据家的文章观念对中学国文教学的影响体现在刘师培编辑的《中国文学教科书》中。该书第一册于 1906 年出版。刘师培在《序例》中说：“中国文学教科书计编十册，先明小学之大纲，次分析字类，次讨论句法章法，次总论古今文体，次选文。”《中国文学教科书》现在能找到的只有第一册，后九册似未出版。第一册“计三十六课，以诠明小学为宗旨”[③]。这种独创的编辑体例，出于刘师培的如下考虑：

> 作文之道，解字为基，故刘彦和有言，集字成句，集句成章，又谓观乎尔雅，则文义斐然，岂有小学不明而能出言有章者

---

① 《奏定中学堂章程》对中学“中国文学”“教法”的规定如下：“入中学堂者年已渐长，文理略已明通，作文自不可缓。凡学为文之次第：一曰文义；文者积字而成，用字必有来历（经史子集及近人文集皆可），下字必求的解，虽本乎古亦不骇乎今。此语似浅实深，自幼学以至名家皆为要事。二曰文法；文法备于古人之文，故求文法者必自讲读始，先使读经史子集中平易雅驯之文；《御选古文渊鉴》最为善本，可量学生之日力择读之（如乡曲无此书，可择较为大雅之本读之），并为讲解其义法。次则近代有关系之文亦可浏览，不必熟读。三曰作文；以清真雅正为主，一忌用怪僻字，二忌用涩口句，三忌发狂妄议论，四忌袭用报馆陈言，五忌以空言敷衍成篇。”见舒新城编：《中国近代教育史资料》（上），北京：人民教育出版社，1961 年，第 503 页。

② 林纾：《序》，《中学国文读本》（第一册），上海：商务印书馆，1908 年。

③ 刘师培：《中国文学教科书·叙例》，《中国文学教科书》（第一册），宁南武氏刻本，1936 年。

> 哉？夫小学之类有三：一曰字形，二曰字音，三曰字义。小学不讲，则形声莫辨，训诂无据，施之于文，必多乖舛。今之学者于长卿子云咸推为文苑之雄，岂知司马作凡将，子云作训纂，固俨然小学之儒哉！则文学基于小学，彰彰明矣。不揣固陋，编辑国文教科书，首明小学，以为析字之基，庶古代六书之教，普及于国民，此则区区保存国学之意也。[①]

“文学基于小学”，这跟章太炎的文学观念近似。清末民初之际，林纾遭遇到的主要对手是章太炎及其弟子[②]，所以《中学国文读本》序言开首就申明“考订诸家”并非“真能古文”。

与林纾不一样，对于考据家的文学观念，吴曾祺实际上有所接纳。清末桐城末流普遍已不能做到“陈言务去”，吴曾祺对此有所反省。在《涵芬楼文谈》中，他将“研许”列为第五。这于一般古文家来说，无疑会感到惊讶，吴曾祺却自有道理：“惟讲古文者，苟未尝一践其藩，则于用字之法，毫无所得，一切随人所作，附影应声，亦是一生遗憾”，故声明“余以谓作文宜先识字”。[③] 吴曾祺在一篇序言中说得更清楚：“以谓文章一道，必以治六经始，未有声音训诂

---

① 刘师培：《中国文学教科书·叙例》，《中国文学教科书》（第一册），宁南武氏刻本，1936 年。

② 林纾清末出任京师大学堂教员，民初因太炎弟子逐渐主导京师大学堂文科系，被迫离职。他在给姚永概的信中称：“庸妄巨子，剽袭汉人余唾，以挦扯为能，以饾饤为富，补缀以古子之断句，涂垩以《说文》之奇字，意境义法，概置勿讲。”林纾之所以对“庸妄巨子”如此恼火，是因为“近者其徒某某腾躁于京师，极力排媚姚氏，昌其师说；意可以口舌之力挠蔑正宗；且党附于目录之家，矜其淹博；谓古文之根柢在是也。”（林纾：《与姚永概书》，引自钱基博：《现代中国文学史》，北京：中国人民大学出版社，2009 年）为此，林纾想方设法与其对抗，他“集合同志，为古文讲演之会”，约选姚鼐《古文辞类纂》，在序言中称，“宋明之末，尚有作者，而前清之末，作者属谁，彼割裂古子，填写古字，用以骇众，且持‘古文宜从小学入手’之论；然则王西庄、钱竹汀诸老，宜奉为古文之祖矣！”并指责其为“鼠目寸光”。（林纾：《序》，《林纾选评古文辞类纂》，杭州：浙江古籍出版社，1986 年）

③ 吴曾祺：《涵芬楼文谈·研许第五》，《涵芬楼古今文钞简编·卷首》，上海：商务印书馆，1911 年。

之不明,而能精于其事者,汉人司马相如、扬雄,为文章之圣,然皆熟于苍雅之学,今其书尚在可考而知也。”[1]这跟刘师培的“昔相如子云之流,皆以博极字书之故,致为文日益工,此文法原于字类之证也”[2]的观点极其相似。但当编辑《中学国文教科书》时,吴曾祺对考据家之文同样摒弃。他选清文不选学者之文,因乾嘉之时,“士争汲汲于治经,深思诣微,深入无间,其考据之精,直闯马郑之室,诸君子自立帜志,号曰汉学,然人之精神思虑,有所余于彼者,必有所拙于此,故其集中所存,往往不合于古文义法,至不足当识者之一笑”[3]。这跟林纾“终未有尊之为真能古文者”的观点如出一辙。

清末教育主管部门对国文一门的要求除排斥考据家之文外,还有另一特点,即在重“文”本身与重文章所载之“道”之间徘徊不定。1902年《钦定中学堂章程》要求学习写作各类文体[4],这是对“文”本身的重视。1904年《奏定中学堂章程》一方面强调文法义法、作文五忌,体现对“文”本身的重视,另一方面又推荐《御选古文渊鉴》作为中学国文教科书,而《御选古文渊鉴》强调的是文所载之“道”。负责学务的大学堂在同年所拟定的《大学堂编书处章程》中,强调所编“文章课本”要选择“关系于政治学术者”之文[5],看重

① 吴曾祺:《王晋之文集序》,《漪香山馆文集》(第二集)。

② 刘师培:《论文杂记》,北京:景山书社,1930年,第3页。

③ 吴曾祺:《初集例言》,《中学国文教科书》(第一册),上海:商务印书馆,1908年。

④ 中学“国文”在《钦定中学堂章程》中被称为“词章”,在《奏定中学堂章程》中被称为“中国文学”,《钦定中学堂章程》规定“词章”依次教授“记事文”“说理文”“章奏传记诸体文”“词赋诗歌诸体文”。

⑤ 《大学堂编书处章程》称编书处预备编撰中小学用七类课本,对“中国文学”科所用“文章课本”的编撰想法如下:“溯自秦汉以降,文学繁兴,擘其大端,可分两派:一以理胜,一以词胜。凡奏议论说之属,关系于政治学术者,皆理胜者也;凡词赋记述诸家,争较于文章派别者,皆词胜者也。兹所选择,一以理胜于词为主,部析类从以资诵习,冀得扩充学识、洞明源流。凡十家八家之标名,阳湖桐城之派别,一空故见,无取苟同。”(舒新城编:《中国近代教育史资料》[上]),说明大学堂编书外在设计“中国文学”教科书内容时不以文章本身为重,而重视文章背后“关系于政治学术者”。

的也是文中之"道"。1910年《学部第一次审定中学堂初级师范学堂暂用书目凡例》并列《御选古文渊鉴》《古文雅正》与姚鼐《古文辞类纂》等作为中学国文教科书①,这几类选文有的强调文所载之"道",有的强调"文"本身。八年之内,清末教育主管部门对于中学国文的四次意见说明他们在重视"文"本身还是重视"文"所载之"道"的取舍上犹豫不决。这给林纾、吴曾祺在这一点上坚持己见留下了余地。

林纾、吴曾祺的中学国文教科书跟《奏定中学堂章程》与《学部第一次审定中学堂初级师范学堂暂用书目凡例》所推荐的《御选古文渊鉴》《古文雅正》在编选目的上很不一样。《御选古文渊鉴》由康熙带领徐乾学等人编选而成。康熙在序中说:"夫经纬天地之谓文,文者,载道之器。"②所看重的,是文所载之"道"。此处的"道"跟政治教化有关。这可从《御选古文渊鉴》对文体的选择中看出来。《御选古文渊鉴》特别注重诏令章表等君臣之间的往来文书:六十四卷之中,帝王诏书就有五卷;唐代李德裕文近一卷,李德裕并不以文称,却为唐代重臣。《御选古文渊鉴》选这六卷文章,看重的是其背后所体现的伦理道德和政治才干。此外,《御选古文渊鉴》还多选理学家之文,周张二程文一卷,朱熹文三卷,看重的同样

① 1910年公布的《学部第一次审定中学堂初级师范学堂暂用书目凡例》对"中国文学"规定如下:"中国文学应遵奏定章程择读御选古文渊鉴,此外如蔡选古文雅正、唐选古文翼、姚选古文辞类纂、黎王选续类纂、梅选古文词略、曾选经史百家杂钞、贺选经世文编,皆可选读,不复列入书目。"(《教育杂志》第2卷第9期,1910年9月10日)《古文雅正》"非有关于修身经世之大者不录"(蔡世远:《序》,《古文雅正》,湘乡曾氏刻本,同治七年),选文标准属《御选古文渊鉴》一脉;姚鼐《古文辞类纂》、黎庶昌《续古文辞类纂》、王先谦《续古文辞类纂》、梅曾亮《古文词略》、曾国藩《经史百家杂钞》与《御选古文渊鉴》不同,大都以桐城派眼光选文;贺长龄《经世文编》体现了道咸以降关注边疆史地、国计民生的士人之兴趣所在,跟前两类选本标准迥异。《书目凡例》并列上述三类选本,体现了学部对"中国文学"的规定并不严格。

② 康熙:《序》,《御选古文渊鉴》,刻本(四色套印),清康熙二十四年(1685年)。

不是这些文章本身,而是文中之"义理"。"唐宋八大家"虽也为《御选古文渊鉴》所重,但大量选入的却是他们为皇帝草拟的诏制类文体,重视的也是文章之"有关系者"。跟《御选古文渊鉴》选文标准接近的是蔡世远所编之《古文雅正》。蔡世远称:"文虽佳,非有关于修身经世之大者不录也","措之为君臣父子夫妇昆弟朋友之伦,发之有经国大业不朽盛事之美,言为心声,词尚体要,斯集之所由选乎"。① 其同僚朱轼称该编"自汉迄元凡二百余篇,皆有关世道人心之言"②,张廷玉赞其"醇正典则悉合六经之旨"③。考其选文,大都为与政治教化"有关系者"。

对于以文载道,林纾在《中学国文读本》清代部分的序言中予以承认:"古文惟其理之获,与道无悖者,则味之弥臻于无穷。若划分秦汉唐宋,加以统系派别,为此为彼,使读者炫惑其目力,莫知其从,则已格其途而左其趣矣。虽然,获理适道,亦不惟多读书,广阅历而然,尤当深究乎古人心身性命之学,言之始衷于理。"④但细考林纾选文,对于周、张、二程、陆九渊、真德秀等理学家文章不选,历代诏令几乎不录,选朱熹文时,仅选三篇杂记,书简序跋之类论学文章一篇不选。对历代杂记、书牍、赠序中文人趣味较浓的文字,林纾选得较多。林纾很喜欢柳宗元贬官后的山水游记,称其"华山之石,一拔千仞,其上珍松古柏,奇花异卉,皆间出重峦叠巘之间。盖其泽古深,故伏采潜发,骨力脆薄者,不能过而问焉。虽变化不若昌黎,而其独造于古处,可云双绝"⑤,因此在第六册选入九篇之多。而《御选古文渊鉴》选柳文一卷,《古文雅正》选柳文仅四篇,

① 蔡世远:《序》,见蔡世远编:《古文雅正》,湘乡曾氏刻本,同治七年(1868年)。
② 朱轼:《序》,同上书。
③ 张廷玉:《序》,同上书。
④ 林纾:《序》,《中学国文读本》(第一册),上海:商务印书馆,1908年。
⑤ 同上。

其中却没有一篇属于永州山水游记。对于曾巩,林纾跟《御选古文渊鉴》的择取标准也不同,后者选曾巩文近两卷,看重的是诏制、奏疏、论辨等"有关系者"[①],林纾却仅选杂记、赠序、书牍各一篇。从对理学家、柳宗元、曾巩文章的不同取舍来看,对于《御选古文渊鉴》所重视的"有关系"之文,林纾并不看好。

吴曾祺也非常看重柳宗元贬官后的作品,"子厚仕京师时,文尚不能为其重,迨其贬黜之后,遍历楚粤诸山水,睹其崄巇湍悍诸状态,一一发之于文,又其离愁之思,蕴其才不得施设,退而恣意为学,故其一种劲峭之才,幽眇之旨,深得于屈宋之遗,他人虽学之而不能及"[②],评价甚高。吴曾祺不掩饰对理学家之文的轻视:"历考宋氏二百余年间,理学昌明,名儒辈出,而语录之书,力求明显,一切村谈俚语,皆所不禁,例以吐属尔雅,犹之东西南北,相背而驰,此亦不能为之讳也。"[③]从对柳宗元永州游记和理学家之文的态度来看,吴曾祺更倾向于林纾的选文标准,而跟《御选古文渊鉴》一脉的选文旨趣不同。对于这一点,吴曾祺是自觉的。他在《中学国文教科书》的《例言》中说:

> 昔人有言,动曰文以载道,而沿其说者,则云非有关系者不作,理固至正而不可易,然道亦何常之有?精粗大小皆道也,譬如书一事,则必有事理,记一物,则必有物理,理之所在,道之所在也,岂言心言性言三纲五常以外,皆无所谓道乎?即以关系而言,人之一生,其足以免于饥寒者,最为有关系,何以菽粟稻粱以为饱,而不闻其废八珍,布帛丝纩以为温,而不闻其弃五采,则似关系之说,亦未免失之太拘,今所选者,颇存此意。

---

① 包括诏制十二篇,奏疏四篇,序跋九篇,论辨三篇,赠序一篇,书牍三篇,杂记五篇。

② 吴曾祺:《四集例言》,《中学国文教科书》(第四集),上海:商务印书馆,1908年。

③ 吴曾祺:《三集例言》,《中学国文教科书》(第三集),上海:商务印书馆,1908年。

所谓“精粗大小皆道也”,是将“有关系者”扩大到“言心言性言三纲五常以外”,这实际上不管文章是否“言心言性言三纲五常”,不管文章所载之“道”为何,仅谈其“文”。李斯《论督责书》一文,“颠倒是非,淆乱白黑”,所载之“道”跟传统纲常伦理异途,《御选古文渊鉴》和《古文雅正》都不选,吴曾祺却因其“词笔之瑰奇谲诡”而不弃[①],可见吴曾祺的选文标准重“文”不重“道”。唐代张说擅长碑志,《御选古文渊鉴》选入《梁国公姚崇神道碑》《宋公遗爱碑颂》两篇,《古文雅正》选入《宋公遗爱碑颂》。吴曾祺独不选其碑志,而选入《南省就窦尚书山亭寻花柳宴序》《会诸友诗序》及《狱箴》。原因在于“燕公集中多碑碣之文,余皆舍而不录,独存其小序及箴铭数篇。良以碑碣之文,可以韩欧之文为之,而此等文字之神思隽逸,音节遒古者,虽韩欧不能作也。汉晋已遥,梁陈日敝,欲追大雅,莫此为宜”[②]。不选碑铭“大手笔”,而选“小序”,此两篇“小序”所体现的闲适情趣跟《御选古文渊鉴》选文所载之“道”完全不同,这说明吴曾祺不重视“有关系者”。即使所选文章相同,吴曾祺跟《御选古文渊鉴》与《古文雅正》的处理方式也不一样。吴曾祺在牛弘《请开献书表》的总评中说“是表选入《古文渊鉴》,大加删削,只存六百余字,今仍照原文录之”[③],显然是有意拨正。对于韩愈的《原道》,《御选古文渊鉴》中高士奇的评语是“孔门之学在求仁,仁之为道甚大,不可以一端名,老氏见为小而非毁之,此千古异学之源也,退之斥之得其要矣,顾犹曰,博爱之谓仁至大,程子定性识仁之篇更为纯备”[④]。《古文雅正》文末总评则说:“宋儒议其引大学章只说到诚意,不说及致知,为没头学问,已有代辨之者矣,谓

① 吴曾祺:《中学国文教科书》(第四集),上海:商务印书馆,1914年2月订正十版。
② 吴曾祺:《中学国文教科书》(第三集),上海:商务印书馆,1914年2月订正十版。
③ 同上。
④ 《御选古文渊鉴·卷三十五》。

释氏以明心见性为宗旨，对病下贬，所引只宜截从诚意以下也，今读上下文，信然未可轻议。”[①]而吴曾祺的评语却为：“开首已将大意说明，以下反覆言之，以穷利害之相反，洵为布帛菽粟之文，宋儒集中，不乏论道之作，而语句之流于俚俗者，时或不免，出自通人之手，便有文采可观。”[②]三者都将其与宋儒文章作比，高士奇看重的是对“仁”的解释，蔡世远的着眼点在宋儒对韩愈学说看法的是非，而吴曾祺比较的是两者的作文之法，前二者着重的是文中所载之“道”，后者着重的是文章本身。

林纾、吴曾祺一方面反对考据家之文，一方面不考虑文中所载之“道”的是非大小，而看重“文”本身，这说明在他们的观念里，中学国文的首要目的不是学识义理的灌输，而是文章写作技巧的学习。他们对文章写作技巧的要求，跟桐城派的标准相似。

二

林纾《中学国文读本》重订本第一册为清朝文，选文四十篇。对于这些选文，林纾说：“就所见闻者，稍取而批点之，寥寥不过十余家，为文又但若干篇，皆人人所熟读，宜若不足以表异，不知此正余之不敢求异者也，国朝之具大力者，俱此十余家。”[③]所谓“十余家”，其实共十七家[④]，绝大部分属桐城派：方苞、姚鼐属桐城“三祖”；朱仕琇跟姚鼐叔父姚范差不多同时以古文著称，后人亦以桐城派目之；恽敬被视为阳湖派首领，但他从刘大櫆弟子钱伯坰学古文，也算桐城传人；梅曾亮是姚鼐的高足弟子；龙启瑞学于梅曾亮；

① 蔡世远编：《古文雅正·卷八》，湘乡曾氏刻本，同治七年(1868年)。

② 吴曾祺：《中学国文教科书》(第三集)，上海：商务印书馆，1914年2月订正十版。

③ 林纾：《序》，《中学国文读本》(第一集)，上海：商务印书馆，1908年。

④ 这十七家是魏禧、汪琬、侯方域、王猷定、朱彝尊、孙嘉淦、郑珍、方苞、姚鼐、朱仕琇、周树槐、龙启瑞、梅曾亮、恽敬、曾国藩、吴敏树、张裕钊。

周树槐是姚鼐另一高足姚莹的弟子;曾国藩是桐城派的“中兴大将”;张裕钊是曾国藩四大弟子之一;吴敏树虽独来孤往,但王先谦说他“其适于道也,与姚氏无乎不合”[①],亦被后人归为桐城派。可见,十七人中桐城派就占十人。四十篇选文中,桐城派十人之文共二十七篇,其中二十四篇已入选王先谦和黎庶昌分别编辑的《续古文辞类纂》,所以林纾说其“皆人人所熟读”。其他七人中,魏禧、汪琬、侯方域属“清初三大家”,以古文名世,被郭绍虞称为“桐城派之前驱”[②];王猷定跟“清初三大家”同时,以古文知名;孙嘉淦不以文名,但《三习一弊疏》曾选入黎庶昌的《续古文辞类纂》,说明这篇文章早已受桐城派文人重视。朱彝尊虽以经学知名,却一直受古文家好评。黎庶昌《续古文辞类纂》选其文达七篇之多,吴曾祺称其“经生而兼通文事者”[③]。林纾选朱彝尊《游晋祠记》,在古文家看来,不算越轨。可见,林纾选清文,都跟桐城古文有关。

姚鼐编《古文辞类纂》,于取舍之间,为桐城文章厘出千年文脉。曾国藩说,“古文所以立名之始,乃由所以屏弃六朝骈俪之文,而返之于三代两汉”[④],所以姚鼐选“古文”,自然多选周秦两汉的文章;六朝之文,仅在辞赋一类选几篇备格而已;至唐宋,多选“八大家”之文;至元明,独以归有光远承“八大家”;至清代,仅推方苞、刘大櫆。以《古文辞类纂》为底本,林纾选周秦汉魏及唐宋文较为容易,而且比例很大。重订本第三、四册都为宋文。第三册三十五篇,第四册三十六篇,共七十一篇,其中欧阳曾王三苏之文占四十八篇之多。这些文章又大多选入姚鼐《古文辞类纂》和曾国藩

---

① 王先谦:《序》,《续古文辞类纂》,思贤讲舍刻本,光绪十九年(1893 年)。

② 郭绍虞:《中国文学批评史》(下),南昌:百花文艺出版社,1999 年,第 296 页。

③ 吴曾祺:《涵芬楼文谈·宗经第一》,《涵芬楼古今文钞简编·卷首》,上海:商务印书馆,1911 年。

④ 曾国藩:《叙例》,《经史百家杂钞》,上海:商务印书馆,1906 年。

《经史百家杂钞》。八家之外，尚选十余家。[①] 其中王禹偁、穆修在北宋较早提倡韩柳文，陈师道、晁补之、张耒则属“苏门六君子”。林纾在宋文分册的序中说，“余假得东雅堂韩文，抄而读之十年，觉文中之脉络骨法，光韵神味，证之诸家，无有及韩之精者”[②]，为宋文作序，而先以韩文冠篇，接着论述宋代之文，又时时以韩欧文为参照，可见两册宋文，韩欧是其灵魂。重订本第五、六册为唐文，独以韩柳文为多，林纾序称：“余嗜好唐文，至此二家，志愿已足，无复旁及。故于是集之成，二家之文，据十之七，虽好之偏，然文之正宗，亦不能外此而他求。”[③]此二册于韩柳二家，又以韩文独多，林纾盛赞韩愈：“为文而不师古，直不烛而行暗，虽心识其途或达焉，则必时构虚摄之象，触物而震，无复坦行之乐。然则师古者宜何师？曰宜师其醇于理、精于法、工于言、神于变化者而已。凡是数者，求之古人，或不可得兼，兼者其惟昌黎乎？”[④]以韩愈为古文第一人。此册虽还杂取他家，但都围绕韩愈选择。萧颖士、独孤及、梁肃是唐代“古文运动”的先驱，皇甫湜、李翱、孙樵则为韩愈后传。林纾的四册唐宋文，“八大家”是核心，这跟姚鼐的选择标准一致。重订本第八册为秦汉三国文。林纾说：“余嗜《左传》《史记》《汉书》，日不释手，今选周秦汉魏文，安能舍此三者勿选”[⑤]，“顾《国策》之文，姚惜抱先生以之入奏议类，而《左传》《史记》《汉书》，则未及入选也”[⑥]，似乎他的选择在这一点上属于创格。其实曾国藩早已指出：“姚姬传氏撰次古文，不载史传，其说为史多不可胜录也。然吾观

---

① 包括王禹偁、范仲淹、穆修、司马光、种放、陈尧、潘佑、陈师道、晁补之、张耒、朱熹、陆游、蔡戡、杨夔。

② 林纾：《序》，《中学国文读本》（第四册），上海：商务印书馆，1909 年。

③ 同上。

④ 林纾：《序》，《中学国文读本》（第六册），上海：商务印书馆，1909 年。

⑤ 同上。

⑥ 同上。

其奏议类中录《汉书》至三十八首，诏令类中录《汉书》三十四首，果能屏诸史而不录乎？”[①]而《史记》之文，姚鼐选六篇年表入序跋类。至于《左传》，姚鼐以经部未选，曾国藩《经史百家杂钞》则在书牍、叙记类大量选入。可见，林纾选《左传》《史记》《汉书》，其实也在前辈桐城文人选本范围之内。

吴曾祺《中学国文教科书》清文部分的序言说：“望溪故喜震川，以上溯欧曾之作，同时有刘海峰者，受之望溪，而以授之桐城姚姬传。姬传虽得力于海峰，而实有出蓝之誉，今观惜抱文字，虽不足方驾欧曾，而置之震川集中，实亦未肯多让，厥后流传既广，天下翕然尊之，称为桐城派。当海峰之世，有钱鲁思者，从问其业，每以师说称颂于阳湖恽子居，武进张皋文，二人并善其言，遂尽去声韵考订之学而从焉。”[②]在衡定乾嘉学者之文“不合于古文义法”之后，盛赞曾国藩：“桐城之后，无有抗颜行者，同时有梅伯言者，居京师，相与上下其议论，又有朱伯韩龙翰臣诸人，亦能别张一帜”，“鲁通甫、王少鹤、管异之之属，皆有志之士，其得意之作，时欲突过前人，吴南屏、吴挚甫、薛叔耘多在文正幕中，时得接其绪论，故所得皆确有渊源”。[③]吴曾祺对于有清一代桐城派代表人物的师承、交游之叙述跟姚鼐、王先谦等人勾勒的桐城谱系正好相合。[④]所以吴曾祺

---

① 曾国藩：《叙例》，《经史百家杂钞》。

② 吴曾祺：《初集例言》，《中学国文教科书》（第一册），上海：商务印书馆，1908年。

③ 同上。

④ 姚鼐对于桐城派的构建，前人已有详细论述，至于王先谦勾勒的谱系，学界引用较少。王先谦在《续古文辞类纂·序》中对清代桐城派的谱系如此勾勒：“自桐城方望溪氏以古文专家之学，主张后进，海峰承之，遗风遂衍。姚惜抱禀其师传，覃心冥追，益以所自传，推究阃奥，开设户牖，天下翕然为正宗。承学之士，如蓬从风，如川赴壑，寻声企景，项领相望，百余年来，转相转述，偏于东南，由其道而名于文苑者，以数十计。呜呼，何其盛也！”“自乾隆以降，故薑坞、梅崖与焉。姬传受业薑坞，复与殿麟、悔生师海峰，台山絜非师梅崖，硕士学于絜非，更事姬传。姬传之徒，伯言、异之、孟涂、植之最著，硕士行辈差先，伯言其年家子，异之典试所得识也。仲伦、春木、生甫出姬传门少后，薑

选清文,桐城派之文占了大半,又以姚鼐、梅曾亮、曾国藩三人最多。此外,吴曾祺于明文推归有光,宋文推欧阳曾王三苏,唐文重韩柳。对于韩愈,尤其推崇备至,“至昌黎氏兴,而数千年风气为之一变。昌黎之学贯穿经史,下至诸子百家之书,靡不加意探讨,而其力又足以驱使之,故其为文,离奇光怪,不可逼视。盖自秦汉以后,文之以气行者,惟昌黎一人而已”[①]。这跟林纾以韩愈为核心论述历代古文,如出一辙,都遵古文家法。

但林纾、吴曾祺的中学国文教科书跟姚鼐、曾国藩的古文选本又不一样。姚选《古文辞类纂》,曾选《经史百家杂钞》,黎、王《续古文辞类纂》,都按文体分类。从林纾、吴曾祺的志趣来看,他们更愿意按文体分类选文。吴曾祺《涵芬楼古今文钞》,林纾后来在古文讲习所约选《古文辞类纂》,其实都按文体分类。但他们此时编选中学国文教科书,却得由清代起,上溯至先秦,按朝代分册。其实清末教育主管部门并没有中学国文由近世文上溯至先秦文的明文规定,但其指定的《御选古文渊鉴》《古文雅正》均按朝代选文。按朝代选还是按文体编,体现了不同的选文意图。《古文辞类纂》等选本按文体分类,主要是为了提供各类文体习作的范文。《御选古文渊鉴》《古文雅正》按朝代选文,关注的重点在于文章背后的世道人心。学部对仅重古文写作的中学国文教科书曾表示不满。1906年,

(接上注)坞曾孙硕甫亦姬传高第弟子,而名业特显,不徒以文称。秋士品诣孤峻,尺木其族子,究心理学,尤与台山善。子居、皋文私淑海峰。同时拔起者,小岘、祁孙其尤也。湘皋善硕甫,而与星叔相先后。月沧归乡桐城,尝问道于仲伦、春木,以所学倡于粤西。其乡人伯韩、子穆、翰臣、定甫亦请业伯言,子序、僮甫、位西、子余皆从伯言讲论者也。石州以朴学鸣,与伯言论不合。鲁川兼师两人,异之子小异传父业而早卒。植之之门,惟存庄著称焉。曾文正公亟许姬传,至列之圣哲画像记,以为粗解文章,由姚先生启之也,然寻其声貌,略不相袭,道不可不一,而法不必尽同,斯言谅哉。南屏沉思孤往,其适于道也,与姚氏无乎不合。”

① 吴曾祺:《四集例言》,《中学国文教科书》(第四册),上海:商务印书馆,1908年。

《学部官报》公布对江苏高等学堂斋务长邹寿祺编《古文举例》[①]的批词中称:“该员所呈古文举例,条例清晰,论文要言一册,亦多先哲名言,惟中小学国文一科,包罗甚富,非文法一端所能尽,所请批准颁行一节,应勿庸议,此批。”[②]在学部审查员眼里,国文“非文法一端所能尽”。商务高层当然会注意到这一态度。林纾提到,“吾友张菊生高啸桐梦旦兄弟以书属予选国朝文”[③],这些书信现已不存,从“选国朝文”几字来看,林纾、吴曾祺的中学国文教科书按朝代上溯,应是出于商务高层的安排。

姚曾等人的古文选本,因按文体分类,所以只要不符合他们的标准,则不予选入,不一定每个朝代都有文入选。林纾、吴曾祺按朝代选文,许多未曾得到桐城先辈评价或评价不好的文章也就进来了,这跟桐城派的标准出现细微差别。

《古文辞类纂》与《经史百家杂钞》中,五代文、金文、元文都没有;明代仅有归有光的文章。林纾《中学国文读本》第二册为“元明文”,选文三十七篇,其中归有光文九篇,不可谓不多,但既然以“元明文”为标题,自然不能仅选归有光文。林纾将范围先扩大至“唐宋派”,王慎中、唐顺之之文入选,接着明初宋濂、刘基、高启、方孝孺的文章也进来了,甚至还选入李梦阳、杨士奇等人的文章。这就非桐城选本所能涵盖了。林纾将范围扩大至“秦汉派”,对于桐城派文人来说,已经出格了,吴曾祺居然将袁宏道的文章选进一篇。“公安派”文章历来就为桐城文人所不齿,姚鼐诗有“公安及竟陵,

① 该书现已查找不到,有可能根本没有出版。

② 《江苏高等学堂斋务长邹寿祺呈编校国文教科书恳请保护版权禀批(光绪三十二年五月初十日)》,《学部官报》(合订本)第十五册。

③ 林纾:《序》,《中学国文读本》(第一册),上海:商务印书馆,1908 年。

齿冷诚非佳”的评价[1],林纾说:“至于公安,不特轻儇,直是院本中打浑”,“古文非可随意挥洒者也,一染竟陵、公安之习,则终身不可湔涤矣”[2]。吴曾祺对选入的袁宏道《徐文长传》的评价是“此公一代隽才,卒以狂疾致死,盖亦文人之未闻道者。文备赞其翰墨之工,而卒致其惋惜之意。首尾从数奇二字着笔,而篇法极严”,赞其“篇法极严”,显然已经打破桐城古文的门户之见。

韩愈“文起八代之衰”,古文家推崇韩愈,在他们眼里,六朝好文章自然就不多。姚鼐仅在辞赋类选入潘岳《秋兴赋》《笙赋》、鲍照《芜城赋》等不足十篇以备体。曾国藩则将范围扩大,在论著类选入江统《徙戎论》,书牍类选入王羲之、刘琨之文,哀祭类选入颜延之、谢惠连之文,辞赋类选入鲍照、庾信之文,至于诏令奏议,也有选入。林纾所选文章,大致跟曾国藩标准相似,但曾国藩选六朝文不选序跋,而林纾则选入四篇,包括徐陵的《玉台新咏序》。此序写得极为艳冶,林纾选入此文,显然不是以桐城派的文章观念为准。事实上,林纾对选六朝文很不自信,称“获当与否,已莫弗前审,生平盖弗长于骈俪也”,又说:“集中所选,皆余平生所窥涉者,至于买椟还珠,此错余固承之,不敢谓季子观乐,美者尽于此矣。”[3]林纾《中学国文读本》几乎每篇都有顶批,对于大多数古文,点明其章法句法,但于六朝文,则多为介绍写作背景,似乎对六朝文作法无甚心得。六朝文中,吴曾祺对于潘岳、王羲之、范晔的文章选得较多,这跟曾国藩的标准差不多。其实范晔的《后汉书》,桐城选本很少选入,曾国藩选一篇,吴曾祺却选五篇之多。考虑到吴曾祺在

---

① 姚鼐:《硕士约过舍,久俟不至,余将渡江,留书与之,成六十六韵》,《惜抱轩诗文集》,上海涵芬楼影印本,1927—1928 年。

② 《论文偶记 · 初月楼古文绪论 · 春觉斋论文》(合订本),北京:人民文学出版社,1959 年,第 101、102 页。

③ 林纾:《序》,《中学国文读本》(第七册),上海:商务印书馆,1910 年。

《中学国文教科书·例言》中称骈文辞赋“一概不录”，选六朝文时只好多选史书也就不足为奇了。

综上所述，林纾、吴曾祺的中学国文教科书虽偏向桐城派的古文趣味，但有时也溢出这一趣味之外，是不能用“姚选标准”来涵盖的。至于论者将这一现象归于为了适应“制度设计所划分出来的空间”①，恐怕也不确切。首先，当局并未明确规定选文秩序按时代上溯，其次，如果吴曾祺在明文中不选《徐文长传》、林纾在六朝文中不选《玉台新咏序》，也完全符合“制度设计所划分出来的空间”，但他们并没有这样做。这或许能很好地说明，在林纾、吴曾祺眼里，桐城古文选本跟中学国文教科书并非一回事，需要区别对待。

但即使是对待这些扩大范围选进来的文章，除林纾于部分六朝文难以点评外，像对待其他古文一样，林纾、吴曾祺对它们的处理也是从具体而微的章法句法入手。林纾在顶批中多揭示筋节脉络，吴曾祺在文前总评和顶批中一般先辨体，再点明具体作法。这说明林纾、吴曾祺虽接受商务印书馆按朝代选文的规定，但仍以“作文之法”②为指归，只是这一主观愿望难以完全实现罢了。

第二节　民初新编中学国文教科书与保存国粹

民国成立后，商务印书馆除请许国英将林纾、吴曾祺所编中学

---

① 陈尔杰：《“文章选本”与教科书——民初国文观念的塑造》。

② 吴曾祺在《中学国文教科书例言》中说：“学生至入中学堂，多读经书，渐悉故事，此时急宜授作文之法”，教授“作文之法”，正是林吴二人所编中学国文教科书的内容。

国文教科书重订出版外,还请许国英编辑新的中学国文教科书[①],由商务四大"开国元勋"张元济、高梦旦、蒋维乔、庄俞担任校订[②]。1913年8月,许国英编辑的《共和国教科书国文读本》开始出版;1914年2月起,许国英为该套教材编注的评注本陆续问世。[③] 民初崛起的中华书局,打破了商务印书馆对教科书市场的垄断局面。中华书局进入市场的标志是武昌起义后组织人力迅速编撰而出的"中华教科书",刘法曾、姚汉章[④]编辑的《中华中学国文教科书》作为其中之一,于1912年8月开始出版,这是民初第一套新编中学

① 许国英,即许指严,江苏武进(今常州市)人,鸳鸯蝴蝶派的代表人物之一。在二十多年的时间里创作了一百多部作品,并对"清代与民国前期的史事研究,尤见成效"(顾美华:《南巡秘纪 · 出版说明》,上海:上海书店,1997年,第1页),所以《常州市志》称他"博学多才,擅长诗、古文辞,精史学,尤喜爱文学"(《常州市志》[第三册],北京:中国社会科学出版社,1995年,第394—395页)。许国英能够进入商务印书馆编辑国文教科书有两个原因。一是他是商务高层蒋维乔、庄俞的武进老乡,当时"由于蒋维乔、庄俞的不断引荐,投入商务印书馆编写中小学教科书行列的常州人越来越多"(黄建民:《"阳湖耆老"与商务印书馆》,《商务印书馆一百年》,上海:商务印书馆,2005年,第63页)。而许国英跟蒋维乔的关系极为密切。1899年,二十四岁的许指严和同乡蒋维乔、汤爱理一起创立了修学社,许国英负责文学编译,蒋维乔负责哲学部分。二是他有过国文教学的经历,1906年左右,他在南洋公学教授国文和历史,民初又在金陵高等师范教授国文(亢乐:《许指严及其作品研究》,华东师范大学硕士论文,2009年,第12页)。

② 商务四大"开国元勋"一说,来自黄建民《"阳湖耆老"与商务印书馆》。

③ 这套书非常受欢迎,《共和国教科书国文读本》第一册至1916年10月已出到第七版。而评注本更为畅销,"第一册是1914年2月初版,到1922年3月份的时候,已经再版到34版;第二册是1916年4月5日初版,到1924年4月已经再版了27次","第三册到1920年9月的时候是第18版,第四册甚至在1926年3月的时候出了第22版"(亢乐:《许指严及其作品研究》,第73页)。1929年,商务印书馆仍以这套教科书送审。

④ 刘法曾,生卒年不详,编撰了《外史蒙求》与《清史纂要》,后者为史学界所重视。姚汉章是姚蓬子的父亲,清末内阁中书,1907—1910年左右出任杭州府中学堂监督。1913年4月20日,姚与陆费逵、范源廉等十一人被中华书局第三次股东会选为董事。后为中华书局中学师范部主任,并支持《中华小说界》,"中等身个,胖胖的,蓄胡须,平日不爱说话,他的杭州口音很重,中华书局在民国初年出版的新式国语课本,多种历史、地理课本及教材均出自于姚汉章之手"(王炳毅:《姚克小传》,《书屋》2007年第5期)。

国文教科书。[①] 两年后,谢蒙编辑的中学用四册《新制国文教本》由中华书局出版。[②] 不久后,《新制国文教本》评注本也由朱宝瑜编注,姚汉章、张相校阅出版。[③] 这样,在1914年的教科书市场上,至少同时流通着林纾、吴曾祺、许国英、刘法曾、谢蒙编辑的五套中学国文教科书。

林纾、吴曾祺所编中学国文教科书以“作文之法”为内容。民初三套新编中学国文教科书亦重“作文之法”。刘法曾、姚汉章说:“中学校学生,国文程度渐深,急宜授以古人作文义法。”[④]许国英也说:“中学国文程度,较高于小学,故宜授以适当之作文法理。”[⑤]谢蒙声称其教科书第一册目的在于使学生“习于近世适用文体,能自由发表其思想”[⑥]。说明在三位编者眼里,“作文之法”是其考虑的重心。这是跟林纾、吴曾祺的中学国文教科书的相似之处,在此不展开论述。本书重点论述的,是民初三套新编中学国文教科书在

---

① 这套教材第一册1912年8月出版,第二册1913年2月出版,第三册1912年11月出版,第四册1913年12月出版。除初版本外,已知第一册于1915年2月出至第五版。

② 谢蒙(1884—1964),字无量,“中国近现代著名的社会活动家、杰出的诗人、非凡的书法家、顶级的学者,成功的宣传家、优秀的教育家”(彭华:《谢无量年谱》,《儒藏论坛》第三辑,成都:四川大学出版社,2009年,第132页)。1913年2月,谢无量辞去四川国学院副院长之职,去南方各省游历,后到上海,任《神州日报》主笔,还参与《民权报》的编辑,这两份报纸都是同盟会的喉舌。宋教仁遇刺后,“形势更加紧张,谢无量减少了社会活动,在中华书局埋首编书二十余种”(刘长荣、何兴明:《谢无量年谱》,《文教资料》2001年第3期)。《新制国文教本》就是此时编出来的,并于1914年8月由中华书局出版。

③ 朱宝瑜,经历不详,仅知其为宜兴人。张相即《诗词曲语辞汇释例》一书的作者,长期为中华书局编辑文史类图书。现在已很难见到完整的四册评注本,笔者查阅各图书馆,仅人民教育出版社保存的评注本四册齐全,四册中只有第二册有完整的版权页,该册于1915年12月发行,1918年2月出至第三版。

④ 刘法曾、姚汉章:《编辑例言》,《中华中学国文教科书》(第一册),上海:中华书局,1912年。

⑤ 许国英:《编辑大意》,《共和国教科书国文读本》(第一册),上海:商务印书馆,1916年第七版。

⑥ 谢蒙:《新制国文教本》(第一册),上海:中华书局,1914年。

重“作文之法”外，还设计了另外的内容，从而跟林纾、吴曾祺的中学国文教科书区别开来。

林纾、吴曾祺编选中学国文教科书时，对是否选骈文辞赋，意见尚不一致。六朝文本以骈文辞赋为大宗，林纾所编教科书第七册为六朝文，对此不能回避，但他却多选散文，选骈文辞赋较少，于此也不自信。对这些骈文辞赋作顶批，林纾虽也像评点古文一样，常常圈点佳句，点明文章筋节脉络，但重点却在介绍写作背景。选入骈文辞赋，显然跟这套教科书的基调不符，所以先秦两汉部分不选楚辞汉赋。吴曾祺编中学国文教科书时严守骈散之别[①]，不仅不选楚辞汉赋，所选六朝文中，也少骈文辞赋。到民国初年，情况大为不同。刘法曾、姚汉章在其中学国文教科书的《编辑大意》中说："文家自唐代以后，始有骈散之分，追原其溯，固未尝判而为二也。且如选六朝文者，弃其骈而采其散，是买椟而还珠矣。故姚氏姬传之《古文辞类纂》，其中颇杂骈体，李氏申耆之《骈体文钞》，其中亦及散文，斯诚通儒之鸿识，大雅之玮裁矣。兹册所登，散文居多，而骈俪之卓著者，亦时时间及之。”这跟吴曾祺的选法就大不一样了。也是从《中华中学国文教科书》开始，楚辞正式进入中学国文教科书，屈原《国殇》《湘君》《湘夫人》《山鬼》《渔夫》《卜居》以及宋玉《对楚王问》都被选入。此外，刘法曾、姚汉章对历代辞赋和骈文也多有选取：汉赋不选，但收班固《两都赋序》，意在借此简单介绍这一文类；魏晋南北朝选祢衡《鹦鹉赋》，鲍照《芜城赋》，谢庄《月赋》，江淹《恨赋》《别赋》，庾信《小园赋》；初唐选王勃《滕王阁

① 吴曾祺在《中学国文教科书例言》中说："文章一道，追原其溯，本无骈散之分，而自唐以来，固已一分不可复合。故词赋一门，《昭明文选》中，居其十之三四，如《唐文粹》《宋文鉴》《金文雅》《元文类》及姚氏《古文辞类纂》，皆延其例。而近来选古文者，或不之及。然平心而论，摛华掞藻，自有专家，未可合二为一。则列之于古文之外，与列之于古文之中，未见古人之必是，而今人之必非也。兹编亦一概不录。”

序》,为此篇首次进入中学国文教科书。许国英说:“卑六朝,薄八代,然其神理渊含,气盛言宜者,卒未尝屏弃,而大雅宏大之文,亦往往于骈俪中得之,兹编不拘成见,骈散兼列,惟仍准浅深递进法。”[①]因此,许国英不仅选了《卜居》《对楚王问》,甚至将《离骚》也录进来,此外还选了骆宾王的《为徐敬业讨武曌檄》与杜牧的《阿房宫赋》。谢蒙在《新制国文教本》中说:“夫由今溯汉,所谓文体之变多矣。词旨所尚,既有不齐,轶近学者,遂立骈散之号,分辙异辕,莫相为贯。然明达之士,独窃以为不然。乃若姬传表喻于阴阳,申耆综论于奇偶,自曾涤生犹秉斯义,知二者之一致,非可强殊者矣。”[②]又说:“诗赋名制极多,不能备选,固仅于第四编中录《诗经》二篇,及荀卿宋玉诸赋,以略明诗赋之源。”[③]他不选屈赋,却选宋玉《大言赋》《小言赋》《风赋》《钓赋》及荀子《赋篇》,称“赋者,诗之流,宋玉荀卿尚为正体”[④];选入一篇张惠言《七十家赋钞目录序》,算是介绍这种文体。这就多少带有他自己的眼光了。

选入骈文辞赋,突破了清末林纾、吴曾祺将国文基本等同于古文的局限,但这毕竟还只是在集部之内扩大范围。民初三套新编中学国文教科书,不仅打破骈散界限,还突破集部限制,广泛选入经、史、子部文献。

在《中学国文读本》中,林纾除《左传》外,其他经部文献一概不选。吴曾祺在其教科书《例言》中说:“桐城姚惜抱先生选《古文辞类纂》,上不及于经,意以经固人人所宜全读,后来曾文正公甚不然之,故选经史杂钞,则各经之文居十之二,今谨窃附姚氏之意,概不之及。”民初情况则完全不同。刘法曾、姚汉章称:“姚氏《古文辞类

① 许国英:《编辑大意》,《共和国教科书国文读本》(第一册)。

② 谢蒙:《新制国文教本》(第三册),上海:中华书局,1914 年。

③ 谢蒙:《新制国文教本》(第四册),上海:中华书局,1914 年。

④ 同上。

纂》,上不及于经,意以经固尽人所宜全读者也,厥后湘乡曾氏甚不然之,故有《经史百家杂钞》之选,今制学校废止读经,则六经文辞,苟不甄录,则无由肄习,兹编所录,兼收群经,以存国粹。”[①]四册教科书中,除《左传》十四篇外,还选入《诗经》八篇,《尚书》《孟子》各五篇、《周礼》《礼记·檀弓》各四篇,《论语》《穀梁传》各两篇,《公羊传》一篇。跟刘法曾、姚汉章观点相似,许国英在其国文教科书的《编辑大意》中说:“昔贤选本,如桐城姚氏等例,皆不列经史,其界说在表章古文辞而止耳,兹编主于教科适用,且因今制中小学校废止读经,而经典文辞,有可节取者,按之中学生程度,实多裨益,苟不甄录,末由肄习,故于读本中略及之。”该书将经部文献集中在第四册,十三经除《尔雅》《孝经》外,都有涉及。[②] 谢蒙于其教科书第四册从《左传》选四篇,从《周易》《尚书》《周礼》《礼记》《论语》《孟子》各选一篇。可见民初三套新编中学国文教科书跟清末中学国文教科书不同,除《左传》外还广泛选入其他经部文献。

除经部文献外,先秦诸子和后世理学家之文,也为民初中学国文教科书所录。林纾选文,不及先秦诸子。吴曾祺深好诸子文,曾称赞其“铸语之工,炼意之巧,固足以长益神明,发皇耳目,其佳处不专此,大抵行文之胜,在于浓淡相宜,疏密相间,每有不经意之处,反令人百读不厌”[③]。但给中学生选国文,大概因“读子则如调济药方以疗百病,时能活人者,亦时能害人”[④],害怕青年不慎,反受其害,虽“庄列申韩之书,皆文之至者”,却“悉以子家不录”[⑤]。民

① 刘法曾、姚汉章:《编辑大意》,《中华中学国文教科书》(第一册)。

② 收《左传》七篇,《孟子》五篇,《周易》《周礼》《礼记》各三篇,《诗经》《论语》各两篇,《尚书》《仪礼》《公羊传》《穀梁传》各一篇。

③ 吴曾祺:《涵芬楼文谈·读子第三》,《涵芬楼古今文钞简编·卷首》,上海:商务印书馆,1911 年。

④ 同上。

⑤ 吴曾祺:《中学国文教科书例言》。

初中学国文教科书,则都选入先秦诸子文。刘法曾、姚汉章于其教科书中说:“周秦诸子,姚氏不登,然庄列申韩诸子,自成一家学说,文章亦皆卓然自立,爰辑其饶有古趣,而不过于聱牙佶屈者,著于篇。”[①]虽所选极少,仅录庄子《马蹄》《养生主》与《逍遥游》中部分段落及韩非《说难》等两家四篇作品,但毕竟已开中学国文教科书录诸子文章的先例。《共和国教科书国文读本》兼取“周秦诸子文,以助尚友之兴味”[②],范围比《中华中学国文教科书》大,不仅选庄子《逍遥游》《马蹄》、韩非《说难》,还选入列子《天瑞》《说符(节录)》、荀子《荣辱篇(节录)》,共六篇。《新制国文教本》除选庄子《天下》、韩非《说难》外,还选入荀子《劝学篇》、管子《弟子职》,共四篇。

其实,不论是骈体辞赋,还是经史子部文献,曾国藩《经史百家杂钞》都有选入,仅从这个角度来看,黎锦熙认为民初属于“曾选标准时期”,是有道理的。但民初中学国文教科书与《经史百家杂钞》的区别也是明显的:经史学家及理学家之文,曾国藩几乎不涉猎,却为民初中学国文教科书编者录入。汉代经学家文,曾国藩仅选许慎《说文序》,许国英不仅选入《说文序》,还选入孔安国的《尚书序》,谢蒙则除前两篇外,增选郑玄《诗谱序》。宋代理学家之文,曾国藩不涉及,其他桐城一系的古文选家多选入朱熹的《通鉴室记》之类的杂记体,他体不选,而《新制国文教本》却选入朱熹《大学章句序》、程颐《易传序》之类能够体现其学术思想的文章。清朝考据家之文,曾国藩不涉及,林纾、吴曾祺在国文教科书中予以痛斥,《新制国文教本》却选入戴震《与方希原书》这样能体现考据家“论文主旨”[③]的文章。谢蒙选这篇文章,说明其国文教科书选文已经

① 刘法曾、姚汉章:《编辑大意》,《中华中学国文教科书》(第一册)。

② 许国英:《编辑大意》,《共和国教科书国文读本》(第一册)。

③ 郭绍虞:《中国文学批评史》(下),南昌:百花文艺出版社,1999年,第394页。

摆脱清代文坛的派系之争。谢蒙还选入其他两类文章:一是介绍舆地方志之文,如何景明《武功县志序》、吕温《地质图序》;一是探讨哲学命题之文,像刘禹锡《天论》、刘峻《辨命论》、李康《运命论》。前者为桐城一系选家所不及,后者仅曾国藩选入少量几篇。

此外,民初中学国文教科书大都选录古诗。清代古文选本,绝大多数不及诗歌,仅梅曾亮《古文词略》例外。《古文词略》全书二十四卷,后四卷为诗歌,"取王渔阳《古诗选》为鹄而汰其大半,于李杜韩之五古,则增入之"[①]。《古文词略》这一创例不获时人认可。在《古文词略》的多种翻刻本中,多略去后四卷。光绪二十五年成都志古堂《古文词略》刊本删去后四卷的理由是,"梅本原有古诗四卷,盖取渔洋本而增减之,亦约姚选古文之例也,然古诗佳本极多,渔洋之书亦不繁重,学者似宜目睹全豹,今暂从略",实际上是为了保持古文选本的纯洁性。林纾和吴曾祺的中学国文教科书,也不选古诗。民初三套新编中学国文教科书,除《新制国文教本》不选诗歌外,刘法曾、姚汉章、许国英都让其教科书承担讲授古诗歌的功能。刘法曾、姚汉章在其教科书中"略择著名之诗歌附焉,大率先近体而后古风,取其声律和顺,易学易解,其在三代以下六朝以前之古诗,有篇幅短而词义浅,足以起学人之情趣者,又多录于编,不拘成例,盖亦由浅入深之意云耳"[②]。许国英所编教科书"每册列入数首,不拘时代派别,虽三代以来汉魏六朝之诗,但词义浅显,情韵并佳者,无不采录,各次于文辞之后"[③]。

---

① 梅曾亮:《凡例》,《古文词略》,北京:学部图书局,1908年。

② 刘法曾、姚汉章:《编辑大意》,《中华中学国文教科书》(第一册)。

③ 许国英:《编辑大意》,《共和国教科书国文读本》(第一册)。许国英本和刘姚本相比较,刘姚本选诗较多,平均每十篇选文后就有几首诗歌,涵括各个时代,总共近两百首,其中选《古诗十九首》十五首,选择标准"依梅氏《古文词略》",可见梅曾亮《古文词略》对刘法曾、姚汉章国文教科书的影响之大;许本选诗较少,四册总共只有二十多首。

民初三套新编中学国文教科书收入经部文、先秦诸子文、历代诗歌及经史学家甚至理学家文,是否还只是以文章本身的好坏为标准,以“作文之法”为主导内容?这在编者们对经史子部文献及古诗歌的评注处理上透露出部分信息。

《中华中学国文教科书》选入诗歌是因为:“诗歌者,古人所以涵养性情,宣导血气,不仅作文字美术品观也。”[①]观其对所选诗歌的评价,“涵养性情”当特有所指。如评刘邦的《大风歌》为“尚武精神,悔过思想,言下跃然”,评杜甫前后《出塞》为“饶有尚武精神”,评《琅琊王歌辞》为“读之增长爱国观念”,评陆游《示儿》为“爱国思想,临殁不懈,可敬可悲”。刘、姚于其所选经部文章,大都有文末总评。如称《论语·先进篇》中曾点言志一段“是后人兰亭集序之滥觞”,评《论语·微子篇》中子路遇丈人一段“为桃花源蓝本”,此两处是考察文章源流。《穀梁传·郑伯克段于鄢》后加评语为“层层书法,总用一甚字”,《左传·子产坏郑馆垣》被评为“通体以备字作主,文笔恢奇恣肆”,此两处是揭示文章义法。考察文章源流和揭示文章义法都是古文评的方式,当为指导“作文之法”。此外的评点,更多是以“现代人”的眼光,“发现”古代中国,比附当下,点明其教育意义。评《左传·驹支不屈于晋》为“理直词婉,能赋诗言志,不图春秋世外族文化之开通如此”,从《左传·卫后使宁俞来聘》中表现出的“古时中国使车一行,繁称典礼,宾筵一设,备载歌诗”,赞叹其“开化之早”,这两处是“发现”古代中国。在《周易·系辞传》后评:“庄子云:圣人师万物,天下事不外能自得师耳,泰西发明家因苹果坠地而悟吸力,因壶水沸腾而悟气学,何尝不由善师得来,大易此文开古今人知识不浅”,则多少有点比附西学的

① 刘法曾、姚汉章:《编辑大意》,《中华中学国文教科书》(第一册)。

意味。[①] 蔡元培在《对于教育方针之意见》(1912年4月)中,以军国民主义、实利主义、公民道德、美育、世界观为五项革新的教育宗旨,并将其分配于各科教学,认为"国语国文之形式,其依准文法者属于实利,而依准美词学者属于美感。其内容则军国民主义当占百分之十,实利主义当占其四十,德育当占其二十,美育当占其二十五,而世界观则占其五"[②]。9月,教育部公布教育宗旨,要求"注重道德教育,以实利教育,更以军国民教育辅之,更以美感教育完成其道德"[③]。不久后出版的《中华中学国文教科书》,在诗歌、经部文章后所下的"爱国""尚武"等评语,显然是为了附和教育总长的教育观念。跟刘法曾、姚汉章相似,许国英以诗歌为"古人所谓涵养性情"者,选诗目的在于"节宣堙郁"[④]。谢蒙明确声称"文章有形式之美,有内容之美,形式之美在辞藻,内容之美在义理",第四册多选"内容之美在义理"一类的文章,对此的解释是:"夫学者于是将进于成学,不可不明著述之大原,及古所以立言之道,泽之经子,参之史志,博观于后来,则可以整其流变,知其所归也,正朝夕者视北辰,决不嫌疑者视圣人,岂惟文焉,抑理义之府也。"[⑤]所谓"著述之大原""古所以立言之道",背后涉及整个中华文明史,当然不是"文"能包括的,更不用说"作文之法"了。[⑥]

---

① 刘法曾、姚汉章仅选四篇诸子文,从文末总评看,他们对诸子的理解并不到位。例如,对《马蹄》《说难》从文章写作角度评点,评"尧让天下于许由"一段为"可以见古人不尸君位之义",评《养生》为"庄生盖亦古之善卫生家"。这些评点都很普通,尤其是对《养生》的评点,有些牵强。

② 蔡元培:《对于教育方针之意见》,见舒新城编:《中国近代教育史资料》(下),北京:人民教育出版社,1961年,第1025页。

③ 《教育宗旨(元年九月初二日部令第二号)》,《教育部编纂处月刊》第一册,1913年2月。

④ 许国英:《编辑大意》,《共和国教科书国文读本》(第一册)。

⑤ 谢蒙:《新制国文教本》(第四册),上海:中华书局,1914年。

⑥ 但评注者朱宝瑜似乎没有深入领会谢蒙的意思,其对诸文的评点,仍多从"古文义法"的角度切入。

其实，民初中学国文教科书的编者大都明确表示，他们设计的中学国文教科书内容并非仅为“作文之法”。刘法曾、姚汉章在解释他们收进经部文章之原因时说得明白，目的是为“存国粹”①。许国英在其《共和国教科书国文读本》的《编辑大意》中强调授以“作文法理”后，笔锋一转，“且使略知本国古今文章轨范，以期共保国粹”②。谢蒙的见解与此相似：“凡文章有形式之美，有内容之美，形式之美在辞藻，内容之美在义理”，“第四册期极内容之大观，庶符德智兼启之方，以冀文质并茂之效”。谢蒙兼重“文”“质”，表明其选文也不以“作文之法”为唯一目的，而他所谓的“极内容之大观”，跟刘许等人的“存国粹”实质相同，都要通过中学国文教科书使学生接触传统文化典籍。“存国粹”正是民初中学国文教科书编者不分骈散，广收经部文、先秦诸子文、历代诗歌及经史学家甚至理学家文之原因所在③，其所体现的当然既不是“曾选标准”，更不是“姚选标准”了。

上述三套中学国文教科书内容既有古文作法，也重保存国粹，体现了一定程度的折中性。而刘宗向《中等学校国文读本》较为极端：专以“厉行明史”与“幽情思古”为内容。

---

① 刘法曾、姚汉章：《编辑例言》，《中华中学国文教科书》（第一册）。

② 许国英：《编辑大意》，《共和国教科书国文读本》（第一册）。

③ 其实民初中学国文教科书编者并非仅将“存国粹”的功能加在经部文、先秦诸子文与历代诗歌上，也让一些“古文”承担思想教育的重任。如许国英在赵秉文的《手植桧刻像记》一文后评道：“按我国人公德心最薄，于保存古物，留飨后人等事，绝不注意。每遇兵燹任意摧残，荡然如洗，固由军人性喜破坏，然实平素不讲公德，有以致之。彼欧西地经百战，而故宫遗址无不可寻，希腊残碑，埃及金字塔，尚巍然动游览者之目，况我国崇拜之先师手泽所存，独不能为之保存耶？其他类此者甚夥，读此文其或油然有感也。”（《共和国教科书国文读本评注》[第二册]）刘法曾、姚汉章评皮日休《请孟子为学科书》：“《孟子》一书，民贵君轻之谈，良臣民贼之辨，深合于今日之共和政体、民国主义，而表章之功，实自龚美始，尚在宋儒以前，学者不可不晓。”（《中华中学国文教科书》[第一册]，上海：中华书局，1912年）

第三节 “厉行明史”“幽情思古”与《中等学校国文读本》

1914年12月28日,《教育公报》第七册公布一则审查批词,对于长沙宏文图书社送审的四册《中等学校国文读本》极为满意,称其“在近时所出各国文教科书中允推善本,应准作为中等国文教科书”,给出若干建议后再次勉励:“该书将来再版时能遵照改良,俾或善本,本部有厚望焉。”①尽管后来公布的审定教科图书布告中,这套教科书并未上榜,但从批词的语气和篇幅上看,此为审查人员最中意的一套中学国文教科书。长沙宏文图书社地处偏远,规模不大,在当时教科书出版商中不占优势,这套教科书能够获得教育部审查人员的青睐,必有其特别之处。

编者刘宗向在该书《叙例》中说:“仆前在大学时,已发此编之想,毕业以后,教授各校,始事采择,积四五年,旨趣屡易,稿亦数更,今遂奋成之。”②看来此书编辑过程并不顺畅。据《湖南省志·人物志》介绍,“刘宗向,字寅先,号盅园,宁乡县城人。1879年(清光绪五年)生于小吏家庭。1904年入明德中学速成师范科。毕业后考入京师大学堂,1908年毕业,得官内阁中书,后调学部”,辛亥革命后回乡,“1913年(民国2年)与黎锦熙、徐特立、杨昌济、陈天倪等创办宏文图书编译社,编印中小学教科书”。③《中等学校国文

---

① 《批长沙宏文图书社中等学校国文读本四册,准作为中等教科书,惟宜将标签处照签改正送部备核》,《教育公报》第七册,1914年12月28日。

② 刘宗向:《叙例》,《中等学校国文读本》(第一册),长沙宏文图书出版社,1914年4月。笔者按:该书版权页所署出版日期有误,《叙例》写于1914年5月,并冠于书前,该书初版应在5月之后。

③ 湖南省地方志编纂委员会编:《湖南省志·人物志》,1995年。

读本》当属其编印的“中小学教科书”之一。

刘宗向在京师大学堂念书时,桐城派在该校正为得势。易祖洛为刘宗向写的传记中称:“先生肄业京师大学堂时,从桐城马通伯先生受《毛诗》,在湖大讲授《诗经》时,编有《毛诗学》讲义两巨册,可见其学有师承。同时还从湘阴郭立山、桐城姚永朴、姚永概受古文义法,故先生擅长桐城派古文。”[①]此处说法于事实多有不符,刘宗向的确在湖大讲授过《毛诗》,但在京师大学堂却未从马通伯受《毛诗》。[②] 郭立山字复初,张舜徽认为刘宗向回湘后,“复执贽于湘阴郭复初之门,从受三礼之学”[③]。刘宗向本人则回忆说:郭立山“少泛治群经”,“门人刘宗向亲炙逾二十年,尝录其所谈朝章国故经训为数卷,语皆精微”。[④]如此看来,张舜徽的叙述更切合实际。虽然没有其他证据可以说明刘宗向从桐城姚永朴、姚永概学古文,但刘宗向跟桐城古文确有关系,其论学多偏袒方、姚,痛诋乾嘉诸老。他在大中学任教时,也以桐城古文教学生。弟子罗书慎回忆说:1930 年代初,刘宗向任教含光女中,教授国文,课本自编,“选唐宋八大家及方、姚、震川之文”[⑤];1936 年,刘宗向在湖南大学中文系“授古文及习作”,“为吾湘桐城派古文家,为文简严整洁,深得方姚之髓”[⑥]。

罗书慎提到刘宗向 1930 年代授学生以桐城古文,在 1914 年编

① 易祖洛:《刘宗向先生传》,《刘宗向先生百廿诞辰纪念册》,长沙:湖南大学长沙校友会,1999 年,第 217 页。

② 刘宗向在一篇文章中说:“马以古文名,宣统间曾在学部图书局共事,见一二面,未意其治经之深也。”见刘宗向:《评马通伯毛诗学》,《刘宗向先生遗著选》,长沙:湖南大学长沙校友会,1992 年,第 11 页。

③ 张舜徽:《刘宗向先生传》,同上书,第 3 页。

④ 刘宗向:《郭立山传》,同上书,第 29 页。

⑤ 罗书慎:《缅怀盅园老师》,《刘宗向先生百廿诞辰纪念册》,长沙:湖南大学长沙校友会,1999 年。

⑥ 同上。

选的《中等学校国文读本》中,刘宗向是否跟林纾、吴曾祺一样,偏向桐城古文呢?

《湖南省志·人物志》评价刘宗向说:"精研经史,探程朱理学之精微,尤擅长桐城派古文。"如此看来,刘宗向对于有清一代争执不休的三家学说兼容并包。其实,《湖南省志·人物志》这段话对刘宗向的评价还不够准确。在给弟子的信里,刘宗向如是讲述中国学术思想:

> 乾嘉诸儒考订名物训诂,诚足补宋贤之疏漏,但宋贤于义理得邹鲁之深,实成定论。而纪、戴诸人,横欲摈宋贤于诸儒之外,深文巧诋,无所不至。自此书出,宋学自衰。后来学者,且以躬行为不足法,其祸中于风俗人心国家民族。当时纪为总纂,姚姬传先生任分纂,深致不平。书成,不复求仕,归而讲学。宋贤坠绪,赖以有千钧一发之延。盖西汉经学、政事、文章合,而躬行分。东京合之尚矣,而义理未邃,躬行稍偏。至魏晋六朝、隋、唐,则经学、政事、文章、躬行四者皆不相谋。宋贤经义益精,躬行益密,而未能施诸政事,文章则尤分途。明以阳明氏之歧趋,经义微而其他亦随。至方、姚出,力谋四者之合,独恨未能见诸政事,文章则尤分途。①

收信者罗书慎评价其师为"儒林宿老,研精经史,学尊邹鲁,文尚方姚,探程朱理学之精微,归诸躬行实践"②。显然,对于刘宗向的评价,在"精研经史,探程朱理学之精微,尤擅长桐城派古文"之后,还应加上"躬行实践"。在上引信函中,刘宗向将千年学术思想归结到曾国藩,说他"既治方、姚之文术,亦涉乾嘉之藩篱,而躬行

---

① 刘宗向:《与罗生书慎书·四》,《刘宗向先生遗著选》,第16页。

② 罗书慎:《缅怀盅园老师》,《刘宗向先生百廿诞辰纪念册》。

一以程、朱为的。值异教之猖狂，倡率友生，用理学于事功，卫孔孟之名教。千年之间，一人而已”。看来，以曾国藩为榜样，刘宗向试图将乾嘉考据、桐城古文、程朱理学结合起来，而一归于躬行实践。突破门户派别之见，将传统文化资源整合为一，实际上体现了清末以来，在国势日蹙的形势下，士大夫深刻的危机感及希图救亡的努力。这从《中等学校国文读本》里也表现了出来。

《中等学校国文读本》共四册，1914 年 4—7 月出版。分甲乙二集：甲集三卷，合为第一册；后三册由乙集十二卷、别录二卷组成。[①] 刘宗向将“古文”选在第二、三册。第二册为乙集一至三卷，另附诗词一卷，第三册为乙集四至六卷，另附古体诗一卷。

乙集一卷选清文三十一篇，属桐城一系的仅八篇。[②] 另选阮元、汪中、李兆洛、孙星衍、章学诚、张惠言之文共十二篇。阮元等人，除张惠言后来习古文外，多为经史学者，并大多推崇骈文。该卷前八篇，除梅曾亮《书棚民事》为古文家所熟悉外，余下各篇或讨论农事，或讨论工艺，或讨论习俗。[③] 目的在经世致用，而非文章义法。同样，卷二选宋元明文十五篇，欧阳曾王三苏文仅四篇。值得注意的是，该卷选入了戴侗《六书故序》、顾炎武《方音》《与叶讱书》[④]，此三篇属学者之文；此外尚选有王徵《远西奇器图说录最序》，《远西奇器图说录最》为晚明时期介绍西方自然科学的重要著

---

① 从《教育公报》批语“乙集详释应从速编纂”（《批长沙宏文图书社中等学校国文读本四册，准作为中等教科书，惟宜将标签处照签改正送部备核》）来看，甲集有配套的详释本且已送审，黎锦熙见过详释本，称其“注重名物训诂，参考颇广；惜仅成二卷，属读本第一册”（黎锦熙《三十年来中等学校国文选本书目提要》），但《民国时期总书目·中小学教材》未提详释本，笔者也未找到，详释本大概未能保存下来。

② 方苞两篇，戴名世、姚鼐、梅曾亮、吴敏树、曾国藩、吴汝伦各一篇。

③ 其他七篇分别为：唐甄《教蚕》、孙宅揆《区田说》、张海珊《说粪》、裘曰修《陶说序》、夏之蓉《昏说》、韦协梦《俭说》、沈钦韩《旗谱论》。

④ 刘宗向将顾炎武归入明代，比较特别。

作,其序文并不以文见长,不仅为历代古文选本所不及,就是同时期的国文教科书也未有选入者。卷三选唐文,除陆贽等人的四篇文章外,其余都为韩柳文。四、五、六卷选两汉三国魏晋南北朝文,多选贾晁马班之文,不及辞赋,大体跟《古文辞类纂》标准相似,但其选入的王充《论衡》两篇、刘徽《九章算术注序》、裴秀《禹贡九州地域图序》,则决不会入桐城古文选家法眼。

由此可见,刘宗向完全突破古文藩篱:一方面不排斥桐城古文,另一方面则大量选入学术文章及有关民生日用之文。刘宗向特别注重“学”对于“文”的重要性,他说:“班氏有言,古之学者,博学乎六艺之文。六艺者,王教之典籍,先圣所以明天道、正人伦、致至治之成法也;又曰,禄利之路然也。学兴于斯,文兴于斯。”[①]故多选讨论农事工艺之作及学术文章。《中等学校国文读本》虽也选“唐宋八大家”之作,但于三苏父子,仅选苏轼《志林·鲁隐公》一篇。三苏父子经论史论策论,为历代古文选家所青睐,但因其所论跟历史事实多有不符,历来有不少指责。刘宗向基本不选三苏父子之文,出于如下考虑:“自汉以还,群流持论,条理日疏,说多疑似,勿可董理,极于三苏父子,号为驰骋曲折,穷究笔势,而贼真弥盛,流波风扇,被于人人,偶尔吐词,尽乖轨则,渐及后生,虽入科学,犹难治疗。”其实不仅三苏父子,就是后世经论史论,刘宗向也很少选取,“诚欲扫蔽景之翳,树立诚之鹄,则后世论文,不得率取”[②]。就是甲卷的十多篇顾炎武、王夫之的史论,刘宗向也特意声明这些文章不能作为作文范文,奉劝教师“勿轻以论题课士”。不取三苏父子之作,其实跟多取学术文与经世之作一样,是为了强调“学”对于“文”的重要性,“文与学术相表里:南北末叶,欧苏流派,

---

① 刘宗向:《叙例》,《中等学校国文读本》(第一册)。

② 同上。

由学敝也；周秦以上，文质相宜，学之盛也。六艺九流，国之菁英，虽非远志之士，要当略有诵习”[①]。刘宗向强调“六艺”为“学”之基、为“文”之基，但重点强调的是“六艺”与“学”，于“文”很少着力。

《中等学校国文读本》甲集第三卷题为“古代文”，一百二十六篇，全选先秦两汉魏晋文献。从《檀弓》、三传、《诗经》等始，荀韩庄列、《国语》《国策》《新序》《说苑》甚至佛经，都有涉猎。《檀弓》中的几篇文章，侧重丧礼；于荀韩庄列等子部文献，则选寓言故事；其他选文，却看不出一贯的线索。刘宗向对此解释为：

> 中学次初年，科目较简，幸足耑力治文，急宜传以古泽。惟繁复之篇，在所避忌。本书甲集三卷，博取经传语策，诸子百家，上自隆古，下逮魏晋，皆记述短篇。既兴趣浓深，领解甚易，又于古代群籍，有尝鼎一脔之乐。不及隋唐者，谓已粗足也。夫校生天质，利钝不齐，椎鲁之士，苟能嫥守是集，字娴句熟，虽勿暇他求，为文必有意理。若生而俊朗者，其本既立矣，又于古有泽矣，进与言文，为道大顺，继以乙集，期致力焉。[②]

看来此卷目的，是对“古代群籍”“尝鼎一脔”。其实不仅甲集第三卷涉猎“古代群籍”，第四册的目的也是如此。第四册包括乙集七至十二卷：乙集七选“尚书左传国语国策之文，都十首”；乙集八选“周易、尔雅、公羊、谷梁、周礼、礼记之文，都二十二首”；乙集九选“晚周诸子之文，都一十四首”；乙集十选“秦文”五篇，出自《吕氏春秋》及李斯之手；乙集十一选“诗经楚辞之文，都一十首”；乙集十二为“古代文附录”四篇，选彭祖《摄生养性论》及佛经三篇。第四

① 刘宗向：《叙例》，《中等学校国文读本》(第一册)。

② 同上。

册实际上是甲集第三卷的扩充，主要是对经、子二部古文献“尝鼎一脔”。虽也以“文”为最终目的，但只是“生而俊朗者”才能“进与言文”，对于一般学生，“媾守是集”就足够了。将学“文”的学生限定为“生而俊朗者”，并推向乙卷，但正如前面所分析的，“文”在乙卷的位置并不突出。所以刘宗向实际取消了“文”在中学国文教科书中的核心位置，当然不以具体的“作文之法”为目的。

乙集十二卷与甲集第三卷之文，部分也为其他中学国文教科书所及，但该教科书开首的甲集前两卷，却体现刘宗向选文的独到之处，为其他教科书所不及。对于甲集前两卷的编辑目的，刘宗向在《叙例》中说：

> 甲集之文，一岁而毕，其前后二卷为近代文，专重厉行明史，立文之本也。夫文人无行，古昔所訾，矧于今人，皮傅西语，伪说滋繁，纵欲败度，见谓贤哲，无与遏流，奚文之尚？至于史者，国之金汤，国人明史，则亡灭之难，虽亡，有复机。已族之屡兴，希腊之复国，远近有征矣。四邻交侵，颠覆在睫，自迷本源，奚以待后，先是二端，凡以矫俗矣。古人载道之训，或疑修身历史，各已成科，不悟寓之于文，重以浸润，则奏效倍焉矣。

“文人无行”，这是刘宗向一直强调的。对于文名满天下的林纾，刘宗向就颇有微词。1919年刘宗向有如下一则笔记：“与衍相标榜者有林纾，文至劣，刘先生延琛继任大学监督，林初见，拍案叹曰：‘余久欲辞去，今公至，又不能恝然矣。’闻者疑为素交，实则本无一面也。名士卑鄙，大都如此。”[①]说林纾“文至劣”，但并无实证，笔

---

① 刘宗向：《陈衍与林纾》，《刘宗向先生遗著选》，第45页。

锋一转，重点谈行。在刘宗向看来，“文至劣”缘于行“卑鄙”，“文”以“躬行实践”为基础，“躬行实践”首在“厉行明史”。《中等学校国文读本》甲集第一卷仅选文八篇，第一篇为顾炎武的《奖廉耻》，中间几篇谈孝悌，最后一篇是王安石的《伤仲永》，意在劝学。第二卷题为“近代文”，共一百零九篇，从郑樵《通志·三皇纪》中的《黄帝开国》到魏源《国初东南靖海纪》，实际将中国历史演绎一遍。选文大都来自《通志》《资治通鉴》《续资治通鉴》《通鉴纲目》《通鉴辑览》等史书中某一段落。内容侧重三方面：一是跟周边国家和民族的交往，像选自《通鉴·汉纪》的《使刘敬和亲匈奴》《武帝遣张骞使月氏》，《新唐书·西域列传》的《波斯》，《新唐书·东夷列传》的《日本》；二是历代风俗信仰的变迁，像《通鉴·汉纪》的《论东汉教化风俗》，《通鉴·宋纪》的《论魏主崇信道教》；三是易代之际的史事，像《通鉴·汉纪》的《王莽篡汉》，《续资治通鉴·元纪》中的《杀文天祥》，《明史·纪事本末·甲申之变》的《思宗殉国》。此外还选有学者的史论或文人感叹兴亡之诗词[①]，其中顾炎武、王夫之的史论占了大半，文人诗词中又以清初文人感叹明亡之作为多。综上所述，此两卷的内容，在于教导学生懂廉耻、知孝悌，尤其是通过学习中国历史来培养学生的民族情感。

无论是重视“厉行明史”，要求于“古代群籍”“尝鼎一脔”，还是强调“文与学术相表里”，《中等学校国文读本》都不以教授具体的“作文之法”为目标。其实，在当时的刘宗向看来，比起具体的“作文之法”，中学国文还有更重要的任务需要承担：

> 顾自清末浅夫滥竽校职，以文为病，倡率成风。讲授之师，

① 蔡世远《古文雅正》对于选得多的作家，在选文之后会附上史书中该作家的传记，像卷一在汉文帝五篇诏书后附上《前汉书》中的《文帝纪赞》，方便读者知人论世。刘宗向《中等学校国文读本》反其意而行之。

> 知主者视为具文，惮于陈策奋力，不及十祀，遂使悠悠后生，展卷茫然，因而弁髦国俗，鄙夷宗祖，自恶其族。毕业以后，既困及资生，又大为国蠹，间有长年美质，粗能援笔，或又迷于俗尚。将欲使幽情思古，科学之余，博治国故，发为闳著，如何可期。[①]

显然，在刘宗向看来，“弁髦国俗，鄙夷宗祖，自恶其族”，才是中学国文所要直面的问题；“幽情思古”“发为闳著”才是中学国文教学的最终目的。从《叙例》来看，刘宗向有“亡国”的巨大忧虑，而他觉得能够抵抗这种危险的，是“厉行明史”“幽情思古”“躬行实践”，是对于传统思想学术源流、对于“六艺”都有所了解。于这些有所得后，才谈得上“文”。将“文”推向将来再解决，实际上否定了“文”作为中学国文的核心教学任务。

于中学国文教科书中基本不考虑“作文之法”，虽有些极端，但能获得某些教育部审查员的高度认同，说明这并非刘宗向一己之见。事实上，刘宗向的好友杨昌济游学欧洲归国后，于1913年在刘宗向参与编辑的《湖南教育》上撰文谈教育感想[②]，主张“由明习经术之士，取经说之极精要者，编入国文教科书及修身教科书中”。他认为国文教学的目的之一在于使学生“深于本国之文学”，“深于本国之文学，则知本国固有之文明，起自尊之心，强爱国之念，且对于国内之风俗习惯，均能知其起源，悉其意义，对于祖国既不至发生厌薄之感情，对于国俗亦不至主张激急之变革，此真国家存立之基础，不可不善为培养者也”[③]。这跟刘宗向一年之后编辑国文教

---

① 刘宗向：《叙例》，《中等学校国文读本》（第一册）。

② 我所见《湖南教育》没有版权页。《湖南省志·人物志》称刘宗向辛亥革命后回乡，“兼任《湖南教育》编辑”。

③ 杨昌济：《余归国后对于教育之所感》，《湖南教育》第2年第17期，1913年。

科书时面对“弁髦国俗,鄙夷宗祖,自恶其族”的现象提出“历行明史”“幽情思古”的国文教学目的非常接近。当时《湖南教育》的部分撰稿人对于“共和”后的国内乱象非常不满,署名虚白的撰稿人说:“全国一团私欲,弥漫神州,心已陷溺,性已桎梏,吾国数千年涵养之忠孝厉节敦廉知耻诸美德,一旦尽被无法律之自由所蹂躏破坏,而靡有孑遗,上无道揆,下无法守,循是以往,不知所届。”[①]这正是刘宗向于中学国文教科书中首选顾炎武《奖廉耻》的原因。

于中学国文中“历行明史”“幽情思古”,不管“作文之法”,体现了新式学堂中传统知识逐渐淡化后部分人士的焦虑。这在民初其实代表了相当一部分人的看法,不仅刘宗向等民间人士有此态度,连教育部的部分官员也有类似观点。

第四节　民初教育部对中学国文教科书的审定

民国成立后,在教科书政策上延续清末的审定制。教育部下设审查处,所掌事务包括“审查教科图书”[②]。1912 年 5 月 10 日,教育部通知各书局将所出中小学教科书送部审查。5 月 25 日,颁布《审定教科图书暂行章程》十条。9 月 13 日,发布《审定教科图书规程》,要求“各省组织图书审查会就教育部审定图书内择定适宜之本通告各校采用”[③]。由于 1912 年 12 月 2 日公布的《中学校令施行规则》规定,“中学校教科用图书由各省图书审查会选定之”,最初一年多教育部没有审定中学国文教科书,直到 1914 年初,“教育部修正教科书审查规程,令停止各省审查教科图书。并通令各

① 虚白:《教育方针之疑问》,《湖南教育》第 2 年第 17 期,1913 年。
② 《教育部分科规程》,《教育部编纂处月刊》第六册,1913 年 7 月。
③ 《审定教科图书规程》,同上书。

书局以前审定之教科书,限三个月内送部复审"[①]。1914 年 6 月,《教育公报》创刊,才陆续刊出对中学国文教科书的审查意见。

对于民初三类中学国文教科书,教育部如何看待呢?

有论者认为民国政府审查教科书依据"正式颁布的中小学各科课程标准"[②],这个判断大体正确。但民初对于中学课程设置和各科课程标准的制定在 1912—1913 年间就已完成。1914 年 5 月,汤化龙就任教育总长,对《中学校令施行规则》等正式文件中有关中学的课程设置和各科课程标准的规定,尤其是传统文化知识的教学在中小学的锐减,意见较大。他企图通过调整国文与修身课程,增加传统文化知识的教学。1914 年 5 月,汤化龙上书袁世凯,要求"中小学修身国文教科书、采取经训以孔子之言为旨归",6 月 24 日,袁世凯批准,并饬各学校各书坊照办。[③] 12 月 11 日,《教育部整理教育方案草案》公布,认为"圣贤微言大义,散见群经,经数千年之硕学名儒讨论,蔚然成为国学;发挥光大,后起之责,又未便废弃弗讲,贻讥忘祖",要求"中小各学校修身国文教科书,采取经训,以保存故有之道德"。12 月 30 日,教育部呈文称:"查教科书采取经训,本部叠经通饬,近来审查书籍亦以此为权衡,现又拟定教科书编纂纲要及各科教授要目以示施教编书之准,而于忠孝节义合群爱国诸大端深为注重,惟此项纲要要目未经公布以前,尚恐坊间编书之人于此条办法或未周知,拟再通示全国,嗣后修身国文

① 《第一次中国教育年鉴·教科书之发刊概况》,上海:开明书店,1934 年。

② 顾黄初、李杏保:《中国现代语文教育史》,成都:四川教育出版社,1991 年,第 135 页。

③ 《上大总统中小学修身国文教科书采取经训以孔子之言为旨归并批》,《饬各学校各书坊中小学修身国文教科书采取经训以孔子之言为旨归文》,《(民国)教育部文牍政令汇编》,国家图书馆文献缩微复制中心,2004 年。

历史各书尤加意于兹，以资诵习。”[①]1915 年 2 月，袁世凯署名发表的《特定教育纲要》规定中学国文教科书：第一，“宜将宋明学案选择，编为课目，以明道统之源流”；第二，“应将诚心爱国尽责任重阅历之积极行为，与勿破坏、勿躁进、勿贪争之消极行为，编入德目，重量教授”；第三，“应读《国语》《国策》，并选读《尚书》，以期养成政治知识”。[②] 这些都体现了汤化龙等人意图通过调整国文等课程增加传统文化知识教学。

为了确保上述方案得到落实，教育部采取了一些措施：“设教科书编纂处，任熊崇熙、毛邦伟为正副主任，选派顾树森，黎锦熙等十人为编纂员，由政府拨款二万元为开办费，每月经费三千元，从事订定教科书编纂纲要（此编纂处至民五无形消灭）。又设教科书编纂纲要审查会暨教授要目编纂会，任陈清震为纲要审查会会长，选任许寿裳、陈问咸为教授要目编纂会正副主任，选派高步瀛、沈尹默、马裕藻、张邦华、陈衡恪、钱家治、王桐龄、毛邦伟等百余人任各科审查及编纂事宜。”[③]其中教科书编纂纲要审查会“以审查教科书编纂纲要之适法与否为本旨”[④]，教授要目编纂会“编纂各项教授要目，以资编订教科书者之参考，并示学校以示教之正鹄”[⑤]。

这两个机构中任修身国文科审查及编纂事宜的为白振明、毕惠康、覃寿堃、刘庚藻、高步瀛、罗惇曧、沈尹默、夏锡祺、俞明谦、马裕藻、郑朝熙、王树屏、苏德广、赵广海、赵家英、赵赞元。[⑥] 查教育部

---

① 《呈遵拟提倡忠孝节义试行办法候鉴核文并批令（三年呈九十七号）》，《（民国）教育部文牍政令汇编》。

② 舒新城编：《中国近代教育史史料（上）》。

③ 《第一次中国教育年鉴·教科书之发刊概况》。

④ 《本部行政纪要》，《教育公报》第 3 年第 7 期，1916 年 7 月。

⑤ 同上。

⑥ 《饬知选任教科书编纂纲要审查会会长，教授要目编纂会主任各员等定期开会文（三年饬第五十号）》，《（民国）教育部文牍政令汇编》。

1914 年 6 月职员录，编审员为罗惇曧、周庆修、熊崇熙、刘庚藻、陈衡恪。两份名录的比较可见教育部为重新制定修身国文的教学方案配备了较强阵容。新加进的人员中，高步瀛为桐城派古文大家吴汝伦弟子，任教育部佥事；王树屏也在教育部供职；毕惠康为汤化龙的浠水老乡，清末留学日本宏文书院理化专科，民初曾任进步党机关报《天民报》编辑，随汤化龙进教育部任佥事；刘庚藻清末与汤化龙共事湖北谘议局，武昌起义后曾任湖北教育局局长；夏锡祺时任北大文科学长；沈尹默、马裕藻为北大教授，跟教授要目编纂会会长许寿裳同为太炎弟子；覃寿堃做过清末香山知县。教育部要求他们定期开会，然而上述文学观念、教育观念相差很大的人员能否聚在一起，开会能否达成统一意见，这是很值得怀疑的。但随后两个机构还是拿出了方案。

1914 年 8 月 28 日，编纂纲要审查会提出国文科应采取的方针："整理思想以有条不紊精致绵密为贵，重叙事文，勿蹈架空堆垛之病。普通文字辞达而已，故字数不必求多只适于用。"①体现了他们对培养学生写作能力的重视。1915 年 6 月，两个机构草拟的《中学国文教授纲要草案》认为，"文章分记叙（叙记、典志、传记皆属之），论议（论说、序跋、书牍、奏议皆属之），词赋（诗赋、颂赞、哀诔、箴铭皆属之），三类选授"，规定每类选文的具体标准："记叙之文当采详实分明者"，"议论书牍文须取其平实晓畅合于说理者，纯逞虚锋故作声势不综情实者不宜入选"，"词赋诗歌宜选雅而不艳词而不俚者"，并要求"讲解之要在于甄明训诂畅释章句，而篇法句法亦当随时指示，俾学者略知作文之用心"。② 从教科书编纂纲要

① 《饬教科书编纂纲要审查会提出修身国文教育乐歌等科应采用方针文（三年饬第一百五十八号）》。

② 《中学国文教授纲要草案》，《教育公报》第 2 年第 1 期，1915 年 6 月。

审查会与教授要目编纂会所提出的国文教育方针和制定的《中学国文教授纲要草案》来看,除“《左氏传》《小戴记》《国语》《国策》皆当选读,史部之《资治通鉴》亦可采取”为采纳汤化龙等人的意见外,两会对于中学国文教学的意见跟《中学校令施行规则》和《中学校课程标准》的规定更为接近[①],也就是说,对于汤化龙等人在中学国文中“采取经训,以保存故有之道德”“宜将宋明学案选择,编为课目,以明道统之源流”等指示,教育部内部就有不同意见。这在汤化龙离职后表现得更为明显。[②]

自民国成立至新文化运动期间,教育部对中学国文教科书的审查集中在1914年6月至1916年。而此时教育部内部对于中学国文的内容,究竟以授以“作文之法”为重,还是以保存国粹为重,看法并不统一。教科书编纂纲要审查会和教授要目编纂会重在授以“作文之法”,袁世凯、汤化龙等人却重在保存国粹。而在送审的中学国文教科书中,审查员对刘宗向《中等学校国文读本》这套不重“作文之法”的教科书评价最高,认为修订后可成“善本”,但后来公布的审定本名单中却不见这套教科书。落选的原因已不清楚。如果考虑到教育部内部对于国文内容意见不统一,则最大的可能是批词代表了部分人的意见,而在后来的集体讨论中被否决了。

可能为了协调不同意见,内容比较单一的教科书都没有被审

---

① 对于《中学校令施行规则》和《中学校课程标准》的规定,《中学国文教授纲要草案》也有异议,比如“部定中学课程标准原有文学史一门以方议修改,故删去不列”。

② 这在1916年教育部对一份咨文的意见中表现出来:湖北省立第三师范国文教授研究会向教育部递呈简章,内中有“国文范围鸿博无涯,欲求高深,事在专门,现时教授仅以明正通达,文字俾晓然于事理而止”“教授者不以炫博矜奇为事,习者亦不以钩章棘句为工,务令切于实用,详于理解,诱掖学者之智力以为研究科学之一助”“国文功用,端在发表意志”等语,表达了对提高写作技能的重视,教育部对此的批语是“尚属妥适”,表示赞赏。(《咨湖北巡按使省立第三师范国文教授研究会简章尚属妥适应照准文》,《(民国)教育部文牍政令汇编》)

定。教育部只能在兼顾“作文之法”与保存国粹的刘法曾、姚汉章《中华中学国文教科书》、许国英《共和国教科书国文读本》、谢蒙《新制国文教本》这三套中学国文教科书中选择。

在刘法曾、许国英、谢蒙等人所编三套中学国文教科书中，最终被审定的只有许国英、谢蒙所编教科书，刘法曾、姚汉章《中华中学国文教科书》不予审定的批词现已查找不到，其原因可能来自教育部审查中学国文教科书所设置的另一标准。

自清末兴学以来，政府与民间对于各科教学内容的深浅程度及教学秩序都相当重视。民国成立后，在课程设置中废止中小学读经，其中很重要的一个原因就是民间呼吁“经书陈义过高”①，不适合学生接受能力。对于中学国文一科，民初教育主管部门就教学深浅秩序也有详细规定。1912 年 7、8 月召开的全国临时教育会议在《中学校教科程度及其支配标准》中，要求国文第一学年“讲读近世文以清文明文为主”，第二学年“讲读近世文以元文金文为主”，第三学年“讲读中世文以唐文汉魏六朝名家文为主”，第四学年“讲读中世及上世文以周秦诸子四书五经为主”。② 在同年 12 月公布的《中学校令施行规则》中，将这些要求简化为“首宜授以近世文，渐及于近古文”。1914 年 5 月汤化龙就任教育总长后，开始调整课程内容，但仍注意教学深浅秩序问题。1914 年 8 月，教科书编纂纲要审查会提出国文教学“各学年相衔接处要当循序渐进，不可前一二年一律用浅，后三四年骤然用深，尤不可于同一学年中有深浅错综之弊”③。1914 年 12 月公布的《教育部整理教育方案草案》中称：“经籍浩穰，儿童脑力有限，与其全经课读，不若择要征引，循序

① 庄俞：《论学部之改良小学章程》，《教育杂志》第 3 卷第 2 期，1911 年 2 月 10 日。

② 《中学校教科程度及其支配标准》，《教育杂志》第 3 卷临时增刊，1912 年 9 月。

③ 《饬教科书编纂纲要审查会提出修身国文教育乐歌等科应采用方针文（三年饬第一百五十八号）》，《（民国）教育部文牍政令汇编》。

指导,浅深各有所得。"就都体现了对教学深浅秩序的注意。可见,教育部内部虽然在中学国文内容上意见不一,但在要求中学国文教学深浅适度、科学有序上是一致的。[①]

由于各方面都强调中学国文教学深浅适度、科学有序,所以教育部对中学国文教科书的审查比较侧重于这一方面,其具体标准有三。

首先是《中学校令施行规则》规定的"首宜授以近世文,渐及于近古文"。这是硬尺度,教育部把关很严。吴德元《中等学校国文教科书》(一至八册)[②]两次送教育部审查,1914年11月30日公布的第一次审查批词称,该书"开端编录即系古文,与本部中学校令所称国文首宜授以近世文渐及于近古文者不合"[③],不予审定。将近一年后,吴德元将该书修正后送审,教育部于1915年11月2日公布的第二次审查批词称该书"较前已汰其繁冗,但古今杂错,与本部中学校令所称'国文首宜授以近世文渐及于近古文'者仍不相符,本部既著为令,凡教科书自应一律遵守,此书碍难审定"[④]。

从这条硬尺度可以明白《中华中学国文教科书》一直没有出现在审定教科书名单中的原因。这套教科书出版于《中学校令施行规则》公布之前,刘法曾、姚汉章有意革新编撰体例:"古文之选本,存者又多不适教科之用。其有编为教科书者,或分朝而由后溯前,

① 但值得注意的是,教育部内部对深浅适度、科学有序的理解存在分歧。主流的看法是教学顺序"首宜授以近世文,渐及于近古文",但教科书编纂纲要审查会与教授要目编纂会草拟的《中学国文教授纲要草案》却分文章为"记叙""论议""辞赋"三类,要求"三类选授,不拘时代",所谓"不拘时代",实际上是对"近世文""渐及于近古文"的拨正,只是这一看法没有影响审查决定。

② 该书现已查找不到,似未出版。

③ 《批吴德元中学国文教科书一至八册详加改正后再送覆审》,《教育公报》第6册,1914年11月。

④ 《批吴德元中学国文教科书八册讲义一册与中学校令所称国文教授之次序不符,碍难审定》,《教育公报》第2年第9期,1915年12月。

或分体而各从其类。分体者意取连类,藉便参观,然同一文体,而意蕴之精粗异,文词之深浅殊,其中固万难统一也。分朝者意在沿流溯源,用资进步,然秦汉以前,不少简单之作,宋明而后,亦多繁富之篇,强事区分,仍无当耳。今特斟酌深浅,编纂本书,供中学校四年之用。"①这套教科书每册都从先秦始,直选到清代,跟吴德元的教材一样,"开端编录即系古文",与《中学校令施行规则》的要求不合。《中学校令施行规则》公布后出版的中学国文教科书,大都申明选文顺序由近及古。1913 年 1 月 30 日,商务印书馆编译所在重订出版的林纾《中学国文读本》的《凡例》中写道:"本书次序,自清代上溯元明,而宋而唐而六朝以至于秦汉三国,由近及远,由浅及深,循序渐进。"②不久后出版的《共和国教科书国文读本》申明"兹编特创新例,斟酌分量,既不泥于时代之升降,亦不囿于门类之分别,虽同为选录名家之文,而要以中学教科适用为准则"③,试图打破按文体分类或按时代升降编选的惯例,独创一格。事实上也是如此,该书第一册有唐文,第二册有清文,并不严格按照"首宜授以近世文渐及于近古文"的要求。但基本遵照《中学校令施行规则》,第一册绝不选秦汉三国文,第四册也绝不选宋元明清文,而且该书《编辑大意》特地声明,"不背于部定法程,由近世文以进于近古及远古"。《新制国文教本》与《共和国教科书国文读本》相似,不严格按照时代划分,但其《编辑大意》开首即说,"部定中学国文教旨,宜先授以近世文,渐及于近古文,兹选分为四册,第一册录近世至宋之文,第二册录近世至唐之文,第三册录近世至汉之文,第四册录宋唐至三代之文,皆由后世渐及于古,期与部令相符,亦使

---

① 刘法曾、姚汉章:《编辑例言》,《中华中学国文教科书》(第一册)。
② 林纾编,许国英重订:《中学国文读本》(第一册)。
③ 许国英:《编辑大意》,《共和国教科书国文读本评注》(第一册)。

学者收循序渐进之益”,强调在文章编次上“与部令相符”。而中华书局为该书所做的广告,突出的也正是该书的编排方式与部定标准相合。[①] 刘宗向《中等学校国文读本》编次最为独特,但他却在《叙例》中说:“兹以部令所在,不容大悖,乃姑目宋以下为近代,以往为古代,标之首册,取合时习。”可见,为了通过审查,大多数中学国文教科书都按规定秩序编排。

其次,注意中学国文教科书的容量是否符合学生的接受能力。只要清楚教育部不取吴德元教科书的理由之一是“取材太繁,选文篇幅太多,究非中学学生所宜”[②],当能明白吴曾祺《中学国文教科书》重订本没有被审定的部分原因:吴曾祺的重订本每册一百五十多篇,篇幅太多,每周四五学时的课时量根本学不完。民初绝大多数中学国文教科书编者充分考虑到了学生的接受能力。许国英称:“查部定中学校课程标准时间,国文为每周七时(一二年)及五时(三四年),除作文、习字、文法、文学史等子目外,讲读系每周三时及二时,计一二年每学年得百二十小时,三四年每学年得八十小时,故是编每册分量,定为三万言左右,则一二年每小时讲授二百数十言,三四年程度较高,可递加至三百数十言,其有多余时间,即归诵读(诵读不可不实行,于作文进步,甚有关系),约三时,间必酌留一时间,专供诵读之用。”[③]教育部称赞其“容纳之分量,尤见斟酌”[④]。刘宗向《中等学校国文读本》内容虽多,但他列有《各学年

① 《新制国文教本》(第二册,1914 年 8 月)书后广告称:“第一册选近世至宋之文,第二册近世至唐,第三册近世至汉,第四册进至三代,与部定中国文学,先后吻合,所选之文,由浅及深,每编各以体制分类,极便诵习,而所选之文,下至近人,上至经传,无不精采博收,应有尽有。”

② 《批吴德元中学国文教科书一至八册详加改正后再送覆审》。

③ 许国英:《编辑大意》,《共和国教科书国文读本评注》(第一册)。

④ 《批商务印书馆中学校用普通教科书国文读本国文读本评注各一至四册改名尚属相合仍准审定(洪宪元年二月十四日)》,《教育公报》第 3 年第 2 期,1916 年 3 月。

时数与读本讲义支配概说》，对教科书的支配也精确到小时。例如他对第一册的支配方案为："学校初学年国文，每周七时，除习字一时，作文一时（一时作文太短，可于每周法定时数外加一时，为每周二时），又除考验一时，仅余四时，全年约四十周，共得讲授时间一百六十小时，兹定以八小时授甲集近代文，凡八首，以八十小时授甲集近代文，凡一百零九首，又以七十二小时授甲集古代文一百二十六首，共文二百四十三首，每小时不过三百言。"①教育部对刘宗向的设计很满意，赞其"以篇幅之长短，字数之多寡分配时间，最便教时之预计"②。

再次，教育部特别看重评注系统的完善与否。《中华中学国文教科书》于"文中有大关键处，极深至语，又不可不略加圈点，以引起读者之注意，又文中之段落提顿处，加以说明"③，除此之外，每课后大都有简短评语，但这套教科书没有独立的评注本。自《共和国教科书国文读本评注》问世后，出版商都为中学国文教科书编了评注本。许国英的《共和国教科书国文读本》仅有圈点，不附任何说明，而配套的《共和国教科书国文读本评注》则有完整的诠释体系：在文章题目下，对该文的来历和所属文体详细解释；在作者姓名下，对作者的字号、爵里、生平行谊、著述情况都有详细介绍。正文有圈点，文中夹注释和评语，"注主解释意义，音声训诂属之。评主作法，体例结构及一切变化属之。本编欲示区别，先注后评，中间以空圈为标帜，凡句段之下，有注无评，则不用圈，有评无注，则首冠以圈，有注有评，则以圈界之"④；在评注中，还"兼事雠校，凡篇

① 刘宗向：《叙例》，《中等学校国文读本》（第一册）。

② 《批长沙宏文图书社中等学校国文读本四册，准作中等教科书，惟宜将标签处照签改正送部备核》。

③ 刘法曾、姚汉章：《编辑例言》，《中华中学国文教科书》（第一册）。

④ 许国英：《编辑大意》，《共和国教科书国文读本评注》（第一册）。

中文字异同，悉检原集校正，或数本并行，则从善本及名家刊本”①。教育部对此很满意，称其“征引故实，疏证义例，藉以减省学者脑力目力，洵属不诬，堪与读本相辅而行”②。《新制国文教本评注》仿商务印书馆《共和国教科书国文读本评注》体例而略有变化。《共和国教科书国文读本评注》除有些篇目有文末总评外，其他评语都夹入行间。《新制国文教本评注》对这种处理方式不以为然：“评注之语，夹入行间，最易横隔文气。本书略师周秦以前经注别行之遗意，凡有评注，总附于全文之后，管臆所及，亦或列诸上方，惟于分段之处，则用节释之例，庶几分之则条理秩如，合之则贯串一气。”③此外，该书还在每篇文末总评后，列出本文词语典故，在每条下注音释义，点明出处。至于刘宗向的《中等学校国文读本》，教育部评价很高，但刘宗向仅编出甲集评注本，故教育部催促“乙集详释亦应从速编纂，并著送部备核，抑体例期臻完善，商榷不厌其详”④。

从上述三个标准来看，林纾、吴曾祺、刘宗向的中学国文教科书不仅在内容的设计上偏于一端，形式上也不符合教育部的要求：林纾、吴曾祺的教科书有评无注；吴曾祺的教科书篇幅太大；刘宗向的教科书仅编出第一册评注本。剩下三套中学国文教科书中，《中华中学国文教科书》虽于每文亦有评注，但开篇就系先秦文，与教育部的标准不符；许国英《共和国教科书国文读本》及其评注本、谢蒙《新制国文教本》及其评注本符合来自教育部内各方面的要求。所以，民初教育部只审定了许国英《共和国教科书国文读本》

① 许国英：《编辑大意》，《共和国教科书国文读本评注》（第一册）。

② 《批商务印书馆中学校用普通教科书国文读本国文读本评注各一至四册改名尚属相合仍准审定（洪宪元年二月十四日）》。

③ 谢蒙编，朱宝瑜注：《新制国文教本评注》（第一册），上海：中华书局，出版年不详。

④ 《批长沙宏文图书社中等学校国文读本四册，准作中等教科书，惟宜将标签处照签改正送部备核》。

及其评注本、谢蒙《新制国文教本》及其评注本作为部定中学国文教科书。

教育部设置的深浅适度、科学有序的标准却并不能得到民间的一致认同，尤其是第一条标准——编选秩序从近世文渐及近古文——受到普遍质疑。刘法曾、姚汉章说："分朝者意在沿流溯源，用资进步，然秦汉以前，不少简单之作，宋明而后，亦多繁富之篇，强事区分，仍无当耳。"[①]刘宗向对此也不以为然："惟查教育部所颁各学校规程，辄谓先读近世文，渐及近古，似以近文单浅，愈古则愈深，实则未必尽然，且近世近古，未示界说，奚所遵守？"[②]许国英和谢蒙虽然声称尊重这一规定，但实际上并没有严格遵守。事实上，几乎所有民初中学国文教科书编者对此都表示怀疑。教育部之所以没有解决好第二个问题，是因为他们的标准过于简单。是否适合学生的接受能力，需要从学制、课程设置、课时分配及学生心理全盘考虑，并非简单规定从近世文渐及近古文的教学秩序就能解决。教育部的标准既然不能令人信服，结果正如缪文功所观察到的："现行中小学各教科，以有先进国之成法，类多条分缕析，渐成系统，惟国文一门，无他法可效，致十余年来尚未寻出端绪。"[③]

可见，有关中学国文教科书如何处理思想道德教育（"厉行明史"）、技能训练（教育部对"通解普通语言文字"与"自由发表思

---

① 刘法曾、姚汉章：《编辑例言》，《中华中学国文教科书》（第一册）。

② 刘宗向：《叙例》，《中等学校国文读本》（第一册）。

③ 缪文功：《国文教科书之批评及其改良办法》，《中华教育界》第4卷第6期，1915年6月15日。但教育部的审查结果代表"国家意志"，影响很大。据黎锦熙1932年观察，刘法曾、姚汉章《中华中学国文教科书》"现已不行"，刘宗向《中等学校国文读本》"今已绝版"，林纾《中学国文读本》和吴曾祺《中学国文教科书》虽"尚有用之者"，但"已不通行"，只有谢蒙《新制国文教本》及其评注本、许国英《共和国教科书国文读本》及其评注本"尚较通行"（黎锦熙：《三十年来中等学校国文选本书目提要》）。"已不通行"的四套，都是没有被审定的，而"尚较通行"的两套，都是部定教科书。

想”的要求与民间对“作文之法”的强调）、知识教学[①]（保存国粹）、文学教学（对古文的赏鉴）等不同内容间的关系，及如何让这些内容产生效果，民初教育部与民间的看法并不统一。不同内容间的冲突、缠绕和协调，正是1912—1949年中学国文教科书发展演变的主要矛盾。

① 目前学界对“语文知识教学”的理解分歧较大，本书所指的“知识”，指陈述性知识，借一位研究者的定义，指“可以以系统的方式传授和记忆的方式获得的关于语言和言语、文章和文学、语体和语法的事实、概念等方面的知识”（史成明：《语文知识教学不宜矫枉过正》，《教学与管理》2010年第1期）。

第二章

新文化运动影响下的国文教科书

新文化运动在青年中产生了巨大影响，中学生希望了解新思潮，学习白话文。五四前后有一个广为人知的事件：杭州某校学生要求国文教师改良教材，说《新青年》《解放与改造》都可以做他们的"先生"，那位教师没有办法，就辞职了。[①] 阮真回顾五四前后的中学教育状况时说："学生会的势力，足以压倒校长，压倒全体的教员，反对校长反对教员的风潮，时有所闻。教员之中，被学生反对最烈，赶走最多的，便是国文教师。往往有一校之中，四五个国文教师全被学生赶走的。一班老先生慌忙失措，的了呀吗的白话文，固非素习；从洋文中来的新式标点，尤感不便；而新文学思潮的教材，又不易选取；便是学生不反对，也只好自动辞职了。于是许多校长不得不向大学或高师文科去找新国文教员。"[②]这符合当时人们的观察。1922 年，周予同说："自国语运动与文学革命发生以来，国文教师起了一个大变动。从前在中学校担任国文的大半是老先生们，现在居然有许多少年们在讲台上出现了。从前高师国文部的毕业生差不多是销不动的呆货，现在偏远的地方居然想聘请也没有人了。"[③]何仲英在 1923 年也说："五四运动以前，各中学

① 何仲英：《教师怎样才可以长进》，《教育杂志》第 12 卷第 1 期，1920 年 1 月 20 日。这个故事是何仲英从蒋梦麟那里听来的。

② 阮真：《时代思潮与中学国文教学》，《中华教育界》第 22 卷第 1 期，1934 年 7 月。

③ 周予同：《对于普通中学国文课程与教材的建议》，《教育杂志》第 14 卷第 1 号，1922 年 1 月 20 日。

里担任国文课的,还是老一辈子人的专利,把古文观止,古文辞类纂,国文评注读本等书,当作金科玉律,就是有些学校出身的,也是古今杂糅,胡乱选讲,换汤不换药。直到什么新文学大闹起来,迫于环境的需求,教者不得不稍变主张,学校办事人不得不酌聘时髦一点的人物点缀点缀。尽管依旧有许多中学还在那里做梦,不问不闻,但是'强弩之末',也难乎为力。不但公立学校如此,即北京清华学校,上海圣约翰大学,打去年起,也不惜卑辞厚币,遍访名师,来担负改革国文教学的责任。"[①]接受新式教育的国文教员,大多本身就是新文化运动中的一员。民国初年出版的中学国文教科书显得不合时宜了,这给出版社带来了新商机。1920 年,中华书局出版了《国语文类选》,商务印书馆出版了《白话文范》,这是最早两套专门编选白话文的中学国文教科书。

1921 年 10 月,第七届全国教育会联合会在广州开会,有十一个省提议改革学制,会议决定以广东省教育会所提草案为依据,征求全国意见。经过一年多的讨论,1922 年 11 月,《学校系统改革案》公布,新学制正式诞生,史称壬戌学制。相对于 1912—1913 年颁布的壬子癸丑学制,壬戌学制"最大的变动只有两点:一为选科制的采用,二为美国中学三三制的模仿"[②]。1912—1922 年的中学不分初高中,统一为四年。《学校系统改革案》公布后,各地中学陆续实行三三制。《国语文类选》和《白话文范》都为四年制中学教学而编,不适合三三制中学使用,实行三三制的中学需要新编教科书。据《民国时期总书目 · 中小学教材》,1922—1927 年间共出版七套初中国文教科书[③],列表如下:

---

① 何仲英:《初中国文教学问题》,《时事新报》1923 年 5 月 5 日。

② 周予同:《中国现代教育史》,福州:福建教育出版社,2007 年,第 66 页。

③ 世界书局 1923 年出版的秦同培编《中学国语文读本》,共四册,系按旧学制编辑,本书一并讨论。

书名	出版时间	册数	编者	出版社	文言/白话
初中国语文读本	1922—1924 年	6	仲九、俍工	上海:民智书局	白话
初级古文读本	1923—1924 年	3	沈星一	上海:中华书局	文言
初中国语教科书	1923—1924 年	6	周予同、吴研因、范善祥、顾颉刚、叶绍钧	上海:商务印书馆	文言白话兼选
言文对照初中国文读本	1923 年	3	秦同培	上海:世界书局	文言
现代初中国文教科书	1924 年	6	庄适	上海:商务印书馆	文言
新编国文读本	1924 年	6	雷瑨、雷瑊	上海:扫叶山房	不详
初级国语读本	1924—1925 年	3	沈星一	上海:中华书局	白话

据时在教育部编审处任职的黎锦熙说:“商务中华两家所出,经部审定,最通行耳。”①故本表所列教科书,应该具有代表性。②这些教科书大都不分单元,没有详细的助读系统③,本书对其内容的讨论,多依赖当时的舆论。

第一节　新文化提倡者的“文学史”观与初中文言教科书

虽然这一时期初中国文教学大量采用白话文,但除少数激进者

① 黎锦熙:《三十年来中等学校国文选本书目提要》,《师大月刊》1933 年第 2 期。

② 这些教科书中,雷瑨、雷瑊《新编国文读本》现已查找不到,也未见研究者提及,本书暂不讨论。

③ 《国语文类选》,仲九、俍工《初中国语文读本》,秦同培《中学国语文读本》,仅有选文,没有注释。叶绍钧等《初中国语教科书》、沈星一《初级国语读本》、庄适《现代初中国文教科书》将较艰深的字义、典故及人名地名附注于每篇课文的后面。沈星一《初级古文读本》除注释外,“于必要之际,附录‘题解’,于作者初见之际,附录‘作者生平事实’。文中精要之处,旁加圈点,以助欣赏”(《编辑大意》)。而《白话文范》则有配套的参考书。秦同培《言文对照初中国文读本》大体采用民初教科书的编辑方法,文中有圈点、夹批,文后有“要旨,评论,注释”,仅课后增加“译俗”,即正文的白话翻译。

外，多数人认为初中国文课上仍须教学文言文。1920年，胡适为中学国文每周设定教学时间五小时，其中三小时为古文教学，国语文的教学仅在一二年级每周占用一小时。[①] 1922年，周予同设计的中学国文教学，仅第一学年每周三小时学习国语文，后三学年都学习文言文。[②] 1923年，叶绍钧起草，课程标准起草委员会复订的《新学制课程标准纲要初级中学国语课程纲要》规定，初中国文文言白话兼教，白话文从初一至初三所占份额分别为四分之三、二分之一、四分之一。

原则上说，《课程纲要》是指导教学的官方权威文件，尽管在1920年代，"《新学制课程纲要》也还无约束的力量"[③]。但对于初中国文文言白话兼教这一规定，大多数一线教员是认同的。1923年，东南大学附中国文课每周六小时，其中三小时教学白话文，两小时教学文言文。1923年，春晖中学初中二年级，除以仲九、俍工《初中国语文读本》为教材外，还"兼选文言文"，白话文言"约为4:1的比例"[④]。据学生回忆，1924年，朱自清在春晖中学任教，"开始时他为我们选授几课白话文。他自己念，或叫同学念给大家听。有问题时停下来给大家讲解。后来他认为我们已能看懂白话文及报纸时文，征求我们的意见说：'文言及旧诗词经过几千年洗练，很有些好东西。'大家一致同意读先生选出来的'好东西'"[⑤]。

既然有学校需要，出版社当然得编辑出版文言教材。在1920

---

① 胡适：《中学国文的教授》，《教育丛刊》第2集，1920年3月。

② 周予同：《对于普通中学国文课程与教材的建议》，《教育杂志》第14卷第1号，1922年1月20日。

③ 朱自清：《中等学校国文教学的几个问题》，《朱自清全集》（第八卷），南京：江苏教育出版社，1993年，第389页。

④ 刘薰宇：《1923年度中学教务上的一个报告》，《浙江省春晖中学》，北京：人民教育出版社，2008年，第81页。

⑤ 徐伯鋆：《对几位授业老师的片段回忆》，同上书。

年代的初中国文文言文教科书中,有两部半影响较大。两部是沈星一《初级古文读本》和庄适《现代初中国文教科书》,半部是叶绍钧等《初中国语教科书》中的文言部分。这些教科书于每个朝代都有选文,在选文来源上于民国初年的中学国文教科书有所继承,但也出现了若干新特点。

首先,这些教科书仍然选有大量"唐宋八大家"和桐城派之文。《初级古文读本》有唐文七篇,其中柳宗元六篇,韩愈一篇;有宋文二十六篇,其中苏轼八篇,欧阳修三篇,司马光二篇,王安石、曾巩各一篇;有清文四十九篇,其中薛福成四篇,侯方域、戴名世、方苞各二篇,姚鼐、曾国藩、吴汝纶、刘开、郭嵩焘、吴德旋各一篇。《现代初中国文教科书》中有唐文二十六篇,其中韩愈十三篇,柳宗元七篇;有宋文二十一篇,其中欧阳修七篇,王安石三篇,司马光、苏轼各二篇,曾巩、苏洵各一篇;有清文六十一篇,其中方苞四篇,魏禧、黎庶昌各三篇,管同、薛福成、林纾各二篇,侯方域、汪琬、姚鼐、刘开、梅曾亮、龙启瑞各一篇。《初中国语教科书》唐文部分选韩愈二篇,柳宗元一篇;清文部分选方苞、梅曾亮各二篇,侯方域、魏禧、姚鼐、薛福成、黎庶昌、林纾各一篇。可见,这些教科书中的古文数量虽不及民初林纾、吴曾祺、许国英等人所编教科书中的多,但仍占了相当大的比例。新文化运动提倡者极力反对的"桐城谬种",其实并没有从中学国文教科书中消失。

其次,跟民初中学国文教科书相比,经史子部文献的比例有所提高。编者们一致看中《史记》和《战国策》,这跟民初教科书多从《左传》选文的情况很不相同。在具体选择上,三套教科书的编者根据自己的喜好,选文各有侧重。《初中国语教科书》侧重《孟子》《论衡》,从《论衡》中选六课,这在中学国文教科书中极为罕见,大概缘于胡适对王充无神论的大力表彰。《现代初中国文教科书》多选《新序》《说苑》，跟当时庄适正为商务印书馆校点《新序·说苑》有关。而沈星一的选文倾向则跟民初中学国文教科书的编者近似，《论衡》与《新序》《说苑》都没有进入《初级古文读本》。

再次，诗词曲的比例大幅提高。民初中学国文教科书中，仅刘法曾、许国英、刘宗向的教科书选历代诗词。刘法曾、姚汉章《中华中学国文教科书》“略择著名之诗歌附焉”①，选诗近两百首，但仅为附属。刘宗向《中等学校国文读本》与此相同，诗词曲另在别录两卷，不在正文十五卷中。许国英《共和国教科书国文读本》“每册列入数首”②诗词曲，四册共有二十多首，不足十课，占全书的 4% 左右。而庄适和沈星一编辑的教科书中，诗词占到全书的 25% 左右。诗词的比例为什么会提到如此之高呢？我们可从白居易诗歌入选比例的变化看出端倪。民初三套选诗词的中学国文教科书中，白居易的诗歌仅出现两次③，可见人们对白居易的评价并不高。而《现代初中国文教科书》选白居易诗十六首，远远超过以七首排名第二的苏轼。沈星一《初级古文读本》选白居易诗六首，在数量上也占了该书同类作品的第一位。只要我们明白胡适在建构白话文学史时对白居易诗浓墨重彩，就可推出庄适和沈星一等人选白居易诗最多的原因。所以，1920 年代初中国文教科书大量选入历代诗词曲，大概跟胡适等人将此作为明清以前白话文学史的主体有关。

又次，同代人的文言作品进入教科书。除《初级古文读本》外，其他两套教科书都收文言翻译。这或许是受胡适“读了一部《茶花女》比读了一部《古文辞类纂》还好”这一说法的影响。庄适《现代

① 刘法曾、姚汉章：《编辑大意》，《中华中学国文教科书》（第一册）。

② 许国英：《编辑大意》，《共和国教科书国文读本》（第一册）。

③ 分别为刘法曾《中华中学国文教科书》中的《画竹歌并引》、刘宗向《中等学校国文读本》中的《寄殷协律》。

初中国文教科书》中的九课文言翻译小说,有五课选自《馨儿就学记》[①],其他四课都为林译小说。《初中国语教科书》文言翻译也有九课,来自《域外小说集》的就有五课。这说明同为选择文言翻译小说,庄适倾向于林纾、包天笑等旧派人士,而叶绍钧等人则倾向于以周作人为代表的新派人士。两套教科书对于同代人创作的文言文,侧重点也不一样。《初中国语教科书》对文言创作最为推重蔡元培。庄适大概一方面参考了本馆出版的《初中国语教科书》,另一方面对前者选文倾向"一派同志"有所不满(从他选林纾和包天笑的译作可见他的倾向),故选同代人的文言文时,有意减少蔡元培、吴稚晖、刘复等人作品的比重。

一方面每个朝代都有选文,另一方面经史子、诗词曲的比例大幅提高,且选入了同代人的文言文,却也不排除"唐宋八大家"及桐城派的文章,这说明什么呢?结合当时的舆论,我们可以推测,这些教科书设计的内容,体现了新文化提倡者重构中国文学史的影响。

1920年,胡适在关于中学国文的演讲中将中学国文教材分为国语文和古文。他认为中学第一年应以近人文言文作古文教材,"如梁任公、康有为、章太炎、章行严、严几道的散文。若是高小办得好,任公的浅近文字一定已经能看。小说如林琴南早年译的《茶花女》《黑奴吁天录》《战血余腥记》《撒克逊劫后英雄略》也可以读。琴南早年译笔还谨慎,不像现在的潦草。所以我说读了一部

---

① 《馨儿就学记》,意大利作家亚米契斯的小说 *Coure* 的第一个中文译本,译者为通俗小说大家包天笑。后来夏丏尊将此书译为《爱的教育》,风靡一时。《馨儿就学记》于1909年自《教育杂志》创刊号开始连载,载毕即由商务印书馆出版单行本,"前后出至达18版之多。另外还有除商务出版以外各地盗版翻印的,总销数高达几十万册"(张建青:《晚清儿童文学翻译与中国儿童文学之诞生》,复旦大学博士论文,2008年,第65页)。包天笑采用意译方式,不仅将人名、地名完全中国化,在译文中掺杂部分创作,还通过小说"提倡旧道德"(同上文,第62—65页)。

《茶花女》比读了一部《古文辞类纂》还好"。第二、三、四年,"应该有古文选本按时代顺下或追溯——这我不敢定,看实验的结果——不分论辨序跋种种的类,选那些文法通顺的有内容的有文学兴趣的文章。从《老子》《论语》《檀弓》一直到曾国藩,每时代重要文体的变迁,都要有代表,这就是具体的文学史"①。胡适的观点在当时具有代表性。

1921年,沈兼士在讨论中学国文教科书的编撰时,将文言作品划分为周秦至西汉、东汉至六朝、唐至清、清末至现代四个时期,认为"除各代文法及字义和现代迴相悬殊者外,其余于各时期中均应选数家以代表当时的文潮,所选篇数,有三百首左右就够了。——凡是于一派者,只讲授其代表作品,其余附录于次,以备学生自己参考就是了。——但必须受一番科学的裁判,凡立言不合逻辑,说辩不重分析的文,概不可选"。"选文时最须注意的一点,就是知道文章潮流有'明潮''暗潮''正流''别流'的区别。自来古文家明了其传授源流,叫做'明潮'。虽不明其传授源流,而彼此直接或间接确有因果关系者,叫做'暗潮'。自来古文家承认其为文章正宗者,叫做'正流'。古文家不承认其文章正宗,然在当时确能独立成派,或其影响有关于后世某派文章者,叫做'别流'。"他所举的"明潮""正流"的例子是《法言》《文选》、"唐宋八大家"及桐城派文、王闿运文、章炳麟文,因其有明显的师承。"暗潮""别流"的例子是《论衡》《通典》、佛经、语录、戴震王念孙之"疏证文"、梁启超文。后者的师承关系虽不如前者明显,却也隐然有所继承,有所开启,如《论衡》继承《墨子》,《通典》开启疏证文。他认为四派文章均应"起废钩沉,平等选取",好处在于"(1)不至束缚学生的性灵及文笔。(2)可以显出历代文章之真价值。(3)可以作一部文学史

① 胡适:《中学国文的教授》,《教育丛刊》第2集,1920年3月。

观”,并告诫“万不可拿‘论著类的文章以孟庄韩苏为宗;叙记类的文章以左传通鉴为宗’一类桐城派的眼光来抹杀众流,定于一尊”①。

1922年,周予同在讨论中学国文教材时,主张“以时代为主纲,以历代艺术文和学术文为内容”,在编排顺序上按时代逆溯,分四个时期:“第一期自春秋的老子一直到后汉的仲长统,人物大概是哲学家或政论家,文章大体可称为‘著述文’,《老子》《易系辞》《墨子》《孟》《荀》《庄》《韩》《吕氏》《淮南》《论衡》《昌言》等可以代表。第二期自前汉的司马相如一直到初唐的王、杨、卢、骆,人物大概是‘朝廷侍从之臣’,文章大体可称为‘藻饰文’而每带有贵族的色彩,萧统的《文选》一书可为代表。第三期自中唐的韩愈一直到清末的吴汝纶,人物大概是科第出身的书生,文章大体可称为‘格词文’而每带有山林的色彩,姚鼐的《古文辞类纂》等书可为代表。第四期自明末的顾炎武一直到近人章炳麟康有为,人物大概是学者,文章大体可称为‘考证文’,《日知录正绩》《清经解》《潜研堂集》《国故论衡》《新学伪经考》等书可为代表。我以为在中学二三四年级教授文言,一四两期的文章应该多选,可各延长至一学年之久;二三两期的文章因为没有实学而免不了空疏或纤巧的毛病,可以并在一学年内教授。”②

同时,新文化提倡者对于不能选入教科书的文言文进行了严格规定。钱玄同认为,“即国文一科,虽可选读古人文章,亦必取其说明精粹,行文平易者。彼古奥之周秦文,堂皇之两汉文(‘堂皇’二字,用得不切,两汉文章,动辄引经,或抬出孔夫子来吓人,正可称

① 沈兼士:《中学国文之选授方法(续)》,《晨报副刊》1921年9月12日。

② 周予同:《对于普通中学国文课程与教材的建议》,《教育杂志》第14卷第1号,1922年1月20日。

为‘摆架子’而已），淫靡之六朝文，以及摇头摆尾之唐宋八大家文，当然不必选读”[1]。钱玄同给出这一清单，不仅将“桐城谬种”“选学妖孽”排斥在外，还将周秦两汉之经史辞赋排除掉。半年后，刘半农列出不应入选教科书的文言文有：矫揉造作者，骈俪文及堆砌典故者，违逆一时代文笔之趋势者，极意模仿古人者，思想不合现代生活者，迷信鬼神者，不脱神权时代之习气者，陈义过高已入哲学专门研究范围者，卑鄙龌龊之应酬文、干禄文，谀墓文（为友朋家属所撰确有至性者除外）。[2] 周予同和沈兼士也划出了一个不能入选教材的文言文范围。1922 年，周予同认为不应入选的文言文有：“思想学说带有神权或君权的色彩，不适合于现代生活，或不足为将来生活的指导的”，“违反人道或激起兽欲的文章”，“卑鄙龌龊的应酬文章和干禄文章”，“虚诞浮夸的纪传碑志及哀祭文章”，“陈义过高，措辞艰深，已入哲学专门研究范围”者。[3] 沈兼士则认为“文学的文”“略选数篇足以陶冶性灵活泼精神就够了”，不必多选。他所谓的“文学的文”指“于客观的事物之中，加以主观的情感，用有艺术组织的文字表示出来，使阅者自然发生一种同情”的文字，范围上包括“描写情感的，诗词戏曲……等及一部分的骈散文”。[4] 这些意见显然受胡适、陈独秀的影响，以新文化的眼光重构文学史，并决定国文教科书的选文标准。

上述两套半教科书，不排斥“唐宋八大家”和桐城派作品，提高经史子部文献与诗词曲的比例，选入同代人的文言作品。从其对白居易、王充等人作品的选择来看，这些教科书体现了胡适、沈兼

---

① 《通信》，《新青年》第 3 卷第 5 期，1917 年 7 月 1 日。

② 刘半农：《应用文之教授》，《新青年》第 4 卷第 1 期，1918 年 1 月 15 日。

③ 周予同：《对于普通中学国文课程与教材的建议》，《教育杂志》第 14 卷第 1 号，1922 年 1 月 20 日。

④ 沈兼士：《中学国文之选授方法》，《晨报副刊》1921 年 9 月 11 日。

士、周予同等人的意见,其主要内容是新文化人重构的“文学史”,这跟民国初年中学国文教科书设计的古文作法、保存国粹等内容自然就大不一样了。

第二节　《新青年》与最早两套中学白话国文教科书

一

已有研究普遍认为,商务印书馆出版的《白话文范》是第一部中学白话国文教科书。黎锦熙认为《白话文范》“为专选语体文作中学课本之最早者”[①]。后来的研究者都认同这一说法[②]。至于中华书局朱毓魁[③]的《国语文类选》,有论者大概没有看到其版权页,只用了模糊的“1920 年”作为其出版时间,并将其定于《白话文范》之后。[④] 但据我们考证,《国语文类选》四编的出版时间都应为

---

① 黎锦熙:《三十年来中等学校国文选本书目提要》,《师大月刊》1933 年第 2 期。

② 参见钱理群《五四新文化运动与中小学国文教育改革》(《中国现代文学研究丛刊》2003 年第 3 期)、郑国民《从文言文教学到白话文教学——我国近现代语文教育的变革历程》(北京:北京师范大学出版社,2000 年,第 120 页)、蔡可《现代中国语文课程与文学教育的演变》(北京大学博士论文,2005 年,第 78 页)等。

③ 朱毓魁,即朱文叔。1895 年生于浙江桐乡,曾在浙江一师上学,跟丰子恺、杨贤江同学。1921 入中华书局,任中小学教科书编辑,1930 年代编辑多套中学国文教科书,并参与编纂、修订《辞海》。1949 年后,先后任教科书编审委员会委员、出版总署编审局编审、人民教育出版社副总编辑,对中小学教科书的编撰贡献较大。

④ 郑国民认为它与《白话文范》“遥相呼应,起到了推波助澜的作用”(郑国民:《从文言文教学到白话文教学——我国近现代语文教育的变革历程》,北京:北京师范大学出版社,2000 年,第 121 页),从“遥相呼应”一语来看,似乎《国语文类选》出版于《白话文范》之后。

1920 年 4 月[①],而《白话文范》四册的出版时间分别为 1920 年 5 月、8 月、9 月、12 月。所以《国语文类选》比《白话文范》要早。

《国语文类选》共选九十五篇作品,其中来自《新青年》二十九篇,《解放与改造》十三篇,《新潮》十篇,《新教育》八篇,《星期评论》七篇,《时事新报》六篇,《每周评论》五篇,《建设》和《中华教育界》各四篇,《教育潮》三篇,其他九篇分别选自《晨报》《国民公报》《少年中国》《新中国》《新社会》《闽星》《曙光》《民风》和《国语统一筹备会议案》。这些刊物都是新文化运动的阵地。至于作者,中华书局的广告中说,"做的人有胡适、蔡元培、陈独秀、蒋梦麟、张东荪、张一麐、胡汉民、罗家伦、朱希祖、周作人、刘叔雅、李大钊、戴季陶、沈兼士、高一涵、陶行知、任鸿隽、周建人等,都是新文学大家"[②]。按选文多少排序:胡适十四篇(其中译作一篇),戴季陶六篇,高一涵六篇(包括译作一篇),张东荪、李大钊各五篇,周作人、陈独秀、胡汉民、蒋梦麟、罗家伦各三篇。

编者朱文叔在《例言》中说:"这些新文字,什么杂志,什么日报,东一篇,西一篇,要找他一个系统,好不容易,编者斗胆为之,将他来整理一下,'分门别类',使读者易于检阅名著,不至散失,希望是如此希望,不过深恐名不副实罢了。"[③]至于怎样"分门别类",正如中华书局的广告所称,"这部书是选集现在最流行国语文:分文学,思潮,妇女,哲理,伦理,社会,教育,法政,经济,科学,十类"[④]。

---

① 好几个图书馆收藏的《国语文类选》都没有版权页,我看到的《国语文类选》前两编都没有版权页,但第三、四编则标明是 1920 年 4 月发行。一般说来,教科书为了方便学生使用,是按照第一编到最后一编的顺序依次出版,所以第一编出版时间不应晚于 1920 年 4 月。编者为该书所写的《例言》落款为 1920 年 4 月 6 日,可见,第一编出版时间不会早于 4 月。

② 任镕等编:《新教育教科书国文读本》,封三广告,1921 年 7 月,第五版。

③ 《例言》,《国语文类选》(第一编)。

④ 任镕等编:《新教育教科书国文读本》,封三广告,1921 年 7 月,第五版。

对于这样的编排方式，有论者感叹："《国语文类选》的分类中单设了'文学'一类，共十一篇文章，有三篇文学总论性质的文章（罗家伦《什么是文学》、胡适《建设的文学革命论》、胡适《文学改良刍议》），剩下是涉及小说、诗歌、戏剧的体裁分论。有意思的是，'文学'这一类别中并没有一篇文学作品；整部《国语文类选》中也没有一篇文学作品！"[①]其实，这正是编者有意为之。"这'国语文'底发达，和新思潮底澎涨，恰好做个正比例，真是国民自觉底表现，群治改造的先锋。"[②]在编者看来，国语文的价值，在于其承载了新思潮，因此在具体编选过程中，编者"重论理而略叙事，所以论文中有叙述事实底地方，大半从略，此实为谋读者底时间经济起见"[③]。

朱文叔的选材和分类标准，跟他在读的浙江一师不无关系。浙江一师国文教员沈仲九在1919年说："国文研究的材料，以和人生最有关系的各种问题为纲，以新出版各种杂志中，关于各问题的文章写目。这种问题和文章，要适合学生的心理，现代的思潮，实际的生活，社会的需要，世界的大势，而且要有兴味。"[④]而当时浙江一师的国文课程，据曹聚仁回忆说："顶热闹的却是开讨论会，国文课变成了社会问题研究会。后来，上海新文化书局出版的社会问题讨论集、妇女问题讨论集，那是我们的国文讲义。"[⑤]

中学国文课堂为什么会变成讨论各种社会人生问题的场所呢？以前的研究注意到这种现象，但从未深究这种现象产生的原因。我们认为，其原因有二：一是为了落实《新青年》在1920年前有关

---

① 蔡可：《现代中国语文课程与文学教育的演变》，北京大学博士论文，2005年，第80页。

② 《例言》，《国语文类选》（第一编）。

③ 同上。

④ 仲九：《对于中等学校国文教授的意见》，《教育潮》第1卷第5期，1919年11月。

⑤ 曹聚仁：《我与我的世界》，太原：北岳文艺出版社，2001年，第148页。

国文教学的观念，二是这些观念在具体落实中遇到了困难。

以前我们研究新文化运动和中小学国文教学的关系时，会特别关注胡适的观点对于国文教学的影响。胡适第一次关于中学国文的意见发表在1920年9月1日出版的《新青年》第8卷第1期上，这篇名为《中学国文的教授》的文章由胡适于1920年3月在北京高师附中的一次演讲整理而成。[①] 朱文叔编辑的《国语文类选》在1920年4月初就已定稿，这本书体现出的国文教学观念显然还没有受到胡适的影响。

其实，在胡适介入中学国文教学之前，《新青年》同仁已高度关注国文教学。这些关注凝聚在刘半农《应用文之教授》[②]中。已有研究大都提到了这篇文章，但一方面没有注意到它比胡适的《中学国文的教授》早发表两年，另一方面没有注意到两者观点的不同之处。刘半农《应用文之教授》的主要观点是将文章分为应用文和文学文，并认为国文教学应以应用文为主。那什么是应用文，什么是文学文呢？陈独秀认为："文之大别有二，一曰应用之文，一曰文学之文，刘君以诗歌戏曲小说列入文学范围，是即余所谓文学之文也，以评论文告日记书札等列入文字范围，是即余所谓应用之文也。"[③]刘半农和钱玄同等人都认同这一划分。[④]

在这些讨论的基础上，刘半农在《应用文之教授》中抨击当时国文教学说："说到前辈先生教授国文的方法，我却有些不敢恭维，他们在科举时代做'猢狲王'的怪现状，现在不必重提，到改了学校

---

① 这次演讲的记录曾刊于1920年3月北京高师《教育丛刊》第2集，但影响不及《新青年》上的文本大。

② 发表于《新青年》第4卷第1期，1918年1月15日。

③ 陈独秀：《刘半农〈我之文学改良观〉附识》，《新青年》第3卷第3期，1917年5月1日。

④ 钱玄同：《通信》，《新青年》第3卷第5期，1917年7月1日。

制度以后，就教科书教授法两方面看起来，除初等小学一部分略事改良外，几乎完全在科举的旧轨道中进行；不过把‘老八股’改作了‘新八股’。”他认为应用文是家常饭，文学文是大鱼大肉，现在学生之所以“不能写通畅之家信，看普通之报纸杂志文章”，是因为“天天不吃饭，专吃肥鱼大肉”害的。所以他提出国文应该教授“应用文”①。

刘半农等将应用文和文学文区别开来，并以应用文作为中学国文教授的主要材料和目的，这实际是对民初中学国文教学的反叛。民初中学国文教学，大多注意探究选文的具体作法，骈文辞赋讲究音韵格调自不必说，就是桐城古文，也得讲求义法笔法、神理气味。刘半农认为如此教学导致学生读书数年“能做‘今夫’‘且夫’，或‘天下者天下人之天下也’的滥调文章，而不能写通畅之家信，看普通之报纸杂志文章”，“学实业的，往往不能译书；学法政的，往往不能草公事，批案件；学商业的，往往不能订合同写书信；却能做些非驴非马的小说诗词”，他用《新青年》式的激烈语调抨击：“此等‘谬种而非桐城，妖孽而非选学的’怪物，是谁造就出来的？是谁该入地狱？”②这就将文学革命与国文教学联系起来，为中学国文教学下达扫清“桐城谬种”“选学妖孽”的“革命”任务。要求学生通过国文学习能够写书信、草公事、订合同，需要以应用文的学习为主。那什么样的应用文适合于教学呢？刘半农在《应用文之教授》中举出范文选择标准十二条，虽无文言白话的界限，但给刘半农此文以

① 有意思的是，刘半农在文末说，“此文所举种种办法，有一部分得诸沈尹默先生之匡助，书此致谢。”沈尹默为北大教授，1914—1915年间，任职于教育部教科书编纂纲要审查会与教授要目编纂会，现又为新文化运动的健将。刘半农以沈尹默为支持，无疑使这篇文章更具权威感。

② 刘半农：《应用文之教授》，《新青年》第4卷第1期，1918年1月15日。

启发的钱玄同,则认定应用文"以国语为之"[①]。综合两人看法,作为中学国文教材的应是白话应用文。

刘半农这种观点很快在中学得到实验。有学生反映:"我们同班的人,从前也曾讨论过,用分组的法子去选择材料,将文章体裁分作'论理''言情''记事时间''记事空间'四组,每组预定选出百篇,合可共得四百篇,尽可供中学四个年级的教授有余。"[②]所谓"'论理''言情''记事时间''记事空间'",都属广义的应用文,确定标准后,他们"选了两个学期,通共计算,还不上八十篇;而且这八十篇中,不见得篇篇都可以用得着,这实在怪不得我们不努力,确是中国的文学实在没有什么可以教人的","现在要想就中国的文字挑选出四百篇浅近白话,和思想新颖的,确是万难。即令勉强挑出,恐怕仍脱不掉什么'文以载道'的老圈套,要拿来教现在的人,一定是方枘凿圆,仍旧的不行咧"。[③]

实验的失败说明,仅从《新青年》时代前的文章中选择白话应用文作为中学国文教材是行不通的。于是有了从当时出版的"什么杂志,什么日报,东一篇,西一篇"[④]地选择白话应用文的办法。这其实也未尝没有刘半农的启示:"就不佞之意,凡科学上应用之文字,无论其为实质与否,皆当归入文字范围。即胡、陈、钱三君及不佞今兹所草论文之文,亦系文字而非文学。"[⑤]朱文叔在《国语文类选》第一编选十篇文学论文,大概即受此启发。由此看来,朱文叔有意"重论理而略叙事",跟1920年前《新青年》国文教学的观念正好契合。

但是,如此选文和编排的结果,却改变了刘半农等人的国文教

---

① 钱玄同:《通信》,《新青年》第3卷第5期,1917年7月1日。
② 孙光策:《章厥生先生国文教授杂记》,《教育丛刊》第1集,1919年8月。
③ 同上。
④ 《例言》,《国语文类选》(第一编)。
⑤ 刘半农:《我之文学改良观》,《新青年》第3卷第3期,1917年5月1日。

学宗旨。刘半农规定的国文教学目的是"只求在短时期内使学生人人能看普通人应看之书,及其职业上所必看之书;人人能作通人应作之文,及其职业上所必作之文"。而朱文叔分选文为十类,实际上却将国文教学变成了讨论问题和主义的场合。

刘半农等人的国文教学目的之所以在实践中被改变,是因为当时的客观条件还不成熟。

首先,陈独秀列举的"评论、文告、日记、信札"[1]等应用文在当时大多还用文言写作。即使白话文的提倡者,用白话写作信札、日记、文告的也非常少。正如朱自清在1940年代所说,应用文字的解放,"远在诗、小说戏剧、小品散文以及长篇议论文之后,直到近年才开始"[2]。除"长篇议论文"外,1920年代白话的应用文还没有发展出来。要学生学习时人的白话应用文,只能以"长篇议论文"为材料。这正是《国语文类选》产生的客观条件。

其次,白话文遇到了如何教授的困难。新式中学教学文言文,一般延续私塾时代的教学方式。比如福建省立第十一中学的国文教授:"讲读次序,先讲题目之事实,次讲文中之难字句,写其音义于黑板,使学生抄录,次讲明文体,及全篇或每段之批评,其次美读,教员朗读全文二遍,再任指一优等生,分段朗读,某生读毕,令全班学生齐读,其次令学生自读并有未明了者,令其质问,如此一篇文章告终。"[3]但教学白话文时,这样的方式就不适用了。"教的是文言,这其间自然短不了一番翻译的工夫,国文教员讲坛上的生活有十分之八七便消磨在这种翻译的工夫上头,能叫腾出十分之二三的工夫去用在抑扬顿挫照应起伏上头已经是不可多得的了。

---

① 独秀:《刘半农〈我之文学改良观〉识》,《新青年》第3卷第3期,1917年5月1日。

② 朱自清:《〈胡适文选〉指导大概》,《朱自清全集》(第二卷),南京:江苏教育出版社,1996年,第290页。

③ 郑定谟:《福建泉州调查报告书》,《教育丛刊》第1集,1919年8月。

但是这种教授法一到了白话文出场的时候便全然失其效用;因为白话是用不着翻译的;勉强译了去讲只有使学生瞌睡,决不会引起趣味。"①

如何解决白话文在教学方法上遇到的困难呢?沈仲九的看法很有代表性:"自从白话提倡以后,有许多吃国文教员饭的,根本上虽然赞成他,但很觉得在教授上不能教。因为教白话却又用不着从前教古文的翻译法了;教古文可以叫学生抄典故,现在典故又用不着抄了。翻译不要翻译,典故不要查考,那末教员还有什么事可做呢?这几年来,教授白话文很困难的声浪,常流动在教育界中,而白话文教授很不易普遍的原因,也大半为此。在真主张白话文的,不忍不教白话文,于是不得不以'演讲'代替'翻译'。文章的逐字逐句的意义,不容详加解释,只好专就其中的意义加以发挥。"②

可见,中学国文课堂如何教学白话文,多数人还没有找到有效的方法。仅像教学文言文那样,疏通语言文字,是行不通的。于是只得"就其中的意义加以发挥"。《国语文类选》将提倡新文化的文章按问题和主义性质的不同归纳在一起,实际上是将白话文的教学变成问题和主义的教学,将国文课堂变成铸造新思想的场合,满足了学生对新思潮的兴趣和参与欲望,也解决了白话文如何教学的问题。这虽不失为一条路子,却以牺牲刘半农等人所拟定的国文教学目的为代价,并影响了此后的国文教学。

一月之后,商务印书馆出版《白话文范》,打破了《国语文类选》仅选应用文的局面。

---

① 常乃德:《中学校国文教授之我见》,《中等教育》第2卷第1期,1923年3月1日。
② 沈仲九等:《国文科试行道尔顿的说明》,上海:商务印书馆,1925年,第5页。

二

1920 年 2 月,商务印书馆主办的《教育杂志》第 12 卷第 2 期上,发表了洪北平[①]《中等学校与白话文》《新文谈》、何仲英[②]《白话文教授问题》三篇有关国文教学的文章。两位南开学校的国文教员一致赞成中学国文采用白话文。洪北平说:“中等学校绝对的应当采用白话文。”[③]何仲英认为:“现在中等学校,有人完全赞成白话文,固属大谬;若是说一二年级不妨斟酌教授白话文,三四年级非讲文言文不可,或是白话文只可当课外教材,不能施于课内,亦属胆怯。我们要奋勇直前,建筑新文学的基础,千万不要因‘积重难返’,就怀疑不前。这是我们所最希望的。”[④]

除表明立场外,他们还就如何选择白话文教材发表了意见。何仲英将白话模范文分成六类。一是“散见于现在报章杂志里,篇幅不过长,寓意精确,并有很好的结构者”,“如钱玄同《尝试集序》,陈仲甫《人生真义》,孙少侯《忏悔文》,任叔永《读杜威讲演的感言》《湘江评论创刊宣言》,以及种种有趣味有思想的时评、随感录、新文艺等”。二是《水浒传》《西游记》《三国演义》《红楼梦》《老残游记》等小说中“有高尚的思想,优美的结构,能自成段落”的文字。三是唐宋人诗词中“语辞自然,或完全用白话者”。四是王阳明《传习录》等“格言式”的文章。五是《梁任公讲坛》《蔡孑民演说集》等

---

① 洪北平,1893 年生,安徽歙县人(一说江苏仪征人),辛亥革命后由柳亚子介绍加入南社,为《民权报》《独立周报》《中华报》《民极报》撰文,“颇欲以政论家自见”,不久厌倦政治,专攻文学。1915 年进南京高等师范国文专科。毕业后至南开学校担任国文教员。

② 何仲英,北京高等师范毕业,曾受业于钱玄同。1920 年在南开学校担任国文教员。

③ 洪北平:《中等学校与白话文》,《教育杂志》第 12 卷第 2 期,1920 年 2 月 20 日。

④ 何仲英:《白话文教授问题》,同上书。但何仲英后来改变立场,力主中学国文仅教学文言文。

零零碎碎的小册子。第六类最有意思:“其实,《盘庚》《大诰》何尝不是当时的白话告示?《国风》《楚辞》何尝不是当时的方言土语?若从广义的白话文看,这些类文皆可选授。”[①]洪北平也拟出了一个编选范围,他认为语录、短评、长篇记事、小说、剧本等都可选择,并须“有体裁,有结构”,“有思想,有情感”,“切近人生”,或“与学科或问题有关”[②]。

这些议论发表于1920年2月20日。3月,胡适在北京高师附中作了题为“中学国文的教授”的演讲。他设定中学一、二年级应每周教学一小时国语文,其教材“应该带文学的性质”,包括三类:一是小说,主要是《儒林外史》《红楼梦》等明清白话小说;二是白话的戏剧;三是长篇的议论文和学术文。[③] 比较洪北平、何仲英和胡适关于中学国文教学的论述,可以发现他们的共同点:一方面赞成选入白话议论文和学术文,另一方面主张多选白话文学作品。也许正因为洪北平、何仲英的上述论述跟胡适的观点相似,所以他们编选的《白话文范》得以在商务印书馆出版。

1920年5月,《白话文范》和《白话文范参考书》开始陆续出版,至当年12月,全书出齐。这套教材在当时影响很大。1923年,穆济波说:“我最近得到朋友自四川南充的信上说:‘语体文前用《白话文范》,嗣以内容糅杂,应用时感不便;学生又嫌其材料枯乏毫无兴趣,亦遂中止。’”[④]南充处于偏远的川东北,人们思想向来比较保守,这套教材能传到南充,充分说明了它在1920年代初流通区域之广大。

---

① 何仲英:《白话文教授问题》,同上书。但何仲英后来改变立场,力主中学国文仅教学文言文。

② 洪北平:《中等学校与白话文》,《教育杂志》第12卷第2期,1920年2月20日。

③ 胡适:《中学国文的教授》,《教育丛刊》第2集,1920年3月。

④ 穆济波:《通讯》,《时事新报·学灯》1923年5月15日。

《白话文范》有意跟《国语文类选》不同。编者何仲英说："现在我听说一个中等学校，全教授白话文，他选材的方法，是以和人生最有关系为纲，以新出版各杂志中关于某一问题的文章为目。他的现用分类法是：人生问题、妇女问题、文学问题、科学问题、道德问题……依着问题去寻材料。大约每问题选集了七八篇文章；教授的时候，不过讲解一二篇，其余的学生作参考。"[①]这个中学如果将他们的国文讲义编订成册，大概跟《国语文类选》差不多。何仲英对此表示不满："这种教授方法，我很赞成；不过拘拘以问题为单位，似乎'喧宾夺主'。况且问题别有专科；国文一科，何能'包罗万象'？长此以往，大家皆欢喜讨论问题，发扬虚气；恐怕和国文教授宗旨，越走越远。我觉得现在选取教材，不必限于既往，也不必限于现在，总要以有文学的意味为前提。"[②]正是"文学的意味"，将《白话文范》跟《国语文类选》区别开来。

《白话文范》四册选文一百三十篇，其中，同代人的作品八十三篇。虽仅《今》《人生真义》两篇与《国语文类选》重复，但有五十篇都是议论文，性质跟《国语文类选》所选文章相似。其余三十三篇跟《国语文类选》体裁不同，属多带"文学的意味"之文，又可分为三类。第一类为随感录十则。随感录是随现代报纸杂志产生的一种新文体，五四时期，有很多刊物都设置了"随感录"（或称"随便谈""短评"）栏目。《白话文范》所选十篇随感录，来自《每周评论》《新青年》《新生活》三种刊物的"随感录"栏及《星期评论》的"随便谈"和"短评"栏。这些随感录篇幅短小，编者将它们放在二程和朱熹语录之后，大概觉得两者之间具有相似性。第二类为小说、人物传记和新诗十五篇。《白话文范》选了九篇小说，其中六篇译作、

① 何仲英：《白话文教授问题》，《教育杂志》第12卷第2期，1920年2月20日。

② 同上。

三篇创作。严格说来，创作中鸣剑《早晨的社会》与寒星《写给 Mr. G. C. Willang 的一封短信》都属于小品文，仅沈仲九《自决的儿子》才算得上小说。两篇传记分别为胡适《许怡孙传》和《李超传》。三首新诗也都来自《新青年》和《新潮》。此外，《白话文范》还从《新青年》上选了刘半农译、英人虎特著《缝衣曲》。第三类即八篇游记。梁启超的《欧游心影录》1920 年在《时事新报》和《晨报副刊》上连载，《白话文范》从中选了四篇。《白话文范》中的游记还有周作人《游日本杂感》《游日本新村记》、任鸿隽《致每周评论记者》、李哲生《东行随感录》四篇。

《白话文范》中有四十七篇古人白话文。其中包括语录十七篇，除来自王阳明《传习录》外，还选有二程、朱熹语录及《呻吟语》《菜根谭》中的部分段落。书信十三篇，包括郑燮五篇，曾国藩四篇，杨继盛二篇，朱熹、谢枋得各一篇。小说十二篇，其中五篇选自《老残游记》，四篇选自《儒林外史》，《西游记》《镜花缘》《文明小史》各选一篇。诗歌四首：《为焦仲卿妻作》《木兰歌》《石壕吏》《兵车行》。此外还有郑燮道情一首。

这几类选文说明《白话文范》的编选深受《新青年》作者群特别是胡适的影响。胡适在《建设的文学革命论》中说，“有志造国语文学的人”应“多读模范的白话文学”，“例如《水浒传》《西游记》《儒林外史》《红楼梦》；宋儒语录，白话信札；元人戏曲，明清传奇的说白。唐宋的白话诗词，也该选读”。[①] 这在《白话文范》中得到体现。《白话文范》的篇目，多是《新青年》同人作为白话范文所列举的。其所选四首诗歌，就曾被胡适、钱玄同等人高度评价。《白话文范参考书》评价《为焦仲卿妻作》：“这是一篇古代（当作于汉建安时）最著名的白话乐府；也是一篇很好的短篇小说，记事言情，面面俱到。”这抄自胡适《论短篇小

① 胡适：《建设的文学革命论》，《新青年》第 4 卷第 4 期，1918 年 4 月 15 日。

说》:“韵文中《孔雀东南飞》一篇是狠好的短篇小说,记事言情,面面俱到。”此外,《白话文范参考书》对《木兰歌》《石壕吏》的介绍也来自胡适的《论短篇小说》。在四首诗后,《白话文范参考书》有一附录,称“正篇所选的古诗,只有数首;此外古诗中明白如话,可作白话诗读的尚多,再除诗之外,尚有词、曲、小令、套数、杂剧等,亦多话体,明白可诵,兹就各体中,补选十数篇,附录在后面,供读者参考”。附录首选《上山采蘼芜》,在介绍中原文抄录胡适《论短篇小说》中对该诗的分析。胡适在《中学国文的教授》的演讲中,认为国语文的教材包括“二十部以上,五十部以下的白话小说”,并将其篇名列举出来。《白话文范》所选的五部明清白话小说,都在胡适列举的范围之内。

可见,《白话文范》之所以跟《国语文类选》不同,多带“文学的意味”,是因为它受到胡适等人“白话文学史”观的影响。但对选文的具体处理上,它跟胡适的观点却不尽相同。

胡适强调分析写作技巧,而洪北平、何仲英不仅强调分析作品的写作技术,更重视内容的剖析。胡适认为,“小说和戏剧都由教员指定分量,由学生自修。课堂内只有讨论,不必讲解”。比如讨论《西游记》前八回为什么好看,严贡生临死伸出两个指头的“好处究竟在什么地方”,“此外如一切布局、描写、用意、人物,都可以作讨论的内容”。应通过教学戏剧练习“发音说话”,“并且讨论他的布局体裁等”。学习长篇议论文和学术文,应注重“本文的剖析”,分段分节,“注重材料的搜集”,“注重论理的组织”。[①] 可见,胡适将注意力集中在写作技术的分析上。洪北平不仅要求分析写作技术,更强调内容的分析。他认为,学生“懂的是白话,至于白话文,文的内容,文的做法,未必能够全懂。我每每讲一篇千字左右的白话文,如陈独秀《人生真义》、蔡元培《杜威博士生日讲演辞》等,要

① 胡适:《中学国文的教授》,《教育丛刊》第2集,1920年3月。

用四五小时,若照原文念一遍,大约五分钟便够了,然而学生如何得懂呢?"[①]在具体操作中,洪北平要求"对于文的内容——叙的事,说的理,状的物,写的情——加以研究","对于文的形式——体裁,结构,作法,修辞——加以研究"。[②] 何仲英不赞成完全自修讨论,因为他也强调文章的内容:"有些考据说理的白话文,其中引证西洋哲学和中国古代书籍的甚多,试问学无根柢的人,如何懂得?虽说中学生的知识有限,不能教授这些材料,然而在这知识饥荒时期,学生求知心切,什么人生问题、社会问题、文学问题……都喜欢研究,如若不酌量讨论,恐怕陷入歧途,反为不美,这是我们应当供给需求的唯一机会,非教授不可!"[③]《白话文范参考书》"酌量讨论"所选作品时,主要采用两种方式。一是解释文中出现的专业名词,如在戴传贤《战后太平洋问题序》后,解释"海上自由""海军根据地""门罗主义""东方优越权"等词。二是列出与课文主题相同的作品。比如在郭虞裳《废兵运动》后,列出《时事新报》中张东荪的《废兵裁兵》(节录)和《新潮》中傅斯年有关去兵问题的几段文字;在胡适《非个人主义的新生活》后,列出周作人《新村的理想与实际》与童一心的相关批评。而这两种方式,其实都指向对作品内容的理解。

也就是说,胡适通过国文教学分析写作技巧的设想,没有被洪北平、何仲英完全接纳。何仲英所谓"文学的意味",主要表现在选了一些纯文学作品上。除部分抄自胡适等人的评论外,《白话文范参考书》对选文的分析,侧重其思想内容方面。当然,这也跟编者的文学鉴赏能力有关。《白话文范》编选时,《狂人日记》《孔乙己》

① 洪北平:《中等学校与白话文》,《教育杂志》第12卷第2期,1920年2月20日。

② 同上。

③ 何仲英:《白话文教授问题》,《教育杂志》第12卷第2期,1920年2月20日。

《药》已经发表于《新青年》,《明天》已经发表于《新潮》,《一件小事》已经发表于《晨报周年纪念刊》。《白话文范》从《新青年》选十三篇,从《新潮》选四篇,从《晨报周年纪念刊》选三篇,但鲁迅小说却一篇都没有选。两位编者对新文学的鉴赏能力不高,导致他们在主观上虽力图将《白话文范》与《国语文类选》区别开来,但客观上差别不大,《白话文范》亦侧重各种问题的讨论。

通过上述分析,可见刘半农和胡适所代表的《新青年》不同阶段的两种国文教学观点,都对当时的中学国文教科书编写产生了巨大影响。以前的研究虽然没有注意区分两种国文教学观点的不同之处,但都注意到了产生影响这一事实。但是,为人们所忽略的是,《新青年》的国文教学观点,并没有完全贯彻到国文教科书的编写中去。我们对当时国文教学的研究,并不能止步于剖析《新青年》的国文教学观点。由于编者水平、爱好等主观原因和白话文发展实际、白话文教授方法的困境等客观原因,无论是白话应用文的教学,还是"白话文学史"的教学,《新青年》的倡导都没有完全落实。最早两套中学白话国文教科书,将问题和主义的讨论定位为主要编写目的,反映了白话文初次出现在中学国文教学中的实际情况。

第三节 1920年代初中国文教科书中的新思潮与新文学

浙江一师的国文课,是讨论新思潮的场合,作为学生的朱文叔,编出了《国语文类选》,作为教师的沈仲九,后来则联手孙俍工合编了市面上最早的初中国文教科书——《初中国语文读本》。[①]这套教材面世后影响很大,胡山源说:“1923 年至 1924 年我在松江景贤女子中学教国文时,用的课本是民智书局出版的三厚册中学读本,编者便是沈仲九。这完全是新型的国文读本,里面没有一篇文言文,尽是‘五四’以来的白话论文、诗歌和小说。这套读本对于传统思想的改造有很大的作用,对于新文学的学习也有很大的影响。我很佩服编者的认识正确,也以获得了这种好读本而感到愉快。”[②]当时两所名校,东南大学附中和浙江春晖中学,在 1923 年,都使用它做教科书。[③]

沈仲九、孙俍工都要求初中国文完全教授白话文。沈仲九认为:“中学课程,应该注重各专科共通的基本智识,若要教授古文,养成看古书的能力,那是专为研究文科的预备,不是设立中学的本意了。照以上的理由说来,可以决定中等学校学生毕业以后,多数人不必看古书,所以中等学校,不必教授古文,养成看古书的能力。”[④]“我以为中国的古书,只足以作专门家研究的材料,而不足以作为中学生的诵读之书。他好像是一堆瓦砾场,他好像是地底下

---

① 这套教材第一编、第三编 1922 年 8 月出版,第二编、第四编 1923 年 1 月出版,第五编 1924 年 3 月出版,第六编 1923 年 3 月出版,第一编 1928 年 3 月出至第六版,第五编 1930 年 2 月出至第三版。可见,这套教科书在 1920 年代具有一定的市场。编者沈仲九是新文化运动的积极参与者,《星期评论》的主要撰稿人,著名教育杂志《教育潮》的编者。1922 年,他在上海吴淞中学担任国文教师。编者孙俍工,1894 年出生于湖南,1916 年考入北京高等师范学校。他是五四时期活跃的小说家、新诗人,于北京高师在读期间编辑《平民教育》周刊与《工学》月刊,并与上海《星期评论》社有联系。1920 年,孙俍工被《星期评论》社戴季陶、邵力子介绍至漳州第二师范做国文教员,不久,被北京高师同学匡互之召至湖南一师,随后,又来到上海吴淞中学担任国文教师,与沈仲九同事。

② 胡山源:《文坛管窥:和我有过往来的文人》,上海:上海古籍出版社,2000 年,第 206 页。

③ 东南大学附中的情况见本文后面的分析。春晖中学的情况见刘薰宇:《1923 年度中学教务上的一个报告》,《浙江省春晖中学》,北京:人民教育出版社,2008 年,第 81 页。

④ 仲九:《对于中等学校国文教授的意见》,《教育潮》第 1 卷第 5 期,1919 年。

的矿产。他里面未始没有好东西，但是要待人们去整理去采掘。以整理古书的目的去看古书，古书才能于我有用；但是这种责任，中学生能够担负吗？复古的思想，在中国的国民心里，尚有很大的潜势力，如果教一般判断力、别择力不曾充足、志趣未定的青年去看古书，恐怕会把许多违背时代潮流的荒谬的思想，囫囵吞枣地吸收到脑筋里去，而复古运动将成为一有力的运动，这不能不说是中国前途的隐忧呵！"[1]孙俍工认为："从文艺底本身上说，初中底国文教学应该完全是国语的，这有两种说法，一是从来好的文艺都是国语的，一是要是国语的文艺才是真的文艺"；"从思想上说，初中国文教学应完全是国语的，古代底文章里没有好的思想，纵然有一点，不是勉强附会的，便是不合适现代的生活"；"古文与科学是矛盾的"，"学生一面研究科学，一面学古文，能力不够"。所以，他"主张初级中学底国文教授，无论教的学的应该都是国语的，而且完全是国语的，（不教古文，而且不兼教古文）"。[2] 正因为此，《初中国语文读本》容量很大，预备填满初中国文教学的绝大部分时间，没有为古文教学留下余地。

《初中国语文读本》的"选材标准，是内容真实而不背时代精神，形式合法而充分表现个性"[3]。孙俍工补充的教授大纲也称，国文教学"对于知的方面以'启发思想，并且了解现代思潮底大概'为主旨，对于情的方面，以'培养美的情感，并且了解彼底变迁和性质'为主旨，对于意的方面以'发表情思，记叙事物'为主旨"[4]。

---

① 沈仲九：《中学国文教授的一个问题》，《教育杂志》第 16 卷第 5 期，1924 年 5 月 20 日。

② 孙俍工：《初级中学国文教授大纲的说明》，《中等教育》第 2 卷第 5 期，1924 年 2 月 1 日。

③ 孙俍工、沈仲九：《编辑大意》，《初中国语文读本》（第一编）。

④ 孙俍工：《初级中学国文教授大纲的说明》。

让学生“了解现代思潮底大概”，正是《初中国语文读本》前四编的编选宗旨。由于所选作品较多，本书不打算一一罗列，仅从穆济波对该书使用情况的考察中，以窥一斑。1923年，穆济波在东南大学附中担任国文教员时，使用《初中国语文读本》第三编。他分四单程教学，并对前三个单程的教学过程作了详细介绍。第一单程四星期学完，“示以时间最易丧失，人生不可不觅一正当生活道路。东方孔老之教训，有足以提振吾人奋兴有为之精神，破除一切成败得失之见者在，吾人企图不朽，并非甚难，惟当尽其所能，为社会做一番事业”[①]。教材为《初中国语文读本》中的法国嚣俄著、奎章译《沙葬》，李大钊《今》，梁漱溟《一个人的生活》，梁启超《知不可而为主义与为而不有主义》，胡适《不朽论》，并另从《小说月报》选王思砧《风雨之下》。第二单程教学时间为四星期，试图让学生懂得：“生命要求我们无间的工作，工作来到世间是人们应该一律分任的，无论何人都不得自由。偷堕退却，都是弱者。吾人为工作而生活，在此未完的大业中，尽管努力做去，纵令社会恶劣，但当认识未来，企望未来，为人类全体，今日吾人即有重大之使命在。”[②]教材为《初中国语文读本》中的显克微之著、周作人译《二草原》，郑振铎《自由》，陈独秀《自杀论》，朱执信《人类的将来》，张崧年译《精神独立宣言》，爱罗先珂讲、李小峰宗甄甫合记《知识阶级的使命》。第三单程教学时间为四星期，试图让学生明白：“社会制度，把一般同生共命的人类，强分出无限智愚强弱的主奴阶级来，要免除人类的悲苦，便要将这一层层的障壁打倒，一切不合理的思想，制度，都给完全解放改造，重新再铸文明。如能将人类之狭隘的习

① 穆济波：《道尔顿制实验班国文教学计划》，《中华教育界》第13卷第6期，1923年12月。

② 同上。

惯一一破除，庶几乎才有一种正当的生活。"[①]教材为《初中国语文读本》中的鲁迅《故乡》，胡适《新思潮的意义》，胡汉民《习惯之打破》，爱罗先珂著、鲁迅译《狭的笼》。

以问题为中心组织选文，应是沈仲九的主张。1919年，沈仲九在浙江一师时就"以和人生最有关系的各种问题为纲"[②]搜集和组织国文教材。此后几年，他一直坚持认为，国文教学的目的是让学生了解"现代思潮"。与其让学生"读《庄子》《墨子》《荀子》等，不如叫他读《胡适文存》《独秀文存》这一类书；因为一则难懂，一则易解；一则未必合于现代思潮，一则可以当作现代思潮的一部分的代表。就轻重缓急论，要做一现代的人，不懂《庄子》《墨子》等的学说，却不要紧；不懂国语文提倡的理由，不懂女子解放问题、贞操问题、婚姻问题、礼教问题、劳动问题等，却是要做一时代的落伍者"[③]。这跟《国语文类选》的宗旨是相同的。但另一方面，《初中国语文读本》跟《白话文范》相似，选了很多文学作品。前四编一百九十九篇作品，按作者统计，周作人十九篇（著十篇、译九篇），鲁迅十九篇（著十六篇、译三篇），胡适十六篇（著十二篇、译四篇），蔡元培八篇，梁启超、李大钊、叶绍钧、郭沫若、俞平伯各五篇，沈玄庐、钱玄同、刘复、郑振铎各四篇，冰心、刘大白、戴季陶、朱自清、任鸿隽各三篇。周作人和鲁迅的作品超过了胡适、蔡元培、李大钊的作品。鲁迅的十九篇作品中，不仅包括《孔乙己》《药》《故乡》《风波》四篇小说，还有八篇随感录。叶绍钧、冰心的作品全是小说，郭沫若、俞平伯的全是新诗，钱玄同的全是随感录。从来源刊物统

---

① 穆济波：《道尔顿制实验班国文教学计划》，《中华教育界》第13卷第6期，1923年12月。

② 仲九：《对于中等学校国文教授的意见》，《教育潮》第1卷第5期，1919年11月。

③ 沈仲九：《中学国文教授的一个问题》，《教育杂志》第16卷第5期，1924年5月20日。

计，跟同一时期其他白话文教科书相似，《新青年》是该书选文的主要来源。此外，该书中有十九篇选自《觉悟》，十五篇选自中国新诗社《诗》，十篇选自《小说月报》。《觉悟》属新文学四大副刊之一，《小说月报》和《诗》都是纯文学刊物。作者和来源刊物的排序说明，《初中国语文读本》前四编是一本以新文学作品为主的中学国文教科书。

选文以新文学作品为主，跟当时白话文教材的匮乏有关。何仲英在编选《白话文范》的过程中，发现在各种体裁的白话文中，只有小说最适合做教材。何仲英将白话文分为散文、韵文、戏剧、小说四种。他认为，散文本应成为教科书的主要选文，但"议论文长短不均的居多；短的一览无余，无甚意义，长的又是冗杂者多，详细者少，皆是长篇而有很好的思想，缜密的结构未尝不可令学生自己研究，条分缕析，锻炼他们的脑筋，比较一部死板板的论理学好，又可惜太少了，写情文在国语的散文中，最为少见；就是有的，也是游记体、杂记体，随感而发，无甚精采。记事文大都犯冗长的毛病，好的模仿西文，妞妞捏捏，丑的尖刻轻狂，风格太低。学术文比较的纯粹无流弊，唯第一要叙述得有头有尾，干干净净；第二要深入显出，容易了解；有此二条件，那就难了。况且学术文只能教授一部分学生，不能及于全体。白话应用文尚未通行，材料除书牍广告类文字外殊少"。此外儒释语录、尺牍札记，都不可取，韵文戏曲，也很少有适合做教材的，仅小说方面，"比较他项材料实多一点"。[①] 但《白话文范》所选小说毕竟不多，何仲英这一经验留给了沈仲九与孙俍工。

但是，当文学作品大量进入初中国文教科书后，它本身的价值也会逐渐被发现。

---

① 何仲英：《国语底教材与小说》，《教育杂志》第12卷第11期，1920年11月20日。

常乃德认为，小学毕业生就已经能做白话文了，如果中学还要教学白话文，应将"重点放在文学上"，并进一步认为："能做好文字与否固然不是中学生重要的问题，确实鉴赏和辨别文学作品的能力是不可缺的。中学校所造就的是普通的人民，普通的人民若对于文学的兴味一点没有，则结果必造成干燥无味的社会；而且也绝不出伟大的文学天才，因为天才是要在社会的奖进底下才能产出来的，故鉴赏力实为中学国文教授不可缺的目的。"①同是主张以文学作品为主要教材，如果说何仲英是迫不得已，常乃德是为了培养鉴赏力，那么孙俍工则是为了新文学的长远发展。孙俍工认为："在中等学校底国文科里纯文学应该占十分之六七，不然，至少应该与杂文学并重。""我这里所说的'文艺'，就是最近代所流行的'纯文学'，彼底真实的内容就是诗歌、小说、戏剧三者。"至于为什么要占这么高的比重，孙俍工的出发点是新文学的发展。他说："我以为在中国现代的文学界里，如果不极力把文艺的意义阐明到真确的时候，把文艺底生命扩张到了人们全体的时候，把文艺底基础弄到极稳固的时候，不但永远没有真正的纯粹的文艺呈现出来，甚或至于连现在所流行的时髦的白话文底声浪也将要毫无声息地消沉下去。""我们唯有如前书所说把彼从已经死去了的境地当中苏醒过来，培养灌溉，使彼的再生的生命发展到人们底生命中间去。这是我们唯一的责任。要实现这个责任，第一步的办法，我敢说非把彼在中等教育中的位置从等于零的地位增加到极高不可；换句话说，就是文艺在中等教育中，此后应该占一个极重要的位置。"②

---

① 常乃德：《中学校国文教授之我见》，《中等教育》第2卷第1期，1923年3月1日。

② 孙俍工：《文艺在中等教育中的位置与道尔顿制》，《教育杂志》第14卷第12期，1922年12月20日。

明白了孙俍工的观点，我们就可以理解《初中国语文读本》五、六编选文的由来了。两编“为国外小说名作的翻译，而另外辅之以长篇翻译剧本及诗歌”①，在编辑上“以作家的国别和时代为准”②。第五编选十五篇作品。法国小说七篇，其中都德、莫泊三、考贝各两篇，弗朗士一篇。德国作家滋德曼的小说一篇。俄国小说七篇，其中契诃夫三篇，屠格涅夫、陀思妥耶夫斯基、托尔斯泰、科罗连珂各一篇。第六编选二十三篇作品。俄国小说五篇，包括梭罗古勃、高尔该、安特来夫、库普林、阿尔支拔绥夫各一篇。挪威小说两篇，其中包以尔、般生各一篇。瑞典作家斯忒林培克的小说一篇。爱尔兰小说两篇，其中夏芝、唐珊南各一篇。意大利作家邓南遮小说一篇。波兰小说三篇，其中显克微之一篇，鲁普斯两篇。犹太作家宾斯奇小说一篇。新希腊作家靄夫达利阿啼斯小说一篇。芬兰作家明那亢德小说一篇。印度泰戈尔作品两篇。日本作品四篇，其中国木田独步、佐藤春夫、加藤武雄、武者小路实笃各一篇。这三十八篇作品中，十三篇来自《小说月报》，八篇来自《东方杂志》，五篇来自《点滴》，四篇来自《新青年》，三篇来自《觉悟》，两篇来自《少年中国》，来自《新潮》《晨报副刊》《新的小说》各一篇。《点滴》是周作人的翻译小说集，其余刊物大都是新文学的主要阵地。孙俍工为这些作品设计的作业中，包含分析“所含蕴的思想问题、所表现的人生问题及学生对于本篇的感想和批评”，“注意作家略历、作家的思想学说、作家艺术上的主张(人生的艺术或艺术的艺术)及派别(浪漫派、自然派或新浪漫派等)、作家所受时代精神与

---

① 孙俍工:《文艺在中等教育中的位置与道尔顿制》,《教育杂志》第14卷第12期,1922年12月20日。

② 孙俍工、沈仲九:《编辑大意》,《初中国语文读本》(第一编)。

环境的影响”等。[1] 五、六编的选材、组织和作业设计，完全是外国文学作品的欣赏与研究。这既跟《国语文类选》迥异，也跟《白话文范》不同，自此，新文学作品在中学国文教科书中才真正取得了地位。

可见，《初中国语文读本》的内容，正如编者所说，一方面是“了解现代思潮底大概”，另一方面是“培养美的情感，并且了解彼底变迁和性质”。以新思潮和新文学为内容，正是这一时期初中国文教科书的共同特点。

世界书局《中学国语文读本》与中华书局《初级国语读本》的编辑，都受《初中国语文读本》的影响。

《中学国语文读本》编者秦同培，江苏锡山人，民国初年曾为商务印书馆编辑初等小学修身、国文教科书，收入商务印书馆的共和国教科书系列。新文化运动时期，他似乎没有发表过文章。《中学国语文读本》共四册，为“小学后数年，及初级中学可以通用的教材”[2]。在《编辑大意》中，秦同培说：“本书对于内容方面，专取教材新颖，可以得到新知识的，凡旧有污浊的迂拘的谬误的种种成见，一概把他打破，给学生以种种平坦宽广的大路，像对社会对世界，什么自治互助等紧要觉悟，都直接间接的，与以明示或暗示，目的都是认定要使学生自立，要使学生知道将来重大发展的方向。”似乎内容在于讨论新思潮。但接下来，秦同培又说：“对于形式方面，在引得文学的浓深趣味，常人以为语体文，总不外是赤裸裸的，直率单调的罢了，不知道从我们文学的眼光看起来，那语体文中间，也仍旧是五花八门，有的是以写实见长的，有的是以表情见长

---

① 孙俍工：《文艺在中等教育中的位置与道尔顿制》，《教育杂志》第14卷第12期，1922年12月20日。

② 《编辑大意》，《中学国语文读本》，上海：世界书局，出版年不详。

的，有的是以说理见长的，有的是以描景见长的，各有各手法，各有各本领，决不是随便写上几句，就可以算数的，本书对于白话种种文体，大要略备，目的也就在这一点上面，又书中于有趣味的小说游记一类，搜罗得特别多，意思也是这样。”①秦同培对白话文的理解颇为独特，似乎白话文的形式是“文学”，内容是新思潮。通过新文学来理解新思潮，恰好也正是仲九、俍工《初中国语文读本》的特色。

《中学国语文读本》中有七十八篇作品跟仲九、俍工《初中国语文读本》相同，占《中学国语文读本》选文总数一百一十九篇的近三分之二。据我们判断，这七十八篇作品都是直接从《初中国语文读本》中抄过来的。原因有三。其一，这些作品的排序与其在《初中国语文读本》中的排序大致吻合。其二，七十八篇作品中，鲁迅《从老到死》《大恐惧》《保存国粹》《药》《孔乙己》，蔡元培《我的新生活观》《记绍兴志学会的三大愿》，钱玄同《中国派的医生》，任鸿隽《何谓科学家》，郭沫若《新月》《雨后》《白云》，郑振铎《自由》，梁启超《欧游心影录楔子》，徐特立《留法老学生之自述》，俞平伯《墙头》，大悲《哭中的笑声》这十七篇作品，《初中国语文读本》没有标明来源，《中学国语文读本》也没有标明。余下的六十一篇，《初中国语文读本》标明了来源，《中学国语文读本》也标明了。其三，七十八篇外的其他作品来源非常狭窄。四十一篇作品中，来自《青光》二十七篇，而为梁绍文所作的就有十八篇。某一刊物或某一作者的作品在教科书中的比例如此之高，是非常少见的。秦同培解释说：“本编游记文字，采取梁绍文先生的特别多，因其描景写实表情各方面，都能作良好模范，又所述南洋对外情形，兼可与学者以甚深的刺激，谅梁先生定是欢迎这种宣传的，原文采自《青光》，谅

① 《编辑大意》，《中学国语文读本》，上海：世界书局，出版年不详。

青光社也决取解放主义,要人们这么宣传的,本局谨代表学者诸青年多多感谢。"[①]余下的作品中,六篇来自胡适《尝试集》,三篇来自《时事新报·学灯》。

1923年,白话刊物已成席卷之势,秦同培除抄录现成教科书选文外,仅从有限几种刊物中选材,而他所推崇的梁绍文,并非知名作者,说明世界书局面对新的国文教育思潮,其实并没有准备好,只能仓促上阵。

《初中国语文读本》对1920年代初中国文教科书编辑的影响,还体现在中华书局的《初级国语读本》上。编者沈星一,跟秦同培相似,在新文化运动中似乎没有发表过文章。《初级国语读本》所选作品,"以记叙文、抒情文为主,参用议论文、说明文。第一册是今人浅显的作品,以期和小学衔接。第二册兼采旧说部,使学者略识国语文演进的历程。第三册兼采译作,并略注重于探讨问题研究学理之文,使学者益了解国语文在现今实际上的应用"[②]。根据文类的不同,可将《初级国语读本》的一百一十八篇作品分为论说文、小说与传记、新诗、游记与小品文四类。四十篇论说文中,有十六篇跟《初中国语文读本》所选篇目相同,三十七篇小说与传记,有二十一篇已经出现在《初中国语文读本》中。《初中国语文读本》创作小说推崇冰心、叶绍钧与鲁迅,翻译小说推崇周作人,《初级国语读本》所选小说也以此四人的最多。二十八首新诗中,有九首已经出现在《初中国语文读本》中。十三篇小品文、游记和调查报告中,有五篇也为《初中国语文读本》所选。也就是说,《初级国语读本》中有接近一半的作品跟《初中国语文读本》是相同的,其余作品,多以类相从。可见《初级国语读本》也以新思潮和新文学为

---

① 《编辑大意》,《中学国语文读本》,上海:世界书局,出版年不详。

② 《编辑大意》,《初级国语读本》(第一册),上海:中华书局,1924年8月。

内容。

跟中华书局和世界书局安排某一位内部职员独立编辑初中国文教科书的做法不同，商务印书馆聘请了五人编辑新学制颁布后的第一套初中国文教科书。1923 年 2 月，商务印书馆《初中国语教科书》开始出版，至 1924 年 2 月出齐。《初中国语教科书》出版后风靡一时，不仅成为舆论焦点，也为各地中学广泛采用。1925 年 2 月，在孟宪承所调查的江苏四十六所中学中，以该书为教材的有十所。① 1926 年，地处边远的云南省立第四师范学校也使用它为教材。② 1929 年 3 月，第三册出至第六十五版。1932 年“九一八事变”后，出版“国难后”的新版本，1932 年 10 月，第四册出至“国难后”第九版。

《初中国语教科书》由胡适、王云五、朱经农校订，第一、二册由周予同、吴研因、范善祥编辑，第三至第六册由顾颉刚、叶绍钧编辑。周予同时任《教育杂志》编辑。吴研因长期从事小学国文、历史等教科书的编辑，并起草了《新学制课程标准纲要小学国语课程纲要》。顾颉刚是整理国故的干将，为胡适当时最得意的弟子。叶绍钧是著名的新文学作家，并长期从事中小学国文教学工作，起草了《新学制课程标准纲要初级中学国语课程纲要》。这是一个引人瞩目的编辑群体。至于为何由周予同、吴研因、范善祥编辑前两册，顾颉刚、叶绍钧编辑后四册，外界曾有过猜测。“我看这套书一共由范善祥、吴研因、周予同、顾颉刚、叶绍钧五位先生合编的，似乎最初由一人主持，酌采其他一二人的意见，便仓促出了第一册书；其后主持者不愿意干了，把自己所选的一点稿子又交给第四人

① 孟宪承：《初中读书教学之研究》，《新教育》第 10 卷第 3 期，1925 年 4 月。

② 何振基：《关于初中国语教科书》，《新教育评论》第 3 卷第 15 期，1927 年 3 月 11 日。

第五人,而第四人第五人接办之初,迫于出版的亟促,不暇改弦更张,便依样葫芦,出了第二册书,又其后才放心做去,各选其心中所爱读的文章,而为第三册第四册第五册,而第六册出版较迟,内容较富,尤可代表续编者的心理,但与最初编辑大意,不知相差几何了。”[①]对于这一猜测,商务印书馆编译所回应说:“其实这正是我们编辑本书的深意所在,斗胆说起来,或者可算是本书的特长,因为初中国语教学之目的,在能下接小学,上接高中;惟其下接小学、所以最初一二册须用编辑小学国语教科书的方法,不能不以对于小学教育有经验的人担任编辑,篇幅取其短,内容取其清浅有趣,亦因此故;惟其上接高中,所以最后一二册对于国故的篇章不能不酌量选入,尤不能不以对于国故有特别兴趣的人担任编辑,加以欧化的文艺在我国现今著作界中,已经自树一帜,也有相当的价值,要使初中学生对于此种文体有欣赏和认识的能力,也就不能摒置不选,我们因为初中国语教科书既有前述的多方面需求,所以本着供求相应之旨,依序插入各种教材;区区之意,正所以便于下接小学上接高中,并养成学生欣赏和认识各种文体的能力,此种办法,亦系慎重讨论后所得结果,特此说明,以供教育界参考。”[②]商务印书馆的这一说法,不仅表明了五位编者分册编辑,正是精心安排的结果,而且揭示了他们对初中国文教科书的编辑方针:以新文学作品为主,酌量选取“国故的篇章”。

《初中国语教科书》共二百五十九课,一百二十三课白话作品除来自商务印书馆《少年丛书》有关世界名人轶事的四篇白话传记和从文言作品翻译而来的九篇白话作品外,其余一百一十篇作品

① 何仲英:《评初中国语教科书》,《时事新报·学灯》1924年5月3日、5月6日。

② 商务印书馆编译所国文部:《答何仲英先生》,《时事新报·学灯》1924年5月14日。

中，议论文十一篇、学术文四篇、小说十一篇、新诗九首、散文十一篇、翻译作品二十二篇、古白话文四十二篇。虽有相当多的作品也选入了《初中国语文读本》《初级国语读本》等教科书中，但《初中国语教科书》中的议论文在同类教科书中是最少的，纯文学作品却是同类教科书中最多的。如果说《国语文类选》偏重新思潮，那么《初中国语教科书》大部分都是新文学作品。而《白话文范》《初中国语文读本》《中学国语文读本》《初级国语读本》四套教科书处在上述两套教科书之间，论说文与新文学作品都占了一定比例。

除在论说文和新文学作品的比例上有差别外，由于教科书编者各自所在社会网络的不同，其所呈现的新思潮和新文学的面貌也不相同。

首先，这些教科书打上了编者所在文化圈的烙印。朱文叔、沈仲九来自浙江一师，沈仲九还是南方新文化界的主要人物。孙俍工在北京高师毕业，在学期间就开始在新派刊物上发表文章，对于北方文化界非常熟悉，而且结识了南方的戴季陶等人，具有南北文化圈的背景。所以《国语文类选》《初中国语文读本》不仅选了很多蔡元培、胡适、李大钊的作品，也选了沈玄庐、戴季陶、刘大白的作品。但沈星一《初级国语读本》和叶绍钧等《初中国语教科书》与此就大不一样了，这两套教科书的编者明显偏袒北方作者群落。《初级国语读本》虽然选了刘大白、沈玄庐、郭沫若等人及来自《建设》《解放与改造》等刊物中的作品，但都包括在《初中国语文读本》里了。仅在《初级国语读本》中出现的作品，大多来自《新青年》作家群和文学研究会作家群活跃的《新青年》《小说月报》《晨报副刊》等刊物，这说明沈星一对《新青年》和文学研究会的刊物比较熟悉，对南方《建设》《解放与改造》《民国日报·觉悟》、创造社刊物则比较陌生。他选南方作家的作品，很可能是照抄《初中国语文读本》的。叶绍钧等《初中国语教科书》中白话文的作者几乎都为北京大学同仁或文学研究会作家群，戴季陶、张东荪、沈玄庐、刘大白等人的作品都没有出现。所以何仲英批评《初中国语教科书》的选文倾向于“一派同志”①。新文化运动中，北京大学影响下的《新青年》《新潮》《小说月报》固然是主力，南方的《解放与改造》《星期评论》《民国日报・觉悟》也起了相当大的作用。后人书写现代文学史时，对于《新青年》作家群和文学研究会作家群往往浓墨重彩，南方的努力却一笔带过甚或根本不提。这跟《初中国语教科书》的选文情况类似。上述几套教科书中，《初中国语教科书》影响最大。后来中学国文教科书选新文学作品，往往不及南方作家，应该跟《初中国语教科书》有关。

其次，这些教科书中的翻译作品以周作人所译最多，对于文学研究会之外其他作家的译品，选得很少。

对于中学国文教科书应不应该选翻译作品，当时曾展开过讨论。何仲英不同意选翻译作品。“西洋中学读本中兼选非本国的名著，为数不多，而且语言文字相同，或是相近，比较地迻译尚能保存原文之美；汉译则较难，他们所选的译著多系前代名人手笔，经久论定；似乎像我国现在人才恐慌的时候，几个初出茅庐暴发户的作家译家，还不配列入教科书，丢国家的脸。”对于这样的观点，叶绍钧回应说：“至于我们采取翻译文的理由：一、外国文学抒写表达的质料和技能往往有与我国异致的，兼收并蓄，意在使学者扩充欣赏的范围；并非以为自国文学的遗传已淘汰到再没有可选的地步了。二、初中作文，包有译文一项。教材中采取翻译文，可为这一项练习的模式。——选编一种书籍，自不能不有所取舍；若要把遗传下来的好文学十分满意地尽行纳入一部书中，事实上是不可能

① 何仲英：《评初中国语教科书》，《时事新报・学灯》1924年5月3日、5月6日。

的。现在我们以自国文学为主;为着上述两个理由,参加一些翻译文学(第三册六篇,第四册七篇,约占全册篇数六分之一),当也是可邀谅解的。”[①]叶绍钧的观点被普遍接受,后来编辑出版的初中国文教科书,除1930年代傅东华的《复兴初中国文》等少数几套外,大都选了翻译作品。

这些教科书中的翻译作品,以周作人所译最多。《初中国语教科书》连同文言在内的三十一篇翻译作品中,周作人就有十三篇。何仲英对此意见很大:“既迷信一二名流的表扬,崇拜周作人的文字,认为翻译正宗,尽可干干脆脆地就叫学生各备一部《域外小说集》,一部《点滴》……课外自由阅读,得益较多;何必鸡零狗碎,东鳞西爪,使他不成片段,散见于各册之中,把这位偶像抬得高高地,在本书里坐第一把交椅呢?”[②]其实,这不是《初中国语教科书》的一家之见。《初中国语文读本》第五、六编所选三十三篇翻译作品中,周作人翻译的就有十篇,而且第五、六编按国别排序的编辑方式,也跟《点滴》的编排方式相同。《初级国语读本》所选十二篇翻译小说中,周作人翻译的就有五篇。这充分说明了周作人的翻译作品在当时中学国文教学中的重要地位。

再次,对于胡适等人有关“古白话文”的界定,及哪些作品属于“古白话文”,教科书编者的看法还不统一。古白话文,即历史上的国语文学,是胡适等人为论证新文学的合法性,建构起来的一种称谓和体系。庄适与沈星一在编辑专选文言文的教科书时,将其作为文言文选了进去,说明这些作品在胡适等人看来是白话,在另一些人看来却是文言。当时的教科书编者对此看法很不一致。《国

① 叶绍钧:《关于〈初中国语教科书〉的陈述》(1924年6月5日发表),《叶圣陶集》(第十六卷),南京:江苏教育出版社,1993年,第9页。

② 何仲英:《评初中国语教科书》,《时事新报·学灯》1924年5月3日、5月6日。

语文类选》《初中国语文读本》《中学国语文读本》就都不选这些作品。《初级国语读本》仅选了语录和小说，对于古人书信和《孔雀东南飞》《木兰诗》等民歌都没有选。《白话文范》则选了民歌、语录、书札和部分明清长篇小说片段。《初中国语教科书》不选语录、书札。在周予同看来，语录不入选的理由是："A. 宋元人的语录虽是白话，但研究是宋元人的白话，和现代稍微不同。在现在国语运动未成熟与南方学生未学好国语之前，是否对于学业成绩和国语统一前途上，不至发生障碍？B. 语录每每是短促的格言式，很少篇章的组织。"[①]《初级国语读本》与《初中国语教科书》都选明清小说，但仅《儒林外史》中王冕一段相同。《初级国语读本》节选了《水浒传》，周予同不同意选，"《水浒》杂了许多宋元时代山东一带的方言"。对于《红楼梦》，周予同也不同意选，"作者的艺术手腕太高，每每引读者化身入大观园，而无暇细细研究它艺术上描写的方法"。[②] 除《木兰诗》等民歌和部分明清长篇小说选段外，《初中国语教科书》还选有绝句、律诗等近体诗和宋元南戏、元明散曲和明传奇。《初中国语教科书》选戏曲作品，黎锦熙觉得很好。他在论述平话小说、小曲、戏剧之后说："现行坊本国语教科书中知道选这路材料的还很少，只有商务馆《新学制国语教科书》第六册选了元睢景臣《汉高祖还乡》中的'套数'一篇"，"'小令'中很多绝唱，竟还没有选的"。"又《新学制国语教科书》第六册，选了明施绍莘《花影集》中的一篇《吟雪》的套数，高明《琵琶记》中《吃糠》的一段，《六十种曲》中《牧羊记》的《望乡》一段，王世贞《鸣凤记》的

① 周予同：《对于普通中学国文课程与教材的建议》，《教育杂志》第14卷第1期，1922年1月20日。

② 同上。

《写本》一段,在坊本中,算较为特别的。"[①]其实《初中国语教科书》的编者之一周予同并不赞成选词曲作品,理由是"词曲有格调声律的限制,不是中学生所能领悟,也似乎不必领悟"[②]。但顾颉刚、叶绍钧并没有考虑他的意见。这说明,胡适等人建构的"白话文学史",虽然影响了中学国文教学,但其内涵还比较模糊,各家对此看法尚不一致。

综上所述,1920 年代不同初中国文教科书呈现新文学和新思潮的侧重点其实并不相同。

第四节 学界对 1920 年代初中国文教科书的批评

上述教材出版后,文言教材受到的批评较少,而白话教材受到的非议较多。这些教科书既不划分单元,也没有指示教学方法。虽给教师在创生"教学内容"上留下了较大空间,但因选文偏重新思潮和新文学,必然导致两种后果。

第一种后果是将国文教学变成铸造思想的场合,以穆济波的教学实践为代表。

穆济波在东南大学附中教授《初中国语文读本》第三编前三单程时,略去了冰心《超人》《烦闷》、成仿吾《一个流浪人的新年》、王统照《我不醉又将如何》《记忆的边缘》、徐玉诺《到何处去》、朱自清《心悸》、郑振铎《空虚之心》、叶绍钧《隔膜》、王星拱《科学的起源和效果》、任鸿隽《科学方法之分析》。除后两文外,这些不被讲授的课文都是抒情气味较浓的新诗和小说。穆济波不仅在教学中

---

① 黎锦熙:《代序》,胡适《国语文学史》,合肥:安徽教育出版社,2006 年第二版,第 12、14 页。

② 周予同:《对于普通中学国文课程与教材的建议》,《教育杂志》第 14 卷第 1 期,1922 年 1 月 20 日。

减少了文学作品的比重，还挤压语法学习时间，“学者治精读书已费‘参考’‘研究’‘讨论’‘批评’各项手续，记录时间已占预计之倍，‘语法’与‘泛览’自无从研习”①。从第三单程起，干脆停止了语法的学习。东大附中本来规定该学期国文教学首要目的在“明了论证之方术而且有论辩的能力”，次要目的在“对现实的人生现实的世界有深厚的同情与责任心，能自己建立完美确定的人生观”，但穆济波在教学过程中主次颠倒了，“以思想的铸造为主，而以技能的练习为辅”。②

穆济波挤压文学作品和语法知识的教学时间，将国文教学变成铸造思想的场合，这源于他独特的国文教学观念：“语文的本身绝不是教育的目的所在”，国文教学“在人生教育上，须使明了人生现实之可贵，及社会的共存，与个人应有之责任”。“在国家教育上，须使明了国民资格之修养，职业的联合，及今日国际的侵略与压迫的危险，起谋自卫。”“在民族教育上，须使明了民族之特有精神，及现世的堕落现象与其补救的方法。”“注意社会现象的观察，奖掖青年能力可能以内的救济。”“注意青年团体的团结，与共同生活应有的知识与修养。”③

这种教学观念不仅应用在白话文教学上，教授文言文时，穆济波也能将学生引向社会问题的探讨。比如他自述教授袁枚《祭妹文》等文的经验，“我却用来作子女婚嫁男女婚姻问题的材料，‘汝生于浙而葬于斯’，又惹起丧葬觅地的问题，归葬问题以及生死问题，这虽然支衍得可笑，也可见我绝不肯放松一步的精神，我总高兴这样玩着，我认为这是我的教学法”。“我同他们读孟子时，总引

① 穆济波：《道尔顿制实验班国文科比较教学的报告——南京东大附中初二级》，《中华教育界》第13卷第9期，1924年3月。

② 同上。

③ 穆济波：《中学国文教学问题》，《中等教育》第2卷第5期，1924年2月1日。

到近代人生问题中来讨论,譬如我问他们在孟子时代你们相信‘不嗜杀者能一天下’这句话不?回答‘相信’,秦始皇何以又统一天下,答‘以力服人能杀人者,但不必即能一天下,以其仍以杀止杀故’,假使现在有一督军不嗜杀人,能一天下否?答‘不能’。何以不能,他们总不能说得充分详尽,这正好发挥古今人群底组织不同,国体不同,人民底思想不同,和二十世纪以后慈善主义之不行,真正的人道,真正的人底世界将来是何种趋向。”①显然,穆济波的国文教学内容是新思潮。

以新思潮为国文教学内容在1920—1924年间特别具有代表性。1923年,河南开封第二中学的国文教员张岸勤将他所选的国文教材分为劳工问题号、人生问题号、战争问题号、婚姻问题号等种类。他认为如此编排教材的优点在于能够“养成学生研究问题的兴味和解决问题的能力”,并且说明了这样做的原因:“我从前对于国文教育上很着重形式的,以为学生能作一篇清通文字无文法上之背谬,只要形式上有点讲究便做得到。至于文艺,也非注重形式之美不可。我从前主张着重形式的,大概就这些理由。然而我近来的主张改变了。近来我觉得非着重学生之思想不可。思想是立乎形式之先的一樁东西,形式不过是发表思想的一种工具。学生有了思想,兴致是蓬勃的,意味是溢发的,再和他讲究怎样把此思想发表出来的工具便事半而功倍。就发表——作文——上面说,要得注重思想。而且国文教育,会作文只是一个目的,最要紧的还是叫学生读书。读书最贵思想联络——由甲思想以引起乙丙丁各种思想而联络之。那么也非着重思想不可。看起来,思想在国文

① 穆济波:《我和我的学生》,《中等教育》第2卷第1期,1923年3月1日。

教育上之关系，毕竟是比形式重要些。”①

以新思潮为指归的国文教学，必然产生如下后果：“新国文教师，又不得不注意思潮，所以好些教师来宣传各种主义，讨论各种问题，教国文只是离开文章来讲演主义讨论问题了。辞句的解释，视为无用；文法章法，也不值得注意；因为这都要被学生讨厌而引起反对的。结果中学生最出风头的，都有主义了。有所谓‘基尔特社会主义’‘马克司主义’‘安其那主义’‘波尔希维克主义’‘世界主义’‘人道主义’等等，在报刊上大出风头了。其次的中学生，也爱讨论问题。有所谓经济问题、劳动问题、妇女问题、贞操问题、遗产问题、亲子关系问题，还有最切身而最受欢迎的恋爱问题、婚姻问题等等，闹得天翻地覆，如雷震耳了。有些教师竟把‘了解人生真义和社会现象’视为中学国文教学的目的。有些教师也不得不去信仰几种主义，找得几个问题，来应付学生的需要了。实际上那时所谓新思潮，人生哲学和社会问题，几乎占了全部的地位；从报纸上抄下来的文章，也多是讨论主义问题的新思潮。还有好些教师，不知白话文如何讲法，倒不如拿些主义问题，可以离开文字，凭空口讲。只要学生欢迎，便是一等教师，一等新教法！”②

而新文学的教学，则可能导致部分学生在作文中带上了浓重的“文艺腔”。

云南教员何振基发现，“学生已经是多熏染报纸文习气，（卖报文图说得爽快，字多钱多，不计文章后来身价）若于读本上不示以严整，越发助他放肆，一下笔便露轻佻，无诚实的气概”。具体来说，作文呈现如下问题：“冗长——记叙文更容易犯。”“满纸堆砌形

① 张岸勤：《一个月国文教材的计划及教学上经过的实况》，《中华教育界》第13卷第12期，1924年6月。

② 阮真：《时代思潮与中学国文教学》，《中华教育界》第22卷第1期，1934年7月。

容语——写景文最易犯,抒情文一部分中亦常见犯。”“拉扯闲语及旁事——抒情文、议论文最易犯。”“漫骂——近来成了学生风气。”“不据事实的说——写景文、议论文多见犯。”“一味减削中国古来的一切事,不加审查。也是成了一种闭着眼打和声的风气了。”

何振基举了一个具体的例子,他有次出作文题为《蜘蛛的网》,有个学生写成:“近来这几天,因为龌龊的环境关系,使我灵敏活动的心思不开展,我健康强壮的身体,也就随着他困倦。好了! 有一天那雪白的粉壁上,直直的挂着一个长方平直的寒暑表,标示出和气温一样的符号,给人家晓得。我就睁着灵活有光的眼子细一看,那光亮亮的水银柱刚升到八十五度。我便乘此温暖慈爱的天气,解散我十几天来的困闷。提一把雪白帆布的靠儿,置在清洁透明一点灰尘不染的玻璃窗下,绵软软的靠着。拿着一本布面洋装一厚册的《水浒传》,在那温暖可爱的太阳,从东方斜射来的光下底下,翻阅沉思。我的心神渗透透了书中的意,迷醉了书中的情。这时候我的又幽静又醒豁的灵魂儿,只有紧紧黏定在这大厚册的书里,不晓得窗外什么的景色了。像这样专心致志的读了一会,我猛然抬起头来,……”

何振基批评说:“你看起初就从形容话上讲了几句,接着怪会扯来墙上寒暑表又形容一阵。自近来这几天……到专心致志的读了一会,那一节不是形容文,那一句不是形容语。说了多少,还没有到题。像这样堆砌,好似五十老妓,脸皮打皱,她拿丝线绷着额角,把香粉搽了又搽,燕脂点了又点。她越发极力苦心的装扮,看他的人越发恶心。所以这些满纸堆着痒肠痒肚的形容词,读他令人发恶心翻胃,我叫他‘老妓傅粉’,不冤枉吧。”何振基将这种现象归结为商务印书馆《初中国语教科书》的影响:“学生读了这两本教科书(指第一二两册),好的他不学,专门传神在这些上,真是太误事了！这便是学生受的影响。”①

何振基观察到的现象具有代表性。沈仲九在 1925 年说：“我曾看见过有这样的学生，小说、诗歌、戏曲即能做得像煞有介事，而写一张通告条子竟写不通，记一段会场的记事都记不清，草一宣言也草不来。那样的文艺自然不会好，但是他还能做，至于记叙文、议论文竟是做都做不出来。这是不可不注意的事呵。”②阮真后来也谈道：“学生的白话文，往往做得洋洋数千言，长的有做到二三万字的，不注意篇章的结构，辞句的修饰了。教师也就没有工夫替他一一修改，只好略略看一遍，让他过去了。实际上那些复杂纠缠的长文，决不能从篇章结构上去修改，正如一堆瓦砾，一束乱麻，从何清理起？”③沈仲九、阮真所说的情况，大概跟何振基所举的例子相似。

自 1924 年起，学界就开始认真反省以新思潮和新文学为内容的初中国文教科书了。

1924 年，孟宪承认为，仲九、俍工《初中国语文读本》代表了“专搜集讨论现代问题的文字”的教科书。“有了这种教材，教法自然随之变更。旧式教学，先生讲，学生听，国文课往往是最枯窘的。新的教材，有的可以讲解，有的可以讨论，有的还可以表演。教师口才好的，往往逞其雄词博辨，来宣传新主义，解决新问题，或则妙语解颐，利用小说故事材料，来破国文教室的沉闷。这是兴趣论在国文教学上已奏的灵效。”但“国文科的训练，本注重思想的形式上，至于思想的内容，是要和各科联络，而受各科供给的。现在专

① 何振基：《关于初中国语教科书》，《新教育评论》第 3 卷第 15 期，1927 年 3 月 11 日。

② 沈仲九：《初中国文教科书问题》，《教育杂志》第 17 卷第 10 期，1925 年 10 月 20 日。

③ 阮真：《时代思潮与中学国文教学》，《中华教育界》第 22 卷第 1 期，1934 年 7 月。

重社会问题的讨论，是否不致反忽了形式上的训练，喧宾夺主，而失却了国文科主要目的，很是一个问题。此外还要注意的，人生思想内容，很复杂而很多方面的，单以这一类的问题为中心，是否不致养成偏见和武断，对十三四岁的儿童宣传社会上政治上种种主义，是否不揠苗助长，阻碍思想自由发展，又是一个问题”。①

一年后，沈仲九自己也有所反思。“有人以为这几年来国语文对于学生的影响，国语文本身还是其次，最重要的是思想问题。因为国语文虽然能载旧思想，但近年的作品却是新思想的居多数。因此，学生思想的转变，得力于国文科很不少；而国文科为有些学校所重视，原因就在于此。而且凡是思想丰富的学生，他虽不注意于国文的法则，而国文往往很畅达，可见内容如果充实，形式是容易的。这样说来，学习国文，究竟注重内容的好。”“以上一说，很有些理由。学生思想须改造，我是很同意的。不过有几事须注意：改造思想，不仅靠国文，如历史科、法制经济科、公民科，只要教科书编得好，教员的见解高，都和改造思想有关系，这是一种。改造思想，并不是国文科唯一目的、主要目的，我们不要以为他就可以尽国文的能事了，这是二种。思想开发的学生，即使做文章，他所做的，往往限于议论文，做叙记文的能力仍旧缺乏，那末，所谓国文的能力可以说还不曾完具，这是三种。至于说只要有内容而自会做文，那不免是一种偏见，上文已经说过了。”②

1925 年，穆济波在东南大学附中的同事陈夔勋也开始反思穆济波式的国文教学：“现在教国文的人，往往离开本题，去和学生讨论社会问题。对于学生读书的方法，作文的技术，反忽略不讲。所

---

① 孟宪承：《初中国文之教学》，《新教育》第 9 卷第 1、2 期合刊，1924 年。

② 沈仲九：《初中国文教科书问题》，《教育杂志》第 17 卷第 10 期，1925 年 10 月 20 日。

以讲读书呢？则学生不晓查字典。讲作文呢？则课卷错字满篇。试问这个国文基础问题，还没有弄好，还能谈到旁的社会问题吗？讨论社会问题，固然于学生思想方面，也有益处。然而以本末先后言。当然要先求文字外形方面清顺，然后再充实他的内容。虽有时为求学生了解文中意义起见，不能不涉及本科以外的问题。但也要有所归宿，不应失却国文教学旨趣。现在有一种学生，看平易的书报还不能领略大意；作文则词不达意，字多错误；偏不从此等短处用功，专爱听国文本身以外什么主义，什么问题。这真是大惑不解！我奉劝现在的中学学生，如果所作的文，还不能达意表情，只好多做一点识字功夫；多研索几篇平易的文章；留心多作几篇自己能力和经验都够得上的文字；这才是自己切身受用的所在哩！”他同时强调：“读书作文，不生困难。这是国文教学唯一的目标。认定这个目标做去，不论教的学的两方面，自然会有好结果。”①

对这几套教科书的批评一直持续到1930年代初。1931年，宋文翰说：“商务的《初中国语教科书》，在教材的选择和编制上都很过得去，所以采用的学校特多。然而编者究竟是凭理想的，所以三年级下期用的第六册，一般教师对之只得割爱，因为它内容广博艰深，较上一册的程度至少要相差一年，决非初三学生所能领会，中华的《初级国语读本》，亦一时曾被各学校采用，而结果，都认为一部分的教材亦太深。”而仲九、佷工的《初中国语文读本》，“一年级的教材，一叠选上《美国的妇人介绍》《桑格尔夫人》《珊格夫人自传》《女子的根本要求》《母》五篇讨论妇女问题的文章。同样，在某一本里又选上《人生的目的何在》《人生真义》《今》和《不朽论》四篇讨论人生问题的文字。像讨论这样大问题的文章，我想当国

① 陈燮勋：《中学生学习国文问题》，《新教育》第10卷第2期，1925年3月。

文教师的谁都会承认那些不可以当初中低年级教材的事实”[①]。

可见,新文化运动催生出来的初中国文教科书,在内容上侧重新思潮和新文学,忽略阅读和写作能力的训练,这固然迎合了部分学生的兴趣,却被批评为导致了学生国文程度的低落。学界对此的反省预示着1930年代的初中国文教科书会有新的内容出现。

① 宋文翰:《一个改良中学国文教科书的意见》,《中华教育界》第19卷第4期,1931年10月。

第三章

1930年代初中国文：思想道德教育、文学教学与文章作法

在1920年代中期学界普遍反省初中国文教科书侧重于新思潮和新文学，而忽略“形式上的训练”之后，接下来新出版的教科书，在内容上是否会有所不同呢？

我们综合《民国时期总书目·中小学教材》和已有研究成果，找到1927—1939年间上海、南京、北平、天津出版的冠以“国文”或“国语”名的初中教科书三十九套，列表如下：

教科书名	出版时间（年）	册数	编者	出版社
新时代国语教科书	1928—1929	6	胡怀琛、陈彬龢、汤彬华	上海：商务印书馆
国语与国文	1928—1929	6	朱文叔	上海：中华书局
初中国文	1929	6	朱剑芒	上海：世界书局
现代初中教科书国语	1930	6	庄适	上海：商务印书馆
初中混合国语	1930—1932	6	赵景深	上海：北新书局
初中北新文选	1931	6	姜亮夫、赵景深	上海：北新书局
初中国文读本	1931	6	北京师大附中	北平：文化学社
初中国文	1931—1932	6	江苏省扬州中学国文分科会议	南京：南京书店
国文评选	1931—1932	3	王灵皋	上海：亚东图书馆
基本国文教科书	1931—1933	6	傅东华、陈望道	上海：商务印书馆
初中国文教本	1932	6	张弓	上海：大东书局
基本教科书国文读本	1932	6	周颐甫	上海：商务印书馆
初中国文教科书	1932	6	孙俍工	上海：神州国光社

续表

教科书名	出版时间(年)	册数	编者	出版社
创造国文读本	1932	6	徐蔚南	上海:世界书局
开明国文读本	1932—1933	6	王伯祥	上海:开明书店
新亚教本初中国文	1932—1933	6	陈椿年	上海:新亚书店
初级中学国文读本	1932—1934	6	张鸿来、卢怀琦	北平:师大附中国文丛刊社
初中国语教科书	1933	6	戴叔清	上海:文艺书局
初中国文教科书	1933	6	马厚文	上海:光华书局
初中国文选本	1933	6	罗根泽、高远公	北平:立达书局
新生活初中国文教科书	1933	6	周祐、黄骏如	上海:大东书局
朱氏初中国文	1933—1934	6	朱剑芒	上海:世界书局
初中国文读本	1933—1934	6	朱文叔	上海:中华书局
复兴初中国文	1933—1935	6	傅东华	上海:商务印书馆
初中国文教科书	1934	6	孙怒潮	上海:中华书局
开明国文讲义	1934	3	夏丏尊、叶圣陶等	上海:开明书店
初中当代国文	1934	6	施蛰存等	上海:中学生书局
初中国文读本	1934	6		北平:崇慈女中
初中国文教科书	1934—1935	6	叶楚伧等	南京:正中书局
实验初中国文读本	1934—1935	6	沈荣龄等	上海:大华书局
初中标准国文	1934—1935	6	江苏省教育厅	上海:中学生书局
国文百八课	1935—1938	6	夏丏尊、叶圣陶	上海:开明书店
初中国文教科书	1935	6	颜友松	上海:大华书局
南开中学初中国文教本	1935	6		天津:南开中学
初中国文读本(增注本)	1935—1936	6	朱文叔、宋文翰	上海:中华书局
初中新国文	1936	6	朱剑芒	上海:世界书局
新编初中国文	1937	6	宋文翰	上海:中华书局
初中国文教本	1937—1939	6	夏丏尊、叶圣陶	上海:开明书店
蒋氏初中新国文	1937—1939	6	蒋伯潜	上海:世界书局

由上表可见,1930 年代最大的教科书出版商商务、中华、世界、开明四家出版社共出了十九套教科书,占当时同类出版物数量的一半左右。这三十九套教科书,都是文言白话混选,文言文数量按年递增,且按是否分单元、课后是否附语法修辞和文学知识的不同,这些教科书又可分为不同的类别。但文体分配和编排方式都不是本书主要关心的问题。本书的宗旨,是究明这些教科书的内容,及其在初中国文教科书发展演变中所处的环节。

按内容的不同,上述教科书可分三类。第一类继承了 1920 年代突出新思潮的编写理念,以思想道德教育为主,但跟 1920 年代相比,其内涵已经有所变化。第二类继承了 1920 年代突出新文学的编写理念,以文学作品为主要内容,但受 1930 年前后时代背景的影响,其具体篇目和所体现的趣味跟 1920 年代教科书中的新文学已经大不相同。第三类教科书在数量上最多,流通最广,它们呼应了 1920 年代中期舆论对国文教科书的批评,以文章作法为主要内容。商务印书馆、中华书局、世界书局、开明书店四大教科书供应商在一番摸索后,都转到了以文章作法为主导的编写轨道上来。但这些教科书主要介绍了文章作法知识,而非实实在在的写作能力训练,所以"形式上的训练"并未落到实处。

第一节 思想道德在 1930 年代初中国文教科书中的地位

1927—1939 年的初中国文教科书中,大东书局《初中国文教本》、正中书局《初中国文》、中学生书局《初中标准国文》、大华书局《实验初中国文读本》和新亚书店《新亚教本初中国文》[1]都以思想道德为主要内容。

《新亚教本初中国文》编者“确认国文教学的目的在训练思想，养成对于实生活上种种问题的批判及正确表达的技能”[2]，“用社会化方法，全以问题或中心思想为单位”[3]，“合若干组成一册，一册也有它的中心”[4]。其中心分别为：“实生活的体认”（一册）、“生活态度的训练”（二册）、“问题的检讨”（三、四册）、“社会的批判”（五册）、“文化的批判”（六册）。张弓《初中国文教本》“以培养初级中学生‘敬己’‘爱群’‘创造’（即广义的艺术的革命的精神）的态度为中心”。“初一年级：于事实中暗示敬己，爱群，革新的种种意味。初二年级：分明提述‘自我’‘家庭’‘社会’等等问题，并略示具体解决方法。初三年级：指示‘文化运动’‘思想陶冶’‘书籍涵咏’‘文学味识’‘艺术鉴赏’等等的‘真义’及‘要法’。”[5]《实验初中国文读本》选材“以青年心理为本位，社会环境为对象”，并“将教材多方组织，联络一贯，使学生习得适应时代及改造社会之需求，更注意于民族复兴之训练，以完成国文教学之新使命”。[6] 正

---

① 大东书局《初中国文教本》1932 年初版，张弓编，蔡元培、江恒源校订。正中书局《初中国文》1934—1935 年初版，叶楚伧主编，汪懋祖编校，孟宪承审校，实际负责编辑工作的是周侯于、沈荣龄、汪定奕、张圣瑜、许梦因。许梦因生平不详，其他四人为苏州中学国文教师，也是《实验初中国文读本》的编者。《初中标准国文》按江苏省教育厅国文教学进度表编，王德林、向绍轩、李达九、徐声越、张煦侯、洪北平、吴得一注释，中学生书局 1934—1935 年初版。《实验初中国文读本》，江苏省立苏州中学初中部国文教学研究会沈荣龄、汪定弈、周侯于、张圣瑜、诸祖耿、刘壬林编选，汪懋祖、吴元涤、张绳祖、沈维钧、胡焕庸、沈润洲、戴增元、金立初审校，大华书局 1934—1935 年出版，世界书局发行。新亚书店《新亚教本初中国文》1932—1933 年出版，陈椿年编，陈彬龢校，计划编辑六册，我们只找到了前三册。

② 《致教者》，《新亚教本初中国文》（第一册），上海：新亚书店，1932 年。

③ 王恩华：《国难后中等学校国文选本书目提要》，《师大月刊·卅二周年纪念专号》，1934 年 12 月 17 日。

④ 《致教者》，《新亚教本初中国文》（第一册），上海：新亚书店，1932 年。

⑤ 《编辑条例》，张弓《初中国文教本》（第一册），上海：大东书局，1933 年第十一版。

⑥ 《编辑大纲》，《实验初中国文读本》（第一册），上海：大华书局，1934 年。

中书局《初中国文》三学年的教学目的分别为:“参照学生生活之经验,供实际的体会”;“引申青年既有之思想,求较深的了解”;“阐发生活理想之涵义,作系统的整理”。[①]《初中标准国文》大部分选文后有“题解”,从“题解”的指向性来看,其内容跟上述四套教科书近似。

尽管各家表述不同,或为“实生活上种种问题的批判”,或为“广义的艺术的革命的精神”的发扬,但还是可以归纳出三种相似的内容:引导学生处理群己关系,进行道德教育;培养习惯,陶冶身心,进行美的教育;指导学生认识现实,进行智力教育。因编者不同,这些内容的具体展开也不一样。

家庭关系是群己关系的重要部分。除《新亚教本初中国文》外,其余四套教科书都试图指导学生如何处理家庭关系。张弓《初中国文教本》分十五组教学,第一组“常态的生活”包括十五篇作品,“展示家庭学校的平常生活,启发学生对于家庭学校应有的纯爱情绪为总旨”。一方面“披露父母抚护训导儿女的欢乐境或艰苦状,以表阐春晖般的慈爱,和大海样的爱力;一面对照着,揭出儿女们对父母的天真烂漫的爱慕的影像或是悱恻缠绵的心情的写真,以发挥‘纯孝的情绪’”。另一方面“披开弟对兄,兄对弟的别后重逢的痛快生活,以显出怡怡的友爱的情趣”。[②] 在第七组“美与爱的认识”中,“引《母》与《游子吟》,以作母亲‘爱子之心无所不至’一片纯笃之爱的例子”[③]。《实验初中国文读本》第一册第二组、第二册第三组共选十二篇作品,均题为“家庭之爱”。正中书局《初中国

① 《编辑大意》,《初中国文》(第一册),南京:正中书局,1934 年。

② 《第一组〈常态的生活〉组序》,张弓《初中国文教本》(第一册),上海:大东书局,1933 年第十一版。

③ 《第七组〈美与爱的认识〉组序》,张弓《初中国文教本》(第二册),上海:大东书局,1933 年第五版。

文》第一、二册各分四单元，各有一单元题为“亲爱精诚”，“凡叙述亲族朋友之爱，及阐发济物利群之精神者属之”①。第五册题为“人伦与社交”的第一单元也有很多作品内容涉及“家庭关系”。《初中标准国文》不分单元，但很多集中在一起的作品也讨论“家庭关系”。这四套教科书用来引导学生如何处理家庭关系的范文大都相同：四套教科书都选叶绍钧《母》《小蚬的回家》；有三套选朱自清《背影》、黄宗羲《万里寻兄记》、蒋衡《鞭虎救弟记》、王拯《媭碪课诵图序》、白居易《燕诗》《慈乌夜啼》、陆陇其《崇明老人记》；有两套选包公毅《扫墓》、叶绍钧《伊和他》、汪兆铭《秋庭晨课图跋》、陈东原《板桥至性》、宋濂《猿说》、韩愈《祭十二郎文》。这些以母子关系、父子关系、兄弟关系、姐弟关系等“家庭关系”为内容的作品，彰显着孝慈友悌等传统伦理道德。

个人与民族国家的关系是群己关系的另一重要部分。除张弓《初中国文读本》外，其他四套教科书都将其作为重要内容。《新亚教本初中国文》题为“民族解放”的单元设计如下讨论题目：“（一）帝国主义的侵略：(1)政治的，(2)经济的，(3)文化的。（二）民族的出路：(1)取消不平等条约，(2)改革现社会经济组织。”②《实验初中国文读本》第一册第五组、第二册第六组均题为“民族精神”，目的是“培养国家观念”③。正中书局《初中国文》前两册，均设“民族意识”单元，第三、四册，均设“民族德性”单元，各占该册四分之一篇幅。《初中标准国文》也选了些民族英雄的传记及反映民族战争的文学作品：来自中国古代的有《晋书》中祖逖的传记，《宋史》

① 《编选说明》，《初中国文》（第二册），南京：正中书局，1935年。

② 陈椿年：《新亚教本初中国文》（第三册），新亚书店，1933年。引文中的标点符号为编者所加。

③ 《第一册编选说明》，沈荣龄等《实验初中国文读本》（第一册），上海：大华书局，1934年。

中岳飞、文天祥的传记及岳飞《满江红》《五岳祠盟记》，文天祥《正气歌》《指南录后序》等文学作品；来自近代的有黄遵宪《台湾行》《哭威海》、罗淳曧《中日兵事本末》中有关甲午战争的段落；部分作品属文化界对五卅惨案的反应，像蔡元培《五卅烈士墓碑》、叶绍钧《五月卅一日急雨中》、郑振铎《街血洗去之后》《止水的下层》、俞平伯《雪耻与御辱》、杨振声《济南城上》等。《实验初中国文读本》选了生活书店《人物述评》中心水的《现代中国的模范军人》《悼殉国壮士李润青》《悼中国名将梁忠甲》三篇作品，前两篇写李润青，后一篇写梁忠甲，均歌颂 1929—1930 年间中苏冲突中表现突出的东北军将领。除中国历史上有关"民族意识"的传记和作品外，一些翻译作品也承担着培养"民族意识"的功能。胡适翻译的写普法战争中法国人民爱国情怀的《二渔夫》与《最后一课》都被三套教科书选入。《初中标准国文》在《最后一课》的题解中说："本篇译自法人名著，写师生于亡国时紧张之状，而难在大祸将临之际，仍是教学不辍，尤其于祖国语言文字，敬守不忘。"①

除群己关系外，这些教科书还设计"学业修养""冒险精神"、艺术美和自然美等单元。

正中书局《初中国文》前四册各有一单元为"学业修养"，第五册第二单元为"学修与劳作"，都是"关于学问及人格之修养"②的。五个单元共选五十三篇作品。其中以梁启超的作品最多，包括《为学与做人》《敬业与乐业》《最苦与最乐》《学问的趣味》《毅力》《纳尔逊轶事》《科学精神》七篇，大都是他晚年的演讲。蔡元培三篇，分别为《我的新生活观》《自由与放纵》《有恒与保守》，都来自《蔡孑民先生言行录》。朱光潜三篇，分别为《谈读书》《谈作文》《谈

---

① 《初中标准国文》（第一册），上海：中学生书局，1934 年。

② 《编选说明》，《初中国文》（第一册），南京：正中书局，1935 年第三十三版。

动》,都来自《给青年的十二封信》。其他作品按性质分,有教人向学的,如因公《孙中山先生好学的精神》、彭端淑《为学》、顾炎武《与友人论学书》、宗白华《学者的态度与精神》;有教人立志的,如岭梅《志气》、高一涵《立志》、张尔岐《辨志》;有教人读书方法和体会读书乐趣的,如胡适《读书》、朱熹《读书法》、翁森《四时读书乐》。正中书局《初中国文》的选文具有代表性。其他四套教科书都选有《最苦与最乐》与《谈读书》。张弓《初中国文教本》选《最苦与最乐》是为了"激励学人,当本着单纯不杂的心灵,持着沉默有恒的态度,捉住现时,创造伟业,永远以吃苦为产生大能力的源泉,藉吃苦以换得大幸福的契券。时时自吃苦,时时自求福"①。此外,有三套也选了《学问的趣味》《敬业与乐业》《我的新生活观》《为学》《习惯说》《享福与吃苦》;两套选了《为学与做人》《谈作文》《谈动》。

正中书局《初中国文》侧重"学业修养",其他四套教科书或侧重自由平等精神,或侧重冒险精神,或侧重创造发明,或侧重自我表现。《新亚教本初中国文》侧重"自由""平等""真理"的意识和"义勇"精神的培养。第二册的四个单元分别题为"自由""平等""真理""义勇",每单元选四至六篇作品,并设计问题讨论对这些概念的理解、各自的意义和实现的途径。《实验初中国文读本》第二册第八单元为"冒险精神","选奇险动人之记事,凡空中、陆地以及山陵、海洋中冒险之事迹,无不包罗"②。所选作品包括《水浒传》中的《景阳冈》、《镜花缘》中的《蓬莱岛》、孙毓修《勇敢的纳尔逊》。《勇敢的纳尔逊》还被张弓《初中国文教本》和《初中标准国文》选入。《初中标准国文》的题解是"本篇记述纳尔逊之勇敢精

① 张弓:《初中国文教本》(第二册),上海:大东书局,1933 年。

② 《第一册编选说明》,《实验初中国文读本》(第一册)。

神，少年人当以此自励”[1]。该文在张弓《初中国文教本》中属“变局的应付”单元，这单元共选十四篇作品，多为中国古代有关奇人异事的短文，“以展示处变局下，营救他人之勇气气概，暗指处变局下实现真爱之正大衢路为总旨”，目的乃“望学人感会全组总义，而自然的培养活跃的智力，训练重要技术，以备遭逢变局实现真爱之需，免致临变仓皇，空有对人爱莫能助之慨”。[2]《实验初中国文读本》第三册第八单元为“创造发明”，选《发明药沫灭火机的薛震祥君》《创制中国电风扇的杨济川君》《创制味精的吴蕴初君》《一个自己做成的人物》《照耀世界的五十周年纪念》等作品。张弓《初中国文教本》除设计“变局的应付”单元外，还设计“琐屑的观察、细小的审慎、平凡里的伟大的认识”单元，“冀望学人研读各文后，能用深细的观察法观察事象，和世态人情，藉便根据这来批判四围的环境，锻炼一己的生力”[3]。设计“实地的蹈履”单元，“激励学人，当本着单纯不杂的心灵，持着沉默有恒的态度，捉住现时，创造伟业，永远以吃苦为产生大能力的源泉，藉吃苦以换得大幸福的契券。时时自吃苦，时时自求福”[4]。设计“自我表现”单元，“以明晓‘自我表现’的真实意义，培育‘自我表现’的真实态度为教学总旨”[5]。

除“学业修养”“冒险精神”外，这些教科书还注重引导学生欣赏自然和艺术美。

《实验初中国文读本》第一册有两个单元分别为“自然享受”与“艺术欣赏”，第二册有一个单元为“自然享受”。正中书局《初中

---

① 《初中标准国文》（第一册），上海：中学生书局，1934 年。

② 《第二组〈变局的应付〉组序》，张弓《初中国文教本》（第二册）。

③ 《第四组〈琐屑的观察、细小的审慎、平凡里的伟大的认识〉组序》，同上书。

④ 《第六组〈实地的蹈履〉组序》，上海：大东书局，1933 年第 5 版。

⑤ 《第八组〈自我表现〉组序》，张弓《初中国文教本》（第三册）。

国文》第一、二册设“身心陶冶”单元,“关于欣赏,健体,娱乐均属之”[①],第三、四册设“休闲生活”单元,第五册设“游赏与美感”单元,各占全书篇幅的四分之一;第六册设“文艺与人生”单元,占全书篇幅的三分之一。张弓《初中国文教本》第五组“善境的设想”,以“暗引学人‘构设美善的理想境界’,发挥特殊的个人风韵”[②]为总旨。第七组“爱与美的认识”,“以鉴赏一切真美的现象,感应人间纯爱的伟力,从而扩大自家纯爱纯美的精神为教学总旨”[③]。第十三组“文学品鉴”,“以说明文学本质和体裁,并指示品鉴和创作的方法,及观察新文学的趋向为总旨”[④]。第十四组“艺术鉴赏”,“以展陈各种艺术的境界与精神,暗示鉴赏各种艺术的方法为总旨”[⑤]。第十五组“书籍涵咏”,“以展示读书纯正态度,指示读书紧要方法为总旨”[⑥]。《初中标准国文》虽然没有明确设置这样的单元,但也选入了大量同类文章。只有《新亚教本初中国文》这方面的意识较为淡薄。

在引导学生欣赏自然美和艺术品的教材中,作为总论常被选入的,是梁启超《美术与生活》、蔡元培《美术与科学》《以美育代宗教说》等文。“自然美”的范文大都为历代游记与写景状物的小品文。像《老残游记》中的《桃花山》《黄河上打冰》《大明湖》《大鼓》《济南的四大名泉》、徐蔚南《山阴道上》《快阁底紫藤花》《初夏的庭

① 《编选说明》,《初中国文》(第一册)。
② 《第五组〈善境的设想〉组序》,张弓《初中国文教本》(第二册)。
③ 《第七组〈爱与美的认识〉组序》,张弓《初中国文教本》(第三册)。
④ 《第十三组〈文学品鉴〉组序》,张弓《初中国文教本》(第六册),1933年2月再版。
⑤ 《第十四组〈艺术鉴赏〉组序》,同上书。
⑥ 《第十五组〈书籍涵咏〉组序》,同上书。

院》、王世颖《虎门》《如此湖山》[①]、苏雪林《扁豆》《秃的梧桐》、朱自清《荷塘月色》《秋》《绿》等作品都是常选篇目。作为欣赏"艺术品"的范文，入选频率较高的有宋起凤《核工记》、魏学洢《核舟记》、林嗣环《口技》、黄淳耀《李龙眠画罗汉记》及蔡元培《雕刻》《图画》《建筑》《装饰》等作品。一些关于文学的论文，如周作人《人的文学》、胡适《什么叫做短篇小说》、叶绍钧《诗的泉源》，则被用来引导学生如何鉴赏和创造文学作品。

这五套教科书在什么是学生最需要关注的社会、政治问题方面差别较大。《初中标准国文》几乎没有设计这方面的内容。正中书局《初中国文》只设置了"社会与政治""国家和正义"两个单元。[②]其他三套教科书民间色彩较浓。张弓《初中国文教本》第四、五册都以引导学生分析社会现象为目的。第四册分两组，"妇女解放"组"以看清妇女解放对于人类社会文化的重大关系，认明妇女解放之职业、教育、道德的三条大路为教学总旨"[③]。"家庭改善"组"以深明改善家庭是改造社会之基础，认知改善家庭的组织和生活的出发点为教学总旨"[④]。第五册也分两组，"社会建设"组"以考察个人与社会的关系，及对社会应负的责任。并探求建设新美社会的基础及其原动力之所在而巩固之，陪护之，为教学总旨"[⑤]。"文

---

① 王世颖和徐蔚南的作品均来自他们合著的散文集《龙山梦痕》，开明书店 1926 年 10 月出版，1930 年代很多初中国文教科书从中选文，《初中当代国文》将其列入初一阅读书目。

② 前一单元选十五篇作品，现代人所作六篇，其中，孙中山三篇，陈布雷、梁启超、叔琴各一篇。后一单元选十二篇作品，现代人所作三篇，其中两篇为国民党中央政府宣言，一篇为国民党高级将领邵元冲所作。可见，正中书局《初中国文》多以政府的意见来指导学生认识社会问题。

③ 《第九组〈妇女解放〉组序》，张弓《初中国文教本》（第四册），上海：大东书局，1933 年第四版。

④ 《第十组〈家庭改善〉组序》，同上书。

⑤ 《第十一组〈社会建设〉组序》，张弓《初中国文教本》（第五册），上海：大东书局，1933 年第四版。

化运动”组“以‘阐明文化的本质与真义’及‘指示文化运动的正轨’为教学总旨”①。《新亚教本初中国文》第一、三册都以引导学生认识各种社会现象为目的。第一册为“实生活的体认”，分三组，分别为“经济方面”“社会方面”“政治方面”，每组选文十篇，单元后讨论经济生活、经济制度、生产与分配、家庭组织、财产继承、妇女地位、儿童教育、人口贩卖、童养媳与童工、贞操、压迫的系统、租税制度、官僚政治、内战与兵役等问题。第三册除“民族解放”单元外，还有“劳工”“劳农”与“战争”等单元，每组选文六至八篇，讨论问题包括农工的苦痛与出路，战争的原因与实现和平的途径等。《实验初中国文读本》第一册第四组为“社会环境”，选文七篇，第二册第五组为“社会问题”，选文六篇，各占该册八分之一的篇幅。第五册以“社会问题”为内容，“共分四组：第一组生活问题；第二组职业问题；第三组制度问题；第四组特殊问题。生活问题分衣食、居住、行旅三类；职业问题分耕作、商贾、仕宦三类；制度问题分赡养、丧葬、婚嫁三类；特殊问题分妇女、劳动、战争三类；共十二类”。“十二类中，每类选文三篇，代表近代、中古、古代三时期。”“可以窥见各时期关于各问题之实况及其见解，以为眼前解决本问题之助。”②这三套教科书中，作为编者引导学生认识社会问题的材料，主要是小说、诗歌等文学作品和杂感。比如，郑振铎《苦鸭子》被作为社会问题的范文讨论，《孔雀东南飞》被作为妇女问题的范文讨论，安徒生《卖火柴的女儿》被作为探讨社会环境的材料，左拉《失业》被作为探讨劳工问题的材料，李华《吊古战场文》被作为战争问题的讨论材料，《吕氏春秋》中的《去私》被作为社会建设问题的讨论材料。

---

① 《第十二组〈文化运动〉组序》，张弓《初中国文教本》（第五册）。

② 《第五册编选说明》，《实验初中国文读本》（第五册），上海：大华书局，1935 年。

以思想道德为教科书的主导内容,是对 1920 年代以中学国文教科书传播新思潮这一观念的延续。1920 年代教科书中的新思潮带上了鲜明的五四时代色彩。这五套教科书对此有所继承,而跟 1930 年代的激进思潮保持了一定距离。像劳工、劳农问题,社会不平等问题,其实也是左翼关注的问题。而这些教科书所选作品或来自 1920 年代初期的报纸杂志,或来源于传统典籍[①],没有触及农民所面临的最新问题和当时进步力量关于农民问题的最新思考。但随着时代的不同,上述教科书所讨论的问题跟 1920 年代中学国文的新思潮又很不一样,比如对孝慈友悌等传统伦理道德的彰显、对民族意识的培养,就都不是 1920 年代的初中国文教科书所能涵盖的了。

张弓《初中国文教本》1932 年 6 月被教育部审定,并多次再版,第一册至 1933 年 5 月已再版十一次,黎锦熙评为:"此书排列教材,以内容实质为主,于进度及联络上似均特别分明","亦颇新颖"。[②] 正中书局《初中国文》第一册至 1935 年 8 月已出到三十三版,修正后于 1935 年 12 月被教育部审定,苏州中学初二、初三年级 1935 年曾用它做教材。《初中标准国文》出版后,淮安中学、常州中学、扬州中学、苏州中学初一年级 1935 年曾采用它为课本。这些教科书所代表的国文教学倾向,在各地中学广泛流行着。1930 年左右,北平艺文中学的初中国语,第一学年"以'青年生活'为中心问题",第二学年"以'现代社会'为中心问题",第三学年

① 比如《新亚教本初中国文》第三册第二组讨论劳农,选八篇作品,除《观刈麦》《苦旱行》《除庄长说》三篇古代作品外,刘大白《渴杀苦》、玄庐《十五娘》《李成虎小传》《衙前农民协会宣言》和徐玉诺《到何处去》五篇都创作于五四时期。

② 黎锦熙:《二十年来中等学校国文选本书目提要》,《师大月刊》1933 年第 2 期。

“以‘文学研究’为中心问题”。[①] 1935 年,宁波效实中学有位方余甫老师,上国文课时“很少讲解课文,一般总是在课文中引出一个话题,然后七扯八扯,扯到社会中的实际问题上去”[②]。这都是以思想道德为中学国文的教学内容。

第二节 编者的文学趣味对教科书内容的影响

1931 年,程其保观察到,“中学校的一种普遍趋势,就是过于趋重文学的教学而忽视国语的教学”[③]。当时出版的特别重视文学教学的初中国文教科书以王灵皋《国文评选》,傅东华、陈望道《基本教科书初中国文》,徐蔚南《创造国文读本》为代表。

徐蔚南[④]认为,1929 年《初级中学国文暂行课程标准》所拟定的三条目标中,第三条“养成阅读书报的习惯和欣赏文艺的兴趣”最难实现,“专载社会秽闻的朝报,不用训练,学生看得津津有味;见神见鬼的小说,不用诱导,学生百读不厌。如果说要对于正正当当报告世界政治、经济、科学等新闻的报纸,养成阅读的习惯,那就为难了,要对于要仔细深味的文艺作品,养成欣赏的兴趣,那就为难了。因为愈是高级的书报,愈是严肃,愈是不肯迁就人,那就是愈难养成阅读的习惯;愈是优良的文艺,愈是高洁,愈是澹远,那就

---

① 《艺文中学初中国语课程大纲》,《道尔顿制实施概况》,北平:艺文中学校,1933 年。

② 徐开垒:《在我起步的时候》,《我们怎样学语文》,北京:作家出版社,2001 年。

③ 程其保:《初级中学课程标准之讨论》,《教育杂志》第 23 卷第 9 期,1931 年 9 月 20 日。

④ 徐蔚南(1900—1952),江苏人。早年留学日本,归国后在绍兴浙江省立第五中学、复旦大学实验中学任教,文学研究会会员。1924 年由柳亚子介绍加入新南社。1927 年,与傅彦长、朱应鹏等编辑《艺术界》。同年,在世界书局出版《党化教育》。1928 年入世界书局任编辑,主编《ABC》丛书。由于他担任过中学国文教员,是活跃的散文家,跟当局靠得近,所以世界书局请他编辑初中国文教科书。

是愈难养成欣赏的兴趣"[1]。对此,徐蔚南的解决方案有二:一是"除选文外,复插入多数字画照片,或为作者之小像,或为作者之签名墨迹,或为与文中有关系之艺术作品,务使本书具有跃入的生命,不仅成为教师当教,学生当读之书,且复成为教员爱教,学生爱读之书";二是选文要适当,他"考察国民革命成功后所出之初中国文教科书","觉得教材的选材,还不免因袭旧书",所谓"旧书",指1920年代出版的《初中国语文读本》《初中国语教科书》《初级国语读本》等教科书。徐蔚南认为这些教科书不符合"国文教育的目标以及学生的心理和程度"[2],决定编辑《创造国文读本》。对于第一点,属技术问题,暂不讨论。本书仅就《创造国文读本》的选文略微展开,考察其不因袭"旧书"之处及特点。

《创造国文读本》选材"重文艺,多小品"[3],所选二百四十二篇作品中,明清小品文较多,且多来自《陶庵梦忆》《笠翁偶集》《长物志》。熟悉当时文坛情况的读者当能明白,《创造国文读本》的选文倾向跟周作人一派的文学趣味近似。

《创造国文读本》选《陶庵梦忆》最多,计十六篇。《陶庵梦忆》为周作人及其弟子所激赏。1926年,俞平伯重刊《陶庵梦忆》时说:"作者家亡国破,披发入山,'遥思往事,忆即书之,持向佛前,一一忏悔',作书本旨如是而已。而今观之,奇姿壮采,于字里行间俯拾即是,华秾物态,每'练熟还生以涩勒出之',画匠文心两兼之矣。"又称"此书校读得燕大沈君启无之助,更得启明师为作序,两君皆好读《梦忆》者"。[4] 周作人为俞平伯重刊《陶庵梦忆》的序中

① 徐蔚南:《关于初中创造国文读本》,《创造国文读本》(第一册),上海:世界书局,1932年。

② 同上。

③ 黎锦熙:《二十年来中等学校国文选本书目提要》,《师大月刊》1933年第2期。

④ 俞平伯:《重刊陶庵梦忆跋》,《杂拌儿》,上海:开明书店,1928年。

说:“我们读明清有些名士派的文章,觉得与现代文的情趣几乎一致,思想上固然难免有若干距离,但如明人所表示的对于礼法的反动则又有很现代的气息了。张宗子是大家子弟,《明遗民传》称其‘衣冠揖让,绰有旧人风轨’,不是要讨人家欢喜的山人,他的洒脱的文章大抵出于性情的流露,读去不会令人生厌。《梦忆》可以说是他文集的选本,除了那些故意用的怪文句,我觉得有几篇真写得不坏,倘若我自己能够写得出一两篇,那就十分满足了。但这是歆羡不来,学不来的。”①评价极高。《创造国文读本》1932 年 10 月出版第三册,1933 年 2 月出版第四册。其间,沈启无编选的《近代散文钞》于 1932 年 12 月由北平人文书店出版。《近代散文钞》分上下两卷,下卷选张岱作品二十八篇,比周作人极推崇的袁中郎还多四篇,数量位于全书十七位作家之首。《创造国文读本》和《近代散文钞》都将张岱放在首位,体现了两位编者在文学趣味上的近似。《近代散文钞》选李渔作品五篇,《创造国文读本》选李渔作品六篇,其中《竹》《柳》为两书都选的篇目。此外,《创造国文读本》第六册选廖燕《小品自序》。据我所知,此文入选 1912—1949 年中学国文教科书仅此一次,但它也被选入了先此出版的《近代散文钞》。在《陶庵梦忆序》中,周作人谈到他 1897 年初读《陶庵梦忆》时,《长物志》也是他“所喜欢的书”。《长物志》为明末文人文震亨所作,有学者认为它是“晚明文房清居生活方式的完整总结,集中体现了那个时代士大夫的审美趣味,堪称晚明士大夫生活的‘百科全书’”②。就我所见,当时的中学国文教科书中仅《创造国文读本》选《长物志》之文,且多达五篇。

仅就《创造国文读本》选张岱、李渔、文震亨、廖燕之文,就可看

---

① 周作人:《陶庵梦忆序》,《泽泻集》,石家庄:河北教育出版社,2002 年。

② 张燕:《〈长物志〉的审美思想及其成因》,《文艺研究》1998 年第 6 期。

出徐蔚南跟周作人一派文人趣味的近似。不仅如此,《创造国文读本》还选入了十一篇周作人的作品。二三十年代的初中国文教科书一般都会大量选入周作人的作品。这些作品主要有两个来源,一是收入《域外小说集》《点滴》《现代小说译丛》《空大鼓》中的翻译作品,二是《小河》《山居杂诗》《西山小品》等写于五四时期,后来收入《过去的生命》中的诗歌和小品文。但《创造国文读本》与此不同,除译作《一滴的牛乳》来自《新青年》外,其余十篇,都来自《雨天的书》《看云集》《泽泻集》《自己的园地》四个集子,却并非这些集子中如《碰伤》一类"凛冽"的杂文,而是《故乡的野菜》《北京的茶事》《苦雨》等"平淡自然"[①]的小品文。

除选周作人十一篇作品外,徐蔚南还从《旧梦》《旧诗新话》及《当代诗文》中选刘大白诗文十一篇。1932年2月,刘大白去世,3月,他的挚友徐蔚南将其书信编订成《白屋书信》,5月由大夏书店出版,其间,《创造国文读本》第一册于1932年4月出版。在《白屋书信》弁言中,徐蔚南说,在"一·二八"战火造成的"神经极度紧张里,大白凄凉之死,却总也一刻不能忘记,几次提笔想写一点纪念大白的文字,却总是写不完成"[②]。这不能忘却的"大白凄凉之死",影响了正在编选《创造国文读本》的徐蔚南。翻开《创造国文读本》,每隔十多篇课文,总能看见刘大白的诗歌和诗话,这从一个侧面体现了徐蔚南作为文人的"真性情",也是他的文学趣味在《创造国文读本》中的印迹。

值得注意的是,《创造国文读本》对鲁迅、郭沫若、茅盾等左翼作家的作品都没有选入。尽管郭沫若、茅盾的作品很少进入当时的教科书中,但不选鲁迅作品的教科书却非常罕见。《创造国文读

---

① 周作人:《自序二》,《雨天的书》,石家庄:河北教育出版社,2002年。

② 徐蔚南:《弁言》,《白屋书信》,上海:大夏书店,1932年。

本》出版前几个月，鲁迅曾点名批评徐蔚南：在日本占领东三省后，“然而终于‘上海文艺界大团结’了。《草野》（六卷七号）上记着盛况道：‘上海文艺界同人，平时很少联络，在严重时期，除各个参加其他团体的工作外，复由谢六逸，朱应鹏，徐蔚南三人发起，……集会讨论。在十月六日下午三点钟，已陆续到了东亚食堂，……略进茶点，即开始讨论，颇多发挥，……最后定名为上海文艺界救国会’云”[①]。被鲁迅嘲讽为“沉滓”的徐蔚南，在《创造国文读本》中不选鲁迅作品，而对于鲁迅批评过的黄震遐[②]，却选了他的《一二八之夜》《蓝衣的弟兄们》两文。

从《创造国文读本》对晚明小品、周作人散文、刘大白诗文和鲁迅作品的不同处理来看，在徐蔚南这里，编辑国文教科书成为展示自己立场和趣味的机会。他试图通过《创造国文读本》，抹杀以鲁迅为领导的左翼文学，引导学生亲近周作人一派的文学趣味。这正是他不“因袭旧书”的目的所在。这样的内容在当时具有一定的代表性。1931 年，有人批评说，“现代中学文学的教学，大都有倾向休闲目标而忽略社会目标的趋势”[③]，指的大概就是《创造国文读本》这种倾向。

在《创造国文读本》出版的同时，陈独秀的亲密追随者高语罕[④]

---

① 鲁迅：《沉滓的泛起》，《鲁迅全集》（第四卷），北京：人民文学出版社，2005 年，第 332 页。

② 鲁迅：《“民族主义文学”的任务和命运》，同上书，第 321—323 页。

③ 程其保：《初级中学课程标准之讨论》，《教育杂志》第 23 卷第 9 期，1931 年 9 月 20 日。

④ 高语罕，1888 年出生，新文化运动的积极参与者，早期中共党员，陈独秀的忠实追随者。1916—1923 年，在安徽省立第五中学等校担任教师，编辑《白话书信》《语体文作法》等国文教材。1929 年，与陈独秀等人一起被开除党籍，此后，陪陈独秀闲居上海，《国文评选》三册即在此期间所选。1932 年，陈独秀被捕，高语罕逃往香港。

也以王灵皋的笔名编出了初中适用的《国文评选》[①],由亚东书局出版。高语罕虽与徐蔚南的立场截然不同,却跟徐蔚南的做法近似,也试图将自己的立场注入其所编的初中国文教科书中。

《国文评选》四十五篇课文,多为文学作品。[②] 高语罕认为,国文教学的主要目的是文学作品的阅读、欣赏和写作,“国文教师的责任,不仅在于给青年学生解字释句,若果如此,那学生只要每人买一部字典与辞源就够了,何必要教师来做这种机械的解释,费时失业;也不仅在于教学生读几篇文章,做几篇策论式的课题,是在于引起青年研究文学的兴趣,启发他们文学的天才,指导他们研究文学的门径并借着做文以观察青年的实际生活的活动,使他们叙述他们实际生活的活动,养成他们思辨,批评,分析,综合的能力”[③]。而养成这一能力的关键在于培养综合联系的观点、动态的观点和明确的立场。

关于动态的观点和综合联系的观点,在高语罕看来,是将现象放在其所处的时代,放在政治、经济、社会的各种关系和发展中综合考虑。对于综合联系的观点,高语罕认为:“一个国文教员必须有充分的自然科学与社会科学常识。譬如我们讲到《狗约》一篇,就要把基督教在欧洲中世纪的黑暗历史中的作用及与在近代资本

---

① 《国文评选》共三册,第一册1931年8月出版,第二、三册1932年1月出版。《国文评选》出版后,高语罕选取其中十七篇课文,编为《文章及其作法》,1933年2月由光华书局出版。1935年10月,《文章及其作法》更名为《文章评选》由光华书局出版。这两书课后“结构”和“批评”部分抄录了《国文评选》中的相关内容。

② 第一册选文二十三篇,第二、三册各选文十一篇,共四十五篇,可分为明清小说戏曲、近人创作和翻译作品三类。其中近人创作十六篇,明清小说戏曲十五篇,翻译作品十四篇。翻译作品中绝大部分为小说,除左拉《猫的天堂》外,其余都不见于同时期的其他中学国文教科书中。在编辑体例上,“惟哲学及科学文字少选;长篇文艺作品及普通学术论文较多。选文篇后附结构及批评:结构项下,将选文通篇大意逐段分析;批评则注意于作者之思想及文章之内容。”(王恩华:《国难后中等学校国文选本书目提要》,《师大月刊·卅二周年纪念专号》,1934年12月17日)

③ 《序言》,《国文评选》(第一集),上海:亚东图书馆,1931年。

主义的社会关系(按,这句话有语病,但原文如此);讲到《性的环境》一篇,就要同生理学、社会学与心理学联系起来,就是要从生理、心理与社会学的见地说明性的问题之应注意,对于青年的性生活应当如何解放,如何指导,如何使之不妨碍其自然的发展而又不致崩溃横绝,有害生长;讲到郑板桥的《五言绝句四首》,就要从社会学、历史学、经济学上说明郑氏的文学是当时社会关系的反映;讲到《太湖上的风波》就要说明《水浒后传》之时代的、社会的、政治的关系,说明它与《水浒传》之思想上的异同;讲到《请大家来照照镜子》就要批评作者思想的谬误,或是从其中提出几个可以讨论的问题,让学生去批评;讲到《劫巴士底堡》就要从最下层民众的立场说明法国大革命的原因、结果,及它对于世界的民主运动的影响,它的不朽处以及它的缺点来做我们中国的革命青年的指示。"①至于发展的观点,高语罕也有举例:"如《杀父母的儿子》一篇,那个为父母所拒绝、社会所不齿的'上流人'的苦孩子,就旧社会的伦理观念说来,当然是大逆不道,然而在工业发达的民主国家,虽然是黑暗逼着他不能不杀人、不能不被处死,然而已经有人提出这个问题,意思是在暴露这种社会的罪恶,为什么呢?时代变了呀,社会的关系变了呀。然而这还是十九世纪所谓民主社会的现象。到了二十世纪,现象更不同了。白倍儿的那篇小说《信》上所说的亲子的关系,完全又大变了,不但拿着封建社会的观点不能了解它,即拿现在民主社会的观点,也是不能了解它,因为时代大变,社会关系大变了,我们的观察也就要随着时代与社会关系而不同。"②这两段文字中所举的篇目,都是《国文评选》中的课文。高语罕为每课所作的"批评",基本上按照上述思路写作。他称这种学习国文的

---

① 《序言》,《国文评选》(第一集),上海:亚东图书馆,1931 年。
② 同上。

方法为"'思想的方法'——反形式逻辑的方法"。所谓"思想的方法",实际上来自辩证法和历史唯物主义的方法论。在选进第一册的托尔斯泰著、耿济之译《难道这是应该的吗》的"批评"中,高语罕引用了"一位社会科学家"评论托尔斯泰的文字作为自己的观点,实际上,这段文字来自列宁的《托尔斯泰像俄国革命的一面镜子》[①]。将列宁称为"一个社会科学家",自然是碍于当时的环境。在《国文评选》中,高语罕很少将别人的观点当作自己的理论直接引用。此处的破例揭明了他的理论来源。

高语罕认为,读一篇文章,读者应有自己的立场,"譬如,《劫法场》罢,在统治者、压迫者或官僚地主看来,自然是要大喊道:'这还了得!'然而在一个文学历史家,或社会家看来,便不同了。他们不只是喊叫,还要研究这种现象的社会根源;若是一个同情于民众,贫苦不堪其虐的民众的人看来,至少要吐一口,叫一声'痛快'!人们的见解为什么这样的不同呢?那就是立场不同的原故呀!""譬如,柏林的影戏院所演的《西线无战事》,国家社会党(即法西斯帝党)人看了要大骂,工农群众,尤其是参加过一九一四——九一八年大战的工农群众,要痛哭流涕,莫能仰视,因为他们的社会关系不同,他们的立场也就不同了,因而对于这一影片的观察就有善恶是非的两个极端的见解。"[②]这段引文列举的篇目中,《劫法场》来自《水浒传》,为《国文评选》第一册所选。《国文评选》第二册选了《还乡》《归队》两文,都来自雷马克著,洪深、马彦祥译《西线无战事》。《还乡》为第七章的部分内容,《归队》为第九章。此外,高语

① 《国文评选》第一集《难道这是应该的吗》后引用列宁论托尔斯泰一方面是清醒的现实主义,一方面宣扬宗教等观点的文字,来自列宁的《托尔斯泰像俄国革命的一面镜子》,我使用的是列宁著、立华译:《列宁论托尔斯泰》第2—5页,北京:中外出版社,1952年。翻译略有出入。

② 《序言》,《国文评选》(第一集)。

罕选李一尘《太平天国革命运动史引言》,曾国藩《湘乡昭忠祠记》《湖口县楚军水师昭忠祠记》,王光祈译、李鸿章著《游俄记事》第四章中的《拳乱与旧俄的远东政策》等四篇作品,意在让读者辨明,对于太平天国运动和义和团运动这样的重大历史事件,由于各人所处的地位不同,其立场也就不一样。

高语罕提醒学生注意作品的立场,是为了引导学生获得一种特殊立场。他从《西线无战事》这部著名的反战小说中选两篇课文,表现其反战"立场"。他说,读了《西线无战事》,"我们不能不痛哭流涕,我们不能不心胆俱摧,我们对于那些大战负责人及其阶级不能不怒发冲冠,更不能不与之不共戴天。这便是这篇文章,也就是《西线无战事》全部的描写之伟大的成功"①。高语罕的反战,在当时的局势下,表现为对"和平统一"的追求。在《石达开轶事》后的"批评"中,高语罕说:石达开和太平天国的失败,"我们只是叹息痛恨是不够的,我们要研究它所以致此的原因,也就和我们现在对于'和平统一'的迟迟不能实现一样,不要徒事慨叹,而要追求它的原因,尤要追求它的实际:(1)什么是和平?为谁和平?(2)什么是统一?为谁统一?谁来统一?"②

除对自己政治立场的直接交底外,高语罕的"立场",还表现在通过选文对胡适、鲁迅等同时代人的评价上。他在《序言》中说:"我对于胡适之先生的白话文,可算是佩服已极,然而对于他的思想的谬误却不愿因感情而忽视。因为一篇文字,任凭它的作者是怎样一个绝地通天的思想家,都不能不受时代、环境与其他社会关系的限制,那它就不能完全无疵。"③除翻译外,他选了胡适《黄梨洲

---

① 《还乡》课后批评,《国文评选》(第二集),上海:亚东图书馆,1932 年。
② 《石达开轶事》课后批评,《国文评选》(第三集),上海:亚东图书馆,1932 年。
③ 《序言》,《国文评选》(第一集)。

论学生运动》《请大家来照照镜子》《孙行者与张君劢》《不朽》四篇作品。他认为胡适在《孙行者与张君劢》中的“形式逻辑”是孤立的、静止的,“只在万有的迹象形式上做功夫”①,会把人们带到绝路。批评胡适《不朽》中所表现的思想是“从唯心论者的社会哲学脱胎出来的”②。高语罕选梁启超的《异哉所谓国体问题者》,承认“我们四十岁以外的人,当辛亥以前,稍稍对于民族革命有些认识的,十有八九是梁先生的功劳”。但同时提醒读者注意梁启超的某些观点“充分的表现了统治阶级的一般的立场”③,是需要警惕的。选汪精卫的《人类共存主义》,批评其“非拔本塞源之论,而不免于与一般人道主义的空想家同其窠臼”④。通过《阿 Q 正传》,评价现代中国最杰出的文学家鲁迅:“阿 Q 之死,不过是劣绅土豪,即城市与乡村已得政权的有产者不准贫民革命的一个武装示威而已。我觉得这种描写是鲁迅对于时代的贡献。但是他虽然这样地描写,也不过如莫泊桑之暴露黑暗社会的写实作品而已,没有透露给我们以光明的前途。又有人说鲁迅后来果然转变了,由暗淡变成光明,由消极变成积极,这正是小资产阶级动摇的政治意识之必然结果,他的一忧一喜、一左一右、一消一长,都是他的动摇不定的政治路线之十足的表示。至于鲁迅的文学技术,在现代中国的文学中似乎很难找到对手。他的深刻、隽峭,能曲曲的传出人心的深处,这并不能仅仅以什么‘纤巧’‘俏皮’等等评语抹杀它。因为在言论不能充分自由的时候,一种深刻的、含蕴的、深藏不露的描写技术便是十二分的需要。司马迁的《史记》、曹雪芹的《红楼梦》以及 K. M. 在《莱茵报》上的文字,都是用这种记述表现他们伟大的天

---

① 《孙行者与张君劢》课后批评,《国文评选》(第二集)。

② 《不朽》课后批评,《国文评选》(第三集)。

③ 《异哉所谓国体问题者》课后批评,同上书。

④ 《人类共存主义》课后批评,《国文评选》(第二集)。

才的。”①胡适、梁启超、鲁迅、汪精卫属于当时中国最具影响力的人物，高语罕通过对他们的批评，使《国文评选》带上了鲜明的倾向性。

在《国文评选》的《书后》中，高语罕说，学生对于当时面临的各种社会问题和民族危机，应有清醒的认识，而“区区的《国文评选》中所包孕的批评精神、所暗示的批评方法，至少可以助大家一臂之力”②。可见，作为初中国文教科书的《国文评选》，其所承担的功能，是让学生学会通过阅读文学作品，掌握具有高语罕特色的分析社会现象、政治问题的方法。

徐蔚南、高语罕都重视文学作品，并带有鲜明的立场。商务印书馆出版的傅东华、陈望道③《基本教科书国文》，立场不如徐蔚南、高语罕鲜明，后者具有鲜明的派系色彩，前者的内容则是系统的文学概论和作文知识，正如黎锦熙对它的评价：“但以文学及文学常识为主，思想则只求其不发生恶影响而已。”④

《基本教科书国文》，1931 年 12 月至 1933 年 2 月陆续出版。相比于此前出版的教科书，《基本教科书国文》的“新尝试”，在于它的课后“说明”。“说明”作为国文教科书助读系统的一部分，并不新鲜。商务印书馆 1928 年出版的胡怀琛《新时代国语教科书》，其部分课文后也有“说明”。但《基本教科书国文》课后“说明”的内容，确为独创。“这些说明虽然散在各篇，合之自成系统，便是把

① 《阿 Q 正传》课后批评，《国文评选》（第三集）。

② 《书后》，《国文评选》（第三集）。

③ 傅东华（1893—1971），文学研究会会员，1920 年代曾在上海大学、上海中国公学等校任教，后担任商务印书馆编译员。陈望道（1891—1977），1919 年曾担任浙江一师国文教员，是著名的翻译家和语言学家，他的《作文法讲义》《修辞学发凡》对中学国文教育影响很大。陈望道和傅东华还是当时文坛的活跃人物，编完这套教科书不久后就都成为大型文学刊物《文学》的编委会成员。

④ 黎锦熙：《三十年来中等学校国文选本书目提要》，《师大月刊》1933 年第 2 期。

一部文学概论和作文论分散开来,具体地灌输给学生知道";同时,"中国及世界文学上最粗浅的常识——如各种文体及诗体的名字,及世界第一流作家和作品的名字,——我们认为在初中时代已有逐渐灌输的必要,所以书中有一部份的教材是为这个目的选入的,也无非欲在无形中为学生预备将来欣赏文学的基础"。[①]《基本教科书国文》同其他中学国文教科书的不同之处,正在于设计了"文学概论和作文论"及各种文学知识等内容。

《基本教科书国文》第一册以"说明、描写、叙述各种简单和合成的文体"[②]为内容。说明文以蔡元培《国文的将来》《图画》、胡适《读书的四到》等为范文,探讨说明文的命题及命题的证明方法。描写文以魏学洢的《核舟》明方位、颜色、姿态描写,宋起凤《核工记》明情态描写,彭士望《砥戏记》等明动态描写,梅曾亮《游小盘谷记》、林纾《记翠微山》明观察点,《儒林外史》中《马二先生游西湖》明人物描写。在描写的基础上讲诗歌,并区别律诗、绝句等诗体。描写和说明合成科学文,以贾祖璋《鱼类的游泳》、裴元嗣《汽车》等为范文。在描写和叙述的基础上讲传记、小说、史诗、童话等文体,范文主要来自《儒林外史》《红楼梦》《拍案惊奇》、谢六逸译《伊利亚特的故事》等作品。编者认为"各种文体都有个程度深浅的分别",区别点在于主观和客观。"主观的文字比客观的文字程度深些,因为后者只是外面事物的如实记录,前者却把作者所感的情趣和所见的意义放在里边。"[③]第一册的范文多为客观的,第二册的范文多为主观的。第二册主要为抒情文、小品文、抒情诗、赋。它们"加入了感情的元素,那就不仅是应用的科学的文字,而是具

① 《编辑大意》,《基本教科书国文》(第一册),上海:商务印书馆,1931年。
② 《牛机》"注释与说明",《基本教科书国文》(第二册),上海:商务印书馆,1932年。
③ 同上。

有美术性质的文学作品了"[①]。作为范文的,有鲁迅《风筝》《鸭的喜剧》、周作人《西山小品》《山中杂诗》、冰心《寄小读者》《笑》、朱自清《荷塘月色》、归有光《先妣事略》《葬寒花志》《项脊轩志》等。

第三册谈文学方法,主要是让学生欣赏和了解文学作品的取材、剪裁和布局。前二十七课以第三课胡适《文学的方法》为纲,该文属《建设的文学革命论》中的一个段落,将文学的方法分为集收材料的方法、结构的方法、描写的方法。集收材料的方法,又分为"推广材料的区域","注重实地的观察和个人的经验","要用周密的理想作观察经验的补助"。结构的方法分剪裁、布局。描写的方法分写人、写境、写事、写情。第四至十七课讲剪裁。有经验剪裁,刘文典译《弗兰克林自传》是以"经验的价值"作剪裁标准的范文,朱自清《背影》、朱琦《北堂侍膳图记》的剪裁方式为"用一点经验作为出发点,联想到有关系的事,但同时不能忘记回到出发点"。有情绪剪裁,以蔡琰《悲愤诗》为范文。有题目剪裁,以方苞《狱中杂记》为范文。第十八至二十七课侧重描写方法,梁启超《欧游心影录楔子》为"用情写景",程敏政《夜渡两关记》为"用境写情",杜甫《羌村》为"用事写情",蒋士铨《到家》为"用情写事"。第二十九至五十四课以第二十八课胡适《什么叫做短篇小说》为纲[②],皆为注重布局的小说、诗歌,如《木兰辞》《孔雀东南飞》《山上采蘼芜》《石壕吏》《二渔夫》《最后一课》等。

第四册讨论文学内容。"顺次读去,就可以晓得怎样观察,并且怎样去说明你们周围的世界,因而晓得怎样增富你们的文学材料。"其顺序为:"因受春天的力量的感动,便引起了人生的问题。

---

① 《生机》"注释与说明",《基本教科书国文》(第二册)。

② 《什么叫做短篇小说》为胡适《论短篇小说》第一部分,胡适论文重结构,这一部分探讨小说的布局。

问题一起,便要研究怎样去解决。解决问题的第一步,就是认识问题,所以先讲怎样暴露现实的情状。解决问题是要思想的,所以讲到科学的方法。既晓得科学的方法,就觉悟了现在是怎么一个时代,我们所处的是怎样的一种境地。于是乎我们因自己的愤激而同情于古人的愤激,但是我们明晓得突然愤激是没有用的,因而想起怎样去改革。于是乎就产生了幻梦,产生了理想,最后仍旧宕了转身,回到怎样实现理想的问题上来。这样一个大圈子,可以说是已经画出全部人生的范围,也可说是已经画出全部文学的范围。"①并以鲁迅《风波》《孔乙己》、沈玄庐《十五娘》、左拉《失业》、西班牙作家皮康《恫吓》等"暴露现实情状",以《吕氏春秋》中的《察今》《察传》、王充《书虚篇》、严复译《天演论·察变》、任鸿隽《科学方法之分析》等为"科学的方法"的范文,以叶圣陶《五月卅一日急雨中》《倪焕之》等明了"时代""境地",以宗臣《报刘一丈书》、杨恽《报孙会宗书》等明了"古人的愤激",以周作人译、须莱纳尔著《沙漠间的三个梦》和周作人译、库普林著《帝王的公园》、严复译《天演论·乌托邦》等为"幻梦""理想"的例文,以周作人译、斯特林堡格著《改革》和《国语·越语·勾践栖会稽》《战国策·赵策·赵武灵王胡服骑射》等为"改革"现实的范文。

第五册讨论文学技巧,"前部讲音节,中部讲技巧,后部讲风格,都是没有法度可说的"②。以刘勰《文心雕龙》中的《物色》《声律》为"音节"理论指导的文章,以欧阳修《祭石曼卿文》、韩愈《祭十二郎文》为"散文韵文化"的例子,以《楚辞·卜居》为"韵文散文化的"的例子。讲技巧、风格的部分,选入了茅盾《大泽乡》《叩

---

① 《文明的曙光》课后说明,《基本教科书国文》(第四册),上海:商务印书馆,1933年。

② 《文理》课后说明,《基本教科书国文》(第五册),上海:商务印书馆,1933年。

门》、鲁迅《呐喊·自序》《说胡须》,这几篇作品在当时的初中国文教科书中出现频率都比较低。

第六册的内容是“文学传统的知识”,包括三方面:“(一)在形式方面,是文字的历史;(二)在内容方面,是学术思想以及一般文化的历史;(三)在趣味方面,是风格的历史。”[①]作为例文的四十篇作品,前三篇为许慎、章太炎、周作人关于文字学的文章,第四至十四篇有关中国文学史的变迁,第十五至四十篇或阐述中国文化史、学术思想史,或为某家思想的代表作。《基本教科书国文》将文学放在文化传统中去理解,拓展了文学的内涵。

《基本教科书国文》教给学生关于文学创作、欣赏与研究的知识和技能,这非常独特。傅东华在随后的教科书编纂中却并没有贯彻下去。1930 年,朱自清认为初中国文教科书的编辑,应“用分体办法;体不必多,叙事、写景、议论三种便够。因为初中学生对于文字的效用还未了然;这样做,意在给他打好鉴赏力和表现力的基础。类目标明与否,无甚关系,但文应以类相从”[②]。在细节上或有出入,但以叙述、议论、说明为纲编辑初中国文教科书,逐渐成为几大书局的共识。

第三节 由思想道德教育、文学教学到文章作法

《基本教科书国文》发行量不大,1930 年代商务印书馆最畅销的初中国文教科书是随后傅东华编辑的《复兴初中国文》。《基本

① 《中国文字的源流》课后说明,《基本教科书国文》(第六册),上海:商务印书馆,1933 年第二版。

② 朱自清:《论中国文学选本与专集》,《朱自清全集》(第二卷),南京:江苏教育出版社,1996 年,第 81 页。

教科书国文》第六册于 1933 年 2 月出版,三个月后,《复兴初中国文》第一册出版。至 9 月,仅仅四个月,该册已出至第三十版。第二册 7 月出版,至 1934 年 6 月已出至五十五版。这套教科书抗战时期仍被广泛采用。1938 年叶圣陶在重庆巴蜀中学、1944 年季镇淮在昆明某中学,都用《复兴初中国文》做教材。①

比较傅东华编辑的两套国文教科书,我们发现《基本教科书国文》中的很多纯文学作品和学术文在《复兴初中国文》中不见了,《复兴初中国文》新选了一些普通文。

周作人作品在两套教科书中都很多,《基本教科书国文》选十六篇,《复兴初中国文》选十篇,但仅四篇相同。跟《基本教科书国文》相比,《复兴初中国文》选周作人的作品时去掉了小说、诗歌和文学论文,增加了平淡隽永的散文。《基本教科书国文》中的六篇周作人翻译小说——《卖火柴的女儿》《童子林的奇迹》《改革》《帝王的公园》《晚间的来客》《沙漠间的三个梦》,以及《平民的文学》《女子与文学》《两个扫雪的人》《山居杂诗》等诗歌和文论,《复兴初中国文》都没选。《复兴初中国文》增选了《乌篷船》《爱罗先珂君》《唁辞》《金鱼》《志摩纪念》《沉默》等散文作品。

鲁迅作品在两套教科书中的变化情况与此相似,小说少了,散文多了。《基本教科书国文》选八篇鲁迅作品,《复兴初中国文》选六篇,除《风筝》《鸭的喜剧》外,《基本教科书国文》中的《呐喊·自序》《孔乙己》《风波》《说胡须》《娜拉走后怎样》及译文《鱼的悲哀》在《复兴初中国文》中不再出现。《复兴初中国文》比《基本教科书国文》多出了《秋夜》《聪明人傻子和奴才》《维新与守旧》(即

① 叶圣陶:《渝沪通信·第六号》(1938 年 3 月 8 日),《叶圣陶集》(第二十四卷),南京:江苏教育出版社,1994 年,第 131 页;季镇淮:《教书杂记》,《国文月刊》第 31、32 期合刊,1944 年 10 月。

《随感录·四十八》)、《马上日记》。

对周氏兄弟作品的不同选择,表征了两套教科书内容上的不同。《复兴初中国文》对周氏兄弟的翻译作品都不收录,源于它"译品一概不收"[①]的编辑理念。[②] 当时中学国文教科书,所收"译品"多为小说、诗歌等纯文学作品,对此"一概不收",自然舍弃了不少文学作品。同时,《基本教科书国文》中第六册为灌输"文学传统的知识"而选入的文化史、学术思想史方面的作品,《复兴初中国文》也不再选取。为填补剔除这些作品后留下的空白,《复兴初中国文》从《一般》《中学生》《生活周刊》等刊物选取了大量议论文、说明文及记述文。而《基本教科书国文》仅从上述三种刊物中选了朱光潜的《谈情与理》一篇作品。

《复兴初中国文》中《报纸的言论》《现有教育制度的罪恶》《教育革命的彻底主张》三篇作品来自《生活文选》(第一集)[③]。邹韬奋在《生活文选》的《弁言》中说:"我们常接到热心朋友的来信,表示希望能将《生活周刊》上比较的尤可适宜于一般青年阅看的文字——就思想和文笔方面说——汇编单行本,俾作国文课本或课外读物之用。"该书由议论文和记事文两编组成,文字浅显明白,较少专业知识和文学色彩。《复兴初中国文》选《生活文选》中的三篇作品,大概因其"适宜于一般青年阅看"。《复兴初中国文》选了多篇《一般》上的作品。不仅有朱光潜《谈情与理》,还有夏丏尊《艺术与现实》、丰子恺《美与同情》、李石岑《缺陷论》、薰宇《告失望的朋友们》、叔琴《一般与特殊》。《复兴初中国文》有很多课文来自

① 《编辑大意》,《复兴初中国文》(第一册),商务印书馆,1933年。

② 这一编辑理念受到的抨击较多,王恩华认为"全书不收译述作品,似不无商量之余地也"(王恩华《国难后中等学校国文选本书目提要》,《师大月刊·卅二周年纪念专号》,1934年12月17日)。后来的教科书,很少有不收译作的。

③ 《生活文选》(第一集),上海:生活书店,1933年。

《中学生》杂志。不仅有《中学生》“卷头言”中的《自发的更新》《希望与顾虑》《青年的憧憬》,还有无灵《国家的出路和个人的出路》、夏丏尊《你须知道你自己》《受教育与受教材》、叶圣陶《假如我有一个弟弟》、李石岑《青年的三大修养》、朱自清《卢森》、丰子恺《饭厅生活的回忆》《为什么大家要学图画》、巴金《狮子》十二篇作品。《一般》1926年9月创刊,1929年12月停刊,立达学会主编,主要面向青年,刊发的作品“注重趣味,文学作品不必说,一切都用清新的文体,力避平板的陈套,替杂志界开个新生面”[①]。《中学生》1930年创刊,夏丏尊、叶圣陶等编辑,开明书店出版,目的是“替中学生诸君补校课的不足;供给多方的趣味与知识;指导前途;解答疑问;且作便利的发表机关”[②]。可见,跟《生活文选》相似,《一般》《中学生》也是面向青年读者,“适宜青年阅看”的刊物。不从当时的文学刊物或文学作品中,而从面向青年读者的杂志上选文,这在1930年代的初中国文教科书中具有代表性。[③]

选文的不同,说明傅东华的初中国文教科书编辑思路已有较大调整。《复兴初中国文》课后“暗示”跟《基本教科书国文》课后“说明”在形式上一脉相承,但内容上变化很大。综合各课的“说明”,可成一部系统的文学概论和作文法。而“暗示”的目的,却在“诱导学生对于教材内容作分析、综合、比较之研究,期使获得透彻之了解及深入之欣赏”,不再标明“文学概论”的功能。《基本教科书国文》课后的“文法和修辞”,多从“所读文中自然引出”,“虽然分散在各篇之后,合起来自能成为一部系统的文法和一部系统的修辞学”。《复兴初中国文》不再将“文法和修辞”分散在每篇精读文章

① 《〈一般〉的诞生》,《一般》创刊号,1926年9月。

② 夏丏尊:《发刊辞》,《中学生》第1期,1930年1月。

③ 1930年代发表的文学作品很少进入中学国文教科书。

之后，而是每册设计二十篇习作课，穿插在精读文后，“供给语法文法及文章作法之教学及练习材料”。“文章作法”是新加进来的。在傅东华看来，“文章作法”包括两方面内容：一是“语法、文法、句法、章法等等，都属文章组织的研究”，二是文章体裁的研究。正是“文章作法”，而非“文学概论”，成为《复兴初中国文》的编辑纲领。

《复兴初中国文》虽跟《基本教科书国文》有很多课文重复，但这些课文在两套教科书中却承担了不同的功能。《复兴初中国文》第一册选《水浒传》中的《景阳冈》，并将此文跟叶绍钧《篮球比赛》对比，目的在学习记述文的方法。而《基本教科书国文》则以此文为例，介绍小说的三要素：背景、人物、情节。《复兴初中国文》第二册以叶绍钧《蚕儿和蚂蚁》为例，说明“记叙文的一种主要性质”在于能抓住读者，诱导读者不断读下去。《基本教科书国文》第一册也选了《蚕儿和蚂蚁》，但企图通过这篇作品，让学生学会区别童话和寓言。《复兴初中国文》第四册选入宗臣《报刘一丈书》，暗示为：“用记叙体描写一个类型的人物，用记叙代替说明。读者不但可得一个概念，还可得一个活泼鲜明的印象。”这篇文章也被《基本教科书国文》第四册所选，该册的任务是学习“文学内容”，并将文学内容分为暴露、理解等，《报刘一丈书》被作为“直接暴露”的例文。《复兴初中国文》第五册选入《孟子·陈仲子》，目的为教会学生“做议论文立论须顾到实际，不可太近理想”。《基本教科书国文》第四册教学“文学内容”，理想主义或乌托邦为“文学内容”之一，《孟子·陈仲子》即作为批评乌托邦的例文。《复兴初中国文》第六册选苏东坡《前赤壁赋》，让学生明了议论和抒情的混合。《基本教科书国文》第五册也选《前赤壁赋》，却被用来作为“风格”的例文。

可见，《基本教科书国文》的主要内容，是文学创作、欣赏和研究的知识和技能；《复兴初中国文》的主要内容，是叙述文、说明文、议论文等普通文章作法。傅东华这一教学思路的变化，在 1930 年代具有代表性。

中华书局在 1928 年 8 月至 1929 年 9 月，陆续发行了朱文叔编辑的《国语与国文》。[①] 1933 年 7 月，朱文叔编辑的《初中国文读本》开始由中华书局出版，至 1934 年 8 月出齐。[②] 1935 年 8 月至 1936 年，《初中国文读本》增注本陆续出版，编者中增加宋文翰，注者为张文治、喻守真、张慎伯。这三套教科书的主编都是朱文叔。通过对它们的比较，我们发现了 1928—1936 年间以朱文叔为首的中华书局编辑群体的初中国文教科书编辑思想的变化轨迹。

《国语与国文》的选文，“略依其《初级古文读本》《初级国语读本》两书之旧，增删而改编之”[③]，显然还保留了 1920 年代中期的风格。但《国语与国文》中的大多数选文在《初中国文读本》中都不再出现了。

相比于《国语与国文》，《初中国文读本》中的文言文作品数量减少。《国语与国文》中一些比较高深的作品，像王粲《登楼赋》，庾信《小园赋》、姚鼐《古文辞类纂序》、章学诚《古文十弊》、王国维《人间词话节录》、刘知几《叙事》、刘勰《物色》、王充《艺增》、佛经中的《百喻经二则》《净土浴池》等在《初中国文读本》中都不再出现。

两套教科书都收译文。《国语与国文》收译文三十三篇，多为“五四”时期翻译的小说、诗歌、戏剧等纯文学作品，如周作人翻译的《一文钱》《燕子与蝴蝶》《父亲在亚美利加》、胡愈之翻译的《街

① 这套教科书销路较好，至 1932 年 4 月，第一册已出至十二版。
② 1934 年 6 月，《初中国文读本》第一册已出至第九版；10 月，第六册出至第五版。
③ 黎锦熙：《三十年来中等学校国文选本书目提要》，《师大月刊》1933 年第 2 期。

之树》《我的学校生活的一断片》、刘半农翻译的《猫的天堂》《法国马赛革命歌》等。《初中国文读本》收译文十六篇，分为十七课，在数量上大大减少。《国语与国文》中周作人、胡愈之、郑振铎、沈雁冰、鲁迅、田汉等五四时代的译作，绝大部分在《初中国文读本》中不再出现。《初中国文读本》新增的一些译作，除阿佐林著、徐霞村译《一个农夫》，阿哈洛年著、胡仲持译《运命》等少量文学作品外，像伊林著、吴朗西译《小五年计划与大五年计划》，亨丁登著、潘光旦译《饥馑荐臻的华北》，张迪虚译《没有时钟的世界》，松冈洋右著、陈东林译《"青年宰相"印象记》，谦本图著、孙毓修译《日本风俗》《耶路撒冷》等，都是应用文或游记、印象记等普通文。

此外，朱文叔"特约多人，按照初中程度，分别撰述既富兴味，又有内容之文字，编入各册，藉矫从来偏重文艺文之趋向"①。专门邀请名家为教科书撰文，这在当时中学国文教科书编撰中属于特例。《初中国文读本》中"特约"的四十一篇作品，除吉田弦二郎著、文叔改译的《思母》为抒情文，廖勒尼亚著、慎伯改译的《莫斯科的女孩儿》为小说，熊佛西《枯树》为戏剧外，其他都不是纯文学作品。按内容划分，这三十八篇作品可以分为五类，包括陈兼善《进化论浅解》、周昌寿《物理学和人生》、竺可桢《天气》、黄云骙《纺织》、张耀翔《喜怒忧惧》、余云岫《病》等十篇科普文；闻一多《青岛》、孙福熙《夏天的生活》、金兆梓《风雪中的北平》等九篇描写自然风光和地方特征的描写文；廖世承《青年生活》、陆费逵《敬告中等学生》、顾颉刚《怀疑与学问》、王世颖《合作运动》等八篇指示现代人应有素质的议论文；陈望道《修辞》、黎锦熙《文法》、刘复《应用文及其作法》、孙俍工《习作方法论》等六篇作文方法和文体知识

① 《新课程标准适用初中国文读本编例》，朱文叔《初中国文读本》（第一册），上海：中华书局，1933 年。

的说明文;韦息予《李鸿章》、袁昌英《朴朗吟教授》、金兆梓《陈朝玉传》等五篇人物传记。这些作者中,张耀翔是著名的心理学家,余云岫被称为"中国医学的播种者",黄云骙是国内棉纺高支纱的开拓者之一,周昌寿是著名的物理学翻译家,陈兼善是著名的动物学家,竺可桢是著名的气象学家。他们大都不是文学家,"特约"他们为国文教科书撰文,自然淡化了国文教科书中"偏重文艺文之趋向"。

淡化文艺文后,《初中国文读本》强调"注重民族精神之陶冶、现代文化之理解"[①]。而事实上则增加了记叙、说明、议论等普通文和应用文,为增注本添进文章作法准备了条件。

1935—1936年,中华书局出版了《初中国文读本(增注本)》。跟《初中国文读本》比较,增注本第一个变化是删去了个别敏感课文。比如删伊林著、吴朗西译《小五年计划与大五年计划》,增蔡元培《建筑》与丰子恺《市街形式》,删白薇《长城外》,增都德著、胡适译《柏林之围》。但这一变化不是主要的,主要的变动在于,"每册备有文章作法教材,供习作时间讲授之用,惟为教学便利计,不分羼于课间,而总列于书后,其次第视学生对于语言文字上知识之需要及了解之程度,定第一年讲语法、文法,第二三年讲文章体制"[②]。第一、二册讲文法。第三册讲记述文,分记述文的意义、种类,材料的积储、收集、选择,记述文的组织、开端和结束及文学的记述文等八方面。第四册为叙述文,分叙述文的意义和种类、叙述文和记述文的区别、叙述文的要素、题材的取舍、组织的顺序、首尾的安置、观点的一致和移动、叙述的快慢、叙述的流动和中止等九方面。增

① 《新课程标准适用初中国文读本编例》,朱文叔《初中国文读本》(第一册)。

② 《新课程标准适用初中国文读本编例》,朱文叔、宋文翰《初中国文读本(增注本)》(第一册),上海:中华书局,1935年。

注本第五、六册查找不到,按顺序应设计说明文、议论文的教学。

这三套教科书的变化情况表明,朱文叔等人所设计的初中国文教科书内容,文学教学逐渐淡化,文章作法逐渐增加。

除上述两家外,世界书局、开明书店、北新书局等出版社的初中国文教科书内容也出现了相似的变化。

朱剑芒[①]编辑的新主义教科书《初中国文》由世界书局于1929年6月开始出版,8月出齐。1930年9月,遵照教育部批示,《初中国文》订正出版,至1932年6月,订正第一册出至十三版。《初中国文》设计了两方面的内容。一是文学教学。文言文按时代逆序编选[②],以“引起其研究古代文艺的兴趣”[③],并对中国文学史有感性认知。每册中的文艺文份额为30%—40%,“诱导读者对于小说、诗歌等文艺作品,更奋发其热烈的研习与欣赏”。二是思想教育。《初中国文》每册各有侧重:或“激发青年的进取”,“指示前进的途径使力求新的生活”;或“描写人生一切,指示青年认识人和社会间的关系”,“并对于旧社会被压迫的农工,抱有相当的同情”;或“藉以诱导读者对于人生观,常抱无穷的乐趣”;或“灌输革命知识”,“鼓励现时代的革命精神”;或“讨论人生问题”,“使读者对于人生的真义,更有充分的了解”;或“诱导读者对于国家状况,具有深切的观念,并激发其爱护国家的热忱”。

---

① 朱剑芒(1890—1972),江苏黎里镇人。自小聪颖,1906年开始在乡间任塾师。辛亥革命时,参与创办黎里平民小学,编辑《禊粹报》,组织禁烟分会,加入南社,并一度在苏州博文学校和桃坞中学任职。1919年到上海,执教于环球中国学生会日校、竞雄女学和市北中学等校,兼任上海世界书局编辑。除编辑课本外,还考证、校订、编纂《国学丛刊》等。工作之余,向《大世界》《新世界》等刊物撰写各类文稿。

② 《初中国文编辑纲要》称该书文言文“略依时代排列,第一册以现代为限,第二册以清代为限,第三册以明代为限,第四册以宋代为限,第五册始由唐代上溯至两汉,第六册兼采周秦间的作品”(朱剑芒:《初中国文》[第一册],上海:世界书局,1929年)。

③ 《本册提要》,朱剑芒:《初中国文》(第六册),上海:世界书局,1929年。以下有关该教科书的引文均来自各册提要,不特别注明。

《初中国文》按时代逆序编选文言文,是借鉴民初中学国文教科书的编法;分选文为文艺文和实用文,是借鉴沈仲九、孙俍工《初中国语文读本》的编法;每册各以某一内容为主旨,则跟朱文叔《国语文类选》和穆济波所设计的教学内容相似。看来,它杂糅此前中学国文教科书内容,企图承担文学教学、思想道德教育等多重功能。

1933年8月,朱剑芒编辑的《朱氏初中国文》开始由世界书局出版,1934年4月出齐。跟新主义教科书《初中国文》相比,《朱氏初中国文》有两个变化。第一,《朱氏初中国文》淡化了思想道德教育。《朱氏初中国文》"各册中,均选列发扬民族精神的文字三数篇,以期青年学子,在此国难期间,有所警惕;对于振兴民族,常抱有积极的思想"[①]。每册选列"三数篇"发扬"民族精神"的作品,相比于《初中国文》每册各侧重某方面内容的编选方式,不仅比重大大减少,而且目标单一得多。第二,朱剑芒不再区分文艺文和实用文的比重,不再按照时代逆序选择古文,而按题材编选文章。"凡同一题材或内容相近的作品,必集两篇以上列于一起,以资教学上的连贯。"所谓"同一题材或内容相近",是从文章学的角度来说的。"本书各册内容,均依由简及繁由近及远的原则为次序:如写景,先列乡村、城市,次及国内名胜与国外名胜;叙事,先叙片段的少数人的事实,渐进至整个的多数人的事实;抒情,先写由景物感发的情绪,渐进至由事实感发的情绪;说理,先从物理的解释,渐进至事理的解释等。"[②]新主义教科书《初中国文》每篇后仅注释字词,《朱氏初中国文》"各篇注释后,更附以重要参考材料"。"自词性辨别,标点种类,句式构成,成语使用,篇章结构,以至修辞方法,条举缕

① 《编辑大意》,《朱氏初中国文》(第一册),上海:世界书局,1933年。
② 同上。

析,分列于各册各篇,并随时摘出课文恰有的材料,以为例证”[①],重点在辨析“文章作法”。朱剑芒编辑的第三套初中国文教科书——1936年12月至1937年出版的《初中新国文》,跟《朱氏初中国文》相比,除大幅削减教材分量外,内容几乎没有什么变化。三套教科书的比较表明,朱剑芒系列初中国文教科书的内容,逐渐从思想道德教育、文学教学转向了文章作法。

开明书店第一套初中国文教科书,是王伯祥编辑的《开明国文读本》,1932年7月开始出版,1933年4月出齐。“第一、二册注重于文章之体裁,凡记叙、抒情、解释、议论以及应用文等,无不具备,期使读者习得叙说事理及其表达情意之技能。第三、四册于体裁外,更注重于文章之组织及风格,期使读者得进一步究明作文之技术及养成欣赏文艺之兴趣。第五、六册更进而及于历代名著之选读,俾读者得以了解我国过去之典籍之一斑。”[②]王伯祥为该套教材另编参考书六册,现仅见前三册,“特别注重于文法之词性、词位,造句、作文之方式,文言文与语体文之比较,修辞学上之组织法、藻饰法,文体之分类、比较及文学批评概略,文学史概略等”[③]。可见,《开明国文读本》的内容,不仅有“究明作文之技术”“养成欣赏文艺之兴趣”与“了解我国过去之典籍之一斑”,也有“文学批评概略,文学史概略等”。开明书店的第二套中学国文教科书,是夏丏尊、叶圣陶、宋云彬、陈望道合编的《开明国文讲义》,1934年11月初版,共三册。“第一、二两册注重在文章的类别和写作的技术方面,第三册注重在文学史的了解方面,通体阅读之后,就可以得到关于国文科的全部知识。”“在第一、二两册里,每隔开四篇选文有

---

① 《编辑大意》,《朱氏初中国文》(第一册)。

② 《编辑要旨》,《开明国文读本》(第一册),上海:开明书店,1932年。

③ 同上。

一篇文话,用谈话式的体裁,述说关于文章的写作、欣赏种种方面的项目,比较起寻常的'读书法''作文法'来,又活泼、又精密,读了自然会发生兴味,得到实益。在第三册里,每隔开三篇选文有一篇文学史话,注重文学的时代和社会的背景,并不琐屑地作对于文家和文篇的叙述,不像一般文学史那样枯燥呆板,读了自然会穷源知委,明了大概。"[①]比起王伯祥的《开明国文读本》,虽"了解我国过去之典籍之一斑""文学批评概略"等内容都不再出现,但仍有"文学欣赏的教学""文学史知识的教学"等内容。开明书店的第三套中学国文教科书,是《国文百八课》,1935 年 6 月开始出版,1938 年 9 月出至第四册,后两册未见书。跟前两套教科书不同之处在于,这套教科书认为"中学里国文科的目的,说起来很多,可是最重要的目的只有两个,就是阅读的学习和写作的学习"[②],并"彻头彻尾采取'文章学'的系统"[③],不再提"文学欣赏的教学""文学史知识的教学"等内容。开明书店的第四套中学国文教科书,是夏丏尊、叶圣陶主编的《初中国文教本》,1937 年 6 月开始陆续出版,1939 年 6 月出至第三册,后三册未见书。文章法则是该书的编辑纲领,"本书含有精读范文及文章法则两项教材。文章法则又分甲乙二部,甲部提示文法要项,乙部提示文章理法,皆按照范文分别安插;即以范文为例证,打成一片"[④]。这就表明,选文不承担文学教学、思想道德教育等功能,而是"文章法则"等内容的"例证"。比较开明书店出版的四套中学国文教科书的内容,前两套丰富多

① 《编辑例言》,《开明国文讲义》(第一册),上海:开明书店,1934 年。

② 《文话——文章面面观》,《国文百八课》(第一册),上海:开明书店,1938 年,新一版。

③ 叶圣陶:《关于〈国文百八课〉》,《叶圣陶集》(第十六卷),南京:江苏教育出版社,1993 年,第 35 页。

④ 《编辑大意》,《初中国文教本》(第一册),上海:开明书店,1937 年。

元、多项并存，但每项都不突出，后两套则突出“文章法则”。

北新书局赵景深《初中混合国语》的改版也体现了相似的变化。《初中混合国语》，共六册，赵景深编，青光书局出版，北新书局发行。第一册于1930年9月初版，至1932年8月出至第十版。对照第一版和第十版的《初级中学国语教科书编辑大意》，可发现赵景深作了些小改动。第二条“本书尤注重文法与修辞”，改为“本书尤注重文法与作文法”。第四条“本书因系混合编制，故所附文法修辞法等，较为简要，教者可参用《中等国文典》（章士钊，商务）、《国语文法》（黎锦熙，商务）、《作文法讲义》（陈望道，民智）、《文章作法》（夏丏尊，开明）、《修辞格》（唐钺，商务）等书阐发之”，改为“本书因系混合编制，故所附文法语法文章作法，较为简要，教者可参用《中等国文典》（章士钊，商务）、《国语文法》（黎锦熙，商务）、《作文法讲义》（陈望道，民智）、《文章作法》（夏丏尊，开明）、《论说文作法讲义》（孙俍工）、《语体写景文作法》（钱谦吾，南强）、《应用文作法讲义》（陈子展，北新）等书阐发之”。两处改动，可见第十版特别注重作文法。而增加的《论说文作法讲义》《语体写景文作法》，《应用文作法讲义》都是讨论文章作法的，对文章作法的强调，有可能挤压小说、诗歌等纯文学和学术文的空间。这从《初中混合国语》第五、六册初版本和改版本选文的变化中可以证实。

比较《初中混合国语》的初版本和改版本，会发现前四册变化不大，但五、六册绝大部分选文都变了。第五册于1932年5月初版，共三十课，包括李公佐《南柯太守传》、牛肃《吴保安传》、薛莹《郑德璘传》、马致远《跌雪》[①]、马中锡《中山狼传》、冯梦龙《徐老

① 即《黄粱梦》第三折。

仆义愤成家》、周清原《姚伯子至孝受显荣》、张大复《刺字》《交印》①、洪昇《尸解》②、丁西林《北京的空气》、闻一多《太阳吟》、戴望舒《雨巷》等文学作品。1934 年 5 月,第五册改版,7 月出至第六版,共三十六课。初版本穿插修辞法,改版本没有修辞法,但穿插了书信文和日记文的有关知识与写作方法。为了配合这两种文体的教学,改版本新选了大量日记和书信,初版本中的唐传奇、元杂剧、新诗、话剧则都被删除了。《初中混合国语》第六册于 1932 年 5 月初版,1934 年 5 月改版,6 月出至第四版。初版本选诗经、楚辞、唐诗、宋词、元剧、新诗、翻译小说及梁启超《情圣杜甫》、苏雪林《爱国尚武的诗人陆放翁》、徐嘉瑞《岑参》等学术文,穿插修辞法和文体的教学。这里的"文体",主要为作家风格,包括"沉郁""清新""淡泊"等十二种。改版后,不讲修辞和文体,却穿插议论文的相关知识和写作方法。为配合议论文教学,新增刘蓉《习惯说》、蔡元培《理想与迷信》、梁启超《科学精神与东西文化》等论说文,初版本选入的历代具有代表性的文学作品和近人的文学论文都被删除了。《初中混合国语》改版本在初版本的基础上大量删除文学作品和学术文,增加议论文等普通文体,正是为了配合文章作法的教学。

综上所述,这五家出版社的初中国文教科书预设的教学内容都从文学教学、思想道德教育、典籍阅读等转向叙述文、说明文、议论文等普通文的文章作法。商务印书馆、中华书局、世界书局、开明书店名列当时教科书销量最大的五家出版社中,北新书局《初中混合国语》销量也很好。这充分说明文章作法已成为 1930 年代中期初中国文教科书的主要内容。

---

① 这两课选自清人张大复的传奇《如是观》,写岳飞事。

② 选自《长生殿》。

第四节 文章作法在教科书中的表现形式

在商务、中华、世界、开明、北新等主要书局的初中国文教科书内容转向文章作法后，1930 年代中期出版的绝大多数初中国文教科书都以文章作法为纲编选课文。这些教科书包括：神州国光社孙俍工《初中国文教科书》，商务印书馆傅东华《复兴初中国文》，中华书局朱文叔《初中国文读本》、孙怒潮《初中国文教科书》、宋文翰《新编初中国文》，世界书局朱剑芒《朱氏初中国文》《初中新国文》、蒋伯潜《初中新国文》，开明书店《国文百八课》《初中国文教本》，北新书局赵景深《初中混合国语》以及南开中学 1935 年的初中国文教本。其中，孙俍工、傅东华、朱文叔、孙怒潮、赵景深所编教科书及《朱氏初中国文》都被教育部审定，占 1930 年代教育部审定初中国文教科书总数的三分之二。

按具体内容的不同，上述教科书可分三类：一是纯以文章作法为内容；二是表面以文章作法为内容，实质却为思想道德教育；三是以文章作法为主要内容，文学为辅助内容。

纯以文章作法为内容的教科书，以朱剑芒《朱氏初中国文》为代表。

《朱氏初中国文》每册分若干组，第一册十八组，此后逐册增加，第六册多达二十八组。所有作品都包括在记事文、叙事文、说明文、抒情文、议论文、应用文六类之中。记事文分布在前五册，包括天象气节描写、风景描写、人物描写、想象的描写、议论的描写。其中天象气节描写包括春、夏、秋、冬、晓日、夕阳、夜象、月的描写八类。风景描写包括树木、花卉、山水、湖景、江景、溪景、池景、岩洞、山景、瀑布、海洋、农事、物品画幅、幻象的描写等种类。叙事文、说明文、议论文每册都有。叙事文包括传记、历史、逸事漫谈、小说、游记、他叙式小说、杂记、剧的叙事文、抒情的叙事文、议论的叙事文、想象的叙事文等种类。抒情文包括为家庭感发、为景物感发、为动物感发、为环境感发、为自己感发、为友朋感发,为离别感发、为亡者感发、为国家感发、为人类感发等种类。说明文包括事端的、意象的、诱导的说明与杂说等种类。议论文包括评论、辨疏、主张、攻击、讽刺等种类。应用文分布在后两册,包括书牍、缘起、文告、宣言檄文、颂祝词、发刊词、诔词等种类。其中书牍又包括记事的、叙事的、抒情的、说明的、议论的、有所声明的、有所抗议的等种类。正如余冠英所评,《朱氏初中国文》俨然一部"描写辞典"①。

表面以文章作法为内容,实质却是为了思想道德教育,以南开中学 1935 年初中国文教本与朱文叔《初中国文读本》为代表,我们以后者为例说明。

朱文叔《初中国文读本》每册八组,六册共四十八组。其中三十四组可归为五类,包括:"自然现象的描写""植物的描写""四时景色的描写""动物的描写"等十组描写文;"社会风俗文化的记述""物质文明上人物制度的记述""人工和自然物的记述""风土人情的记述"等九组记叙文;"青年生活的论述""做人态度的表白和议论""人生态度志趣的论述"等五组议论文;"家人间情感的抒写""夫妇之情的抒写"等四组抒情文;"政治观念的阐明""文章作法的说明""天演人生和治学方法的说明"等六组说明文。

值得注意的是,有些"描写"组题下有抒情文,如"动物的描写"组,就包含了芳草《被系着的》与郑振铎《海燕》;有些"记述"组题下包含议论文,如"妇女的社会生活的记述"组,就选有陈衡哲《新

① 余冠英:《坊间中学国文教科书中白话文教材之批评》,《国文月刊》第 17 期,1942 年 11 月 16 日。

时代的女子》。除这三十四组外,还有一些根本不以文章作法为纲的单元。像第五册第七组为“生与死之观照”,所选五篇课文,分属记叙、议论、抒情三种文体;第八组“民族之体质与民族之道德”,所选六篇课文,分属说明、议论、记叙三种文体。混合选文的目的,不是某一文体作法的学习,而是思想道德教育。像“民族之体质与民族之道德”组,就以“民族体质之改善及民族道德之发扬为柱意”。其实,思想道德教育正是《初中国文读本》的重要内容。

曾编过《国语文类选》的朱文叔,很难完全放弃以思想道德为内容的教科书编写理念。《初中国文读本》即“注重民族精神之陶冶、现代文化之理解”①。据朱文叔在每册教材支配表中对各组教学内容的介绍,《初中国文读本》在思想道德上有四方面的具体内容。一为鼓励青年勤奋学习,向往光明。“自然现象的描写”组中,巴金《海上的日出》《繁星》等文,均为“感发其寻求光明之志趣”。“青年生活的论述”组中,廖世承《青年生活》“论述现代青年之责任”,吴敬梓《王冕的少年时代》、不除庭草斋夫②《佛兰克林做徒弟的时候》及朱文叔本人署名如一所写的《叶澄衷》均为“传述中外名人少年时代刻苦求学之生活”,彭端淑《蜀二僧》、欧阳修《卖油翁》“暗示为学在立志,技能在熟练”,陆费逵《敬告中等学生》“就教育的见地以阐明中学生地位之重要”,这些作品“皆含有激励青年之意味”。二为培养民族精神。“社会风俗文化的记述”组本是叙述文教学单元,所选六篇作品,大半为游记,王世颖《虎门》写沿海要塞,冰心《东京纪游》写国外都市,李石岑《旅居印象记一则》写国外风俗,但主旨皆为“振起民族精神”。“战事的描写及敌忾的表抒”组本为记事文及抒情文单元,但所选《岳飞郾城之战》《岳飞

① 《新课程标准适用初中国文读本编例》,朱文叔《初中国文读本》(第一册)。
② 陶行知的笔名。

之轶事》、翁照垣《一月二十八夜》、王锡礼《一月二十九日》、吴铁城《航空救国》及六首“唐宋人雄壮的小诗”,“皆以唤起民族精神为中心”。其他“民族精神的发挥”“民族之体质与民族之道德”等单元,都为培养学生的民族精神。三为培养科学精神。“物质文明上人物制度的记述”组所选张迪虚译《没有时钟的世界》、不除庭草斋夫《爱迪生之死》等文,“皆所以使学者理解现代之文物制度,并引起其研究科学之兴味”。“天演人生和治学方法的说明”组选唐钺《达尔文轶事》、梁启超《慧观》、陈兼善《进化论浅解》、李石岑《人》、周昌寿《物理学与人生》五篇作品,均“以科学精神的培养为主旨”。四为忠孝悌义等伦理观念的教育,如“家人间情感的抒写”“夫妇之情的抒写”“友谊的抒写”等组,就都以此为目的。

以文章作法为主要内容,以文学为辅助内容的教科书,以孙俍工《初中国文教科书》、傅东华《复兴初中国文》、孙怒潮《初中国文教科书》及《国文百八课》为代表。

孙怒潮《初中国文教科书》“采用单程教学制,每册分为九单程,每单程内含主要文体一种,或某种文体之一部分,平均每单程有教材四篇,足供二周精读教学之用,每册共文三十六篇(短篇诗歌数首合为一课),全书共文二百一十六篇”①。每单程末尾,“附教学做三项举要”:“教”“略述每单程教材概况及与教材有关系之补充作品并注明其出处”;“学”包括“语法、作文法、修辞举例”,“一年级授以语法初步及记叙文作法,二年级授以语法细目及说明文、抒情文作法,三年级授以修辞举例及议论文、应用文作法,复句分析法”②;“做”即练习。统摄全书的是“作文法”,即记叙文、说明文、议论文等普通文的文章作法。

---

① 《编辑例言》,《初中国文教科书》(第一册),上海:中华书局,1934 年。

② 同上。

我们所找到的该书前五册基本按照记事文、叙事文、说明文、抒情文、议论文的种类和作法组织课文。第一册注重记事文的教学，分“风景描写”“天象季节描写”“人物描写”等单程。第二册探讨叙事文的要素、目的、方法及与记事文的区别，分“叙事文中的人物传记”“叙事文中史实的记载”“叙述人物”等单程。第三册讨论说明文的定义、要件、种类等，分“说物”“说理”“杂说”等单程。第四册注重说明文、抒情文的学习，分“原理的说明”“带教训意味的说明”等单程。第五册主要讨论题式、演绎、归纳、证据等议论文要素，分“主张的议论文”“攻击的议论文”“辩解的议论文”等单程。

《初中国文教科书》在以记事文、叙事文、说明文、议论文、抒情文为纲组织选文的同时，每册都有专门的小说诗歌单程，为文学作品的学习留下了一定的空间。这些文学作品大多具有鲜明的时代色彩，体现了编者通过文学作品引导学生关注时局和社会问题的意图。比如，编者在第二册第六单程的“学”项中点明选择《在蕴藻浜的战场上》等四篇作品的目的，“被压迫的读者们呵，你们应该觉醒了吧!”又如，编者在第三册第四单程的“学”项中说，《被蹂躏的中国大众》“是作者替铁蹄下的中国民众大放一声反抗的狂吼”，《马将军》“是纪念有功边疆之将的颂歌”，“读此，不禁为今日负守土之责的人羞死愧死!”此外，编者还指示理解和欣赏文学作品的特殊方法。比如，在第五册第五单程的“教”项中，编者说，《失业》“是一篇法国自然主义派的代表作，这种作品底教法，教者应先把法国当时资本主义底历史，划一个轮廓，然后叫学者自己去默诵一遍，把每段大意，作下笔记，再来讨论问题，倘若只是寻章摘句式的去讲给学生听，包管梦见周公，用不着今晚再到寝室去了”。

在我们所讨论的教科书中，夏丏尊、叶圣陶《国文百八课》最受教育学者关注。夏、叶的编辑思路很明确，他们一方面反对“杂乱地把文章选给学生读,不论目的何在";另一方面反对通过国文教学进行思想道德教育:"时下颇有好几种国文课本是以内容分类的。把内容相类似的古今现成的文章几篇合成一组,题材关于家庭的合在一处,题材关于爱国的合在一处。这种办法,一方面侵犯了公民科的范围,一方面失去了国文科的立场,我们未敢赞同。"[①]这两种方式,在他们看来都是不科学的,"在学校教育上,国文科向和其他科学对列,不被认为一种科学,因此国文科至今还缺乏客观具体的科学性"。所以,《国文百八课》"最重要的一点就是想给与国文科以科学性,一扫从来玄妙笼统的观念"。[②]

《国文百八课》的"科学性",在于以文章作法为纲组织选文。《国文百八课》每册十八课,每课即一单元,"内含文话、文选、文法或修辞、习问四项,各项打成一片。文话以一般文章理法为题材,按程配置,次选列古今文章两篇为范例;再次列文法或修辞,就文选中取例,一方面仍求保持其固有的系统;最后附列习问,根据着文选,对于本课的文话、文法或修辞提举复习考验的事项"[③]。编者对于文话的写作,颇费苦心,"每课文话话题的写定,就费去了不少时间。本书预定一百零八课,每课各说述文章上的一个项目。哪些项目需要,哪些项目可略,颇费推敲。至于前后的排列,也大费过心思"[④]。文话是《国文百八课》最突出的特点,正如吕叔湘所说:"文话是编排的纲领,文选配合文话,文法修辞又取材于文选,这样就不但是让每一课成为一个单元,并且让全书成为一个有机的整体。"[⑤]至于这些文话的具体安排,吕叔湘的介绍很到位:"第一

① 叶圣陶:《关于〈国文百八课〉》,《叶圣陶集》(第十六卷),第34页。
② 《编辑大意》,《国文百八课》(第一册),上海:开明书店,1938年新一版。
③ 同上。
④ 叶圣陶:《关于〈国文百八课〉》,《叶圣陶集》(第十六卷),第32页。
⑤ 吕叔湘:《国文百八课》,《国文百八课》,北京:三联书店,2008年。

册从‘文章面面观’开始，接着讲文言体和语体以及文章的分类，这是个总引子。接下去用不多几篇讲最常用的应用文：书信。这以后就是本册的重点：用九课的篇幅讲记述和叙述、讲题材、讲顺序、讲倒错、讲快慢、讲观点的一致与移动。第二册仍然接着讲记叙文。上来先讲三种记叙文的体式：日记、游记、随笔；然后接着讲直接经验和间接经验，讲立足于第一人称、第二人称、第三人称。接下来讲记叙文中的感情抒发，记叙文中的景物描写和人物描写。第三册开头讲小说，记叙文的一个特种形式；略讲韵文和散文的区别以及诗的本质；然后转入本册的重点：说明文。讲单纯的说明文以及说明和记述、叙述、议论的异同分合；讲说明的对象即事物的各个方面：它们的异同、它们的关系、它们的过程以及抽象的事理。这一册的十八篇文话有十三篇是讲说明文的。第四册的重点是议论文，可是对议论文的说明，只用了最后的六课。在这之前讲了好些不能简单的归入记叙、说明、议论三类的文章：学术文、仪式文、宣言、对话、戏剧、抒情诗、叙事诗。”①

吕叔湘注意到了《国文百八课》中，有好些单元都“不能简单的归入”文章学的系统，可见，编者所谓《国文百八课》的编辑是“彻头彻尾采取‘文章学’的系统”②并不属实。吕叔湘所举的第四册“不能简单归入议论、记叙、说明三类的文章”中，有四个单元是戏剧、抒情诗、叙事诗、律诗。这几个单元的文话部分都详细介绍该种文学体裁的演变、特点。所选的范文，像田汉《苏州夜话》、陶潜《归园田居》、《木兰诗》等都是纯文学作品。明白了《国文百八课》中对纯文学作品专门设置单元，就可以知道第三册第一、二课之所以选小说，除了吕叔湘按照该课“文话”所得出的因其为“记叙文的

---

① 吕叔湘：《国文百八课》，《国文百八课》。

② 叶圣陶：《关于〈国文百八课〉》，《叶圣陶集》（第十六卷），第35页。

一个特种形式”这一原因外,还因为小说属于文学作品的主要种类,必须设置单元教学。此外,第二册第三课的“随笔”,也带有纯文学作品的性质。

可见,《国文百八课》除主要按照文章作法组织单元、选择范文外,还设置了纯文学作品单元。准确地说,《国文百八课》预设的教学内容以文章作法为主,以文学教学为辅。已有研究过分依赖编者的追述,以为《国文百八课》完全是文章学的体系①,而没有注意到它对文学作品的重视。

综上所述,除《朱氏初中国文》纯以文章作法为内容外,1930年代以文章作法为纲的初中国文教科书,大多容纳其他两类教科书的内容,或兼具思想道德教育,或以文学为辅,几乎都没有“彻头彻尾采取‘文章学’的系统”,这实际使得它们在很大程度上继承了1920年代中学国文教科书的编写理念。且以记叙文、说明文、议论文等“文章学系统”为纲的教科书,其实多是介绍文章作法的知识,并非实实在在的“形式上的训练”,所以没有被1940年代中学国文教科书采用,反倒是思想道德和纯文学作品,作为辅助内容,被继承了下去。

---

① 比如黄光硕《〈国文百八课〉的体系和选文》(《课程·教材·教法》1986年第6期),张复琮、曾祥芹《〈国文百八课〉文章学系统——评夏丏尊、叶圣陶的七十二篇“文话”》(《河南财经学院学报》1986年第4期),王倩《体上求用 用中见体——〈国文百八课〉“文话”系统对作文教学的启示》(《首都师范大学学报》[社会科学版]2003年第3期),岳辉《〈国文百八课〉文话研究》(北京师范大学硕士论文,2005年),王荣生《从文体角度看中小学作文教学——从〈国文百八课〉说起》(《上海教育科研》2008年第3期)等文,都强调《国文百八课》的“文章学系统”,而忽略其所选的纯文学作品。

第四章

1920 年代高中国文：国故、国学与『国势』

1923年,胡适应新学制课程标准起草委员会之邀,草拟了《高级中学公共必修的国语课程纲要》,尽管对当时各地高中教学约束力不大,但因其代表了官方意见,仍值得考察。

在这份纲要中,胡适将高中国文必修课程分为读书、文法和作文三个板块,并重点设计了“读书”,要求学生通过高中国语的学习,最少应精读、略读各八种名著。所谓精读,指“须有详细的了解,并应注重文学的技术。上课时,由教员与学生讨论问答”;所谓略读,则“但求了解欣赏书中的大体”。他详细列举了应读书目。在《水浒传》《儒林外史》《镜花缘》、古白话文选、近人长篇白话文选五种中略读一种。在诸子文粹、四书、古史家文粹、王充、史通、韩愈、欧阳修、王安石、苏轼、朱熹、王守仁、清代经学大师文选、崔述(以《考信录提要》为主,而采他文附之)、姚鼐、曾国藩、严复的译文选录、林纾译《撒克逊劫后英雄略》十七种中精读六种,略读五种。在诗经(节本)、唐以前的诗(选本,注重古乐府)、唐诗(选本,注重李白、杜甫、张籍、韩愈、白居易、杜牧诸大家)、唐以后的诗(注重苏轼、陆游、范成大、杨万里、李东阳、吴伟业、黄景仁等诸大家)、词与曲(选本)、戏曲(杂剧,传奇)中精读两种,略读三种。

从这份书单中,可见胡适为高中生规定的国文教科书,并非坊间流行的文章选本,而是整理过的整本的书。这是胡适长期以来对于中学国文教学思考的结果。在1920年发表的《中学国文的教授》中,胡适将中学二、三、四年级的国文教材分为选本和古文自修书两种。虽然他也拟定了一个选本的范围,但同时却对选本式的教材进行了抨击。他将中学国文教学没有成绩的原因归结为“中学堂用的书只有那几本薄薄的古文读本”,“古文的选本都是零碎的、没有头脑的、不成系统的、没有趣味的。因此,读古文选本是最没有趣味的事。因为没有趣味,所以没有成效”。他主张用“看书”代替“讲读”,认为中学生应看“(a)史书:《资治通鉴》或《四史》(或《通鉴纪事本末》)。(b)子书:《孟子》《墨子》《荀子》《韩非子》《淮南子》《论衡》等等。(c)文学书:《诗经》是不可不看的。此外可随学生性之所近,选习两三部专集,如陶潜、杜甫、王安石、陈同甫……之类”。在当时的胡适看来,这些典籍应让学生“自己翻查字典,自己加句读,自己分章、分节”。[①] 经过两年的实验和调研,胡适发现,《中学国文的教授》中的计划“很像是完全失败了”[②]。但他未将失败归结为教材分量的多寡,也未归结为学生自修的难以实行,而归结为“没有相当的设备”。比如《资治通鉴》,“宋本、百衲本、局本、石印——哪一部可以供普通中学学生的自修呢?”比如《诗经》,“经过朱熹的整理,又经过无数学者的整理,然而至今还只是一笔糊涂账;专门研究的人还弄不清楚,何况中学学生呢?”所以,胡适希望对古书有一番整理,“古书不经过一番新式的整理是不适宜于自修的”。他指出古书整理的方式为:加标点符号、分段、删去不必要的旧注、加入不可少的新注、校勘、考订真假、作介绍及批评的序跋。此外,胡适还列出了三十一部需要整理的古书。《高级中学公共必修的国语课程纲要》所列书目即在此基础

---

① 胡适:《中学国文的教授》,《新青年》第8卷第1期,1920年9月1日。

② 胡适:《再论中学的国文教学》,《胡适文集》(第三册),北京:北京大学出版社,1998年。

上增删而成。纲要认为所列典籍都得经过一番整理才能作为教材，整理方式为“(1)标点，(2)分段，(3)校勘，(4)简明的注释，(5)详明的引论”，并强调说，“古书不经过这样的整理，皆不便于学生自修”。这也是胡适长期以来观察和思考的结果。

胡适在《再论中学的国文教学》中认为，经过一番整理的功夫，就可以有一套“中学国故丛书”了。其实，编辑一套“中学国故丛书”，是胡适长期以来的想法。1921 年 4 月 30 日，南开中学教务主任俞鉴跟胡适谈及中学国文问题。俞鉴认为中学国文教学“最困难的是没有适当的读物”。胡适深表赞同：“这个问题在今日真不易解决。我们现在想编纂的《国故丛书》，也是为此。我们这件事业没有办成之先，这个问题是无法解决的。”①1921 年 7 月 20 日，胡适旁听商务印书馆编译所会议，“他们讨论《国文读本》时，我略贡献一点意见。我劝他们多设法编一些‘中学国文参考丛书’。例如《诗经新注》《词选》《名家文》《中国古史考》等书。我说，中学学生决不能从《中学国文读本》里学得国文，我们不能不设法引他们多看书，而现在实无中学生可看的中文书”②。

胡适希望商务印书馆主持“中学国故丛书”的编辑工作，但直到 1925 年，商务印书馆才开始陆续出版由王云五、朱经农主持的“学生国学丛书”。参与丛书编写工作的茅盾回忆说：“此书的主要计划人是朱经农，留美学生、胡适的朋友，也许这部丛书的计划也反映了胡适对国学的态度。”③其实，这套丛书不仅计划上，实际操作过程也体现了胡适的影响。

《学生国学丛书编例》称：“中学以上国文功课，重在课外阅读，

① 《胡适全集》(第二十九卷)，合肥：安徽教育出版社，2003 年，第 223 页。
② 同上书，第 372—373 页。
③ 茅盾：《五卅运动与商务印书馆罢工》，《新文学史料》1980 年第 2 期。

自力攻求,教师则为之指导焉耳。惟重篇巨帙,释解纷繁,得失互见。将使学生披沙而得金,贯散以成统,殊非时力所许;是有需乎经过整理之书篇矣。本馆鉴此,遂有《学生国学丛书》之辑。”[①]无论是国文功课“重在课外阅读”,还是要求有“经过整理之书篇”,都跟胡适的观点相同。《编例》又说:“本丛书所收,均重要著作。略举大凡:经部如《诗》《礼》《春秋》,史部如《史》《汉》《五代》,子部如《庄》《孟》《荀》《韩》,并皆刊入;文辞则上溯汉、魏,下迄近代,诗歌则陶、谢、李、杜,均有单本,词则多采五代、北宋,曲则撷取元、明大家,传奇、小说,亦选其英。”茅盾认为:“把孟子与庄子、荀子、韩非子并列,视为诸子之一,而不认其为‘经’,这倒有点打破宋元以来传统思想的精神;而且把传奇(唐人传奇)、小说(明朝的三言二拍)列为国学,也同样有打破传统思想的意味。”[②]其实,胡适在《再论中学的国文教学》中,正是将《孟子》放在子书之中。而把传奇、小说当作“国学”,并作为学生的国文教材,也是胡适所极力主张的。

除缘起和丛书范围深受胡适影响外,这套丛书的编辑方式和编辑人选也跟胡适有关。丛书“诸书均为分段,作句读,以便省览”[③]。除分段句读外,每册都有编者序跋,介绍作者、版本、内容情况。这跟胡适整理古书的思路契合。丛书中最早面世的是叶绍钧选注的《荀子》《礼记》、缪天绶选注的《诗经》《孟子》、唐敬杲选注的《韩非子》《管子》《墨子》、沈德鸿选注的《庄子》《淮南子》、章锡琛选注的《文史通义》、计硕民选注的《公羊传》。这些编者既非旧派学者,亦非“昌明国粹”的学衡派人,而为直接参与或跟新文化运动有

① 《学生国学丛书编例》,庄适《晏子春秋》,上海:商务印书馆,1926年。
② 茅盾:《五卅运动与商务印书馆罢工》,上海:商务印书馆,1926年。
③ 《学生国学丛书编例》,庄适《晏子春秋》。

关的年轻人,这也充分说明其跟胡适关系非同一般。

但胡适代表官方拟定的课程纲要,以及随后商务印书馆出版的“学生国学丛书”,并没有引起重视,各地中学似乎很少正式采纳。1930 年,朱自清说,胡适“力主学生多读参考书。后人便纷纷开书目,又分出精读泛读等名目。中学如此,大学自然更该如此。但实际上学生读那些课外参考书的,截至现在,似乎还不多”。胡适抨击选本,但朱自清观察到,当时中学国文“大体还是以选本为主,只不过让学生另外知道些书名而已。选本势力之大,由此可见;虽反对选本的人也不能否认”①。1932 年,胡适发现当时的国文教材不是由他这样的专家所定,而“皆书店老板所定”,并承认“我在十二年前,就已提倡整理中学教科书,但迄未动手,的确是教育界上之一大损失”。② 所以,我们除探究胡适等代表官方所拟定的课程纲要、规定的教学内容及相关实践外,更得考察各地高中建制之后,课程如何设置、内容如何规定、舆论如何看待,在此基础上具体考察出版社所编高中国文教科书,才会更接近事实。

第一节　以“国故”为主要内容的 1920 年代高中国文课

《高级中学课程总纲》由郑宗海、胡明复、廖世承、舒新城、朱经农、陆士寅、陆步青、朱斌魁、段育华起草,新学制课程标准委员会复订。总纲将以升学为主要目的者称为普通科。普通科分两组,第一组注重文学及社会科学,第二组注重数学及自然科学。两组

① 朱自清:《论中国文学选本与专集》,《朱自清全集》(第一卷),南京:江苏教育出版社,1996 年第 2 版。第 80 页。

② 《胡适第三次演讲中学国文教学法》,《大公报》,1932 年 8 月 8 日,第二张第五版。

都实行学分制。第一组中至少三十学分①,各校可自由开课。这因应了各地高中课程设置和教材选择各自为政的现实,反过来又鼓励了这种风气。

自高中建制至1930年左右,各地高中课程设置和教材采用情况很不一样。为了切合事实,本节选择南京、北京、天津、上海、苏州、长沙六所著名中学,逐一考察其高中国文课程设置及教材使用情况。

1923—1924年间,东南大学附中高中部的国文课程分公共必修和文科选修两种。② 必修国文课时分配及教学内容为:

年级	课时分配	主要教学内容
高一	每周四学时:古文二学时,应用文一学时,演说辩论和作文笔记一学时。	精读唐宋元明清近代古文三十篇,《论语》,唐宋诗三十首(注重李白、杜甫、白居易、苏轼、陆游诸大家);略读《水浒传》、《大学》、《中庸》、《新文艺评论》(民智书局)、《域外小说集》、《梁任公近著(第一辑)》(上下两册)。③
高二	每周四学时:古文二学时,应用文一学时,作文笔记一学时。	精读苧田氏选《史记菁华录》(商务)、吴曾祺选《左传菁华录》(商务)、《汉书》选录十篇、《楚辞》选录五篇;略读《诗经》(节本)、《国语》《国策》(节本)、《礼记》(节本)。④
高三	国学概论一学时,包括六艺概论、史传概论、诸子概论、集部概论四部分。	六艺概论:《汉书·艺文志·六艺略》《隋书·经籍志(经)》《文史通义·原道》。史传概论:《隋书·经籍志(史)》《四库提要史部总叙》《文史通义·书教》等。诸子概论:《汉书·艺文志》中诸子略、术数略、方技略,及《隋书·经籍志(子)》《史记·司马谈论六家要旨》。集部概论:《隋书·经籍志(集)》《四库提要集部总叙》《文史通义·文集》《文史通义·诗话》等。且以章太炎讲《国学概论》为辅助教材。
	文学概论一学时。	中国文学概论之部以刘永济《文学论》为依据;西洋文学概论之部以温士德《文学评论之原理》为依据。

① 每周上课一小时,满半学年者为一学分。

② 下列材料来源于中华书局1924年《施行新学制后之东大附中》第69—106页。

③ 陈夔勋《东大附中初高两级必修国文课程纲要草案》(《中等教育》第2卷第5期,1924年2月1日)中,精读教材与此同,略读教材为:《水浒传》《大学》《中庸》《近人长篇白话文汇选》(中华书局出版)。

④ 陈夔勋:《东大附中初高两级必修国文课程纲要草案》中,精读教材选《汉书》二十篇、《楚辞》十篇,其他相同。

文科组设六门国文选修课：

课程名	开课年级	学分	教学内容
国学常识	高一	四	以何仲英《中国文字学大纲》、王筠《文字蒙求》、曾毅《中国文学史》、许国英《国文读本评注》、沈恩孚《国文自修书辑要》及陈钟凡《古书校读法》为范围，“由教者删繁就简，提要钩玄，做成测验式问题，或问话式问题多种（略如东南大学入学试验国学常识）。在教室或课外与学者共同研讨，或指定某书重要部分，先令学者阅读，然后再在课室讨论，或径出题测验”。
文字学	高二	四	包括声韵论、形体论、义训论。
文学史	高二	四	自先秦文学至近代文学。
诸子述略	高二	三	“于诸子中选定最要七家（老、孔、墨、孟、荀、庄、韩），就近代人专研某家学术之著述文为主，依科学方法，分期演述与讨论。”
群经发凡	高二	三	不详。
古代文学作品及批评	高三	三	作品包括诗歌、小说、戏曲；批评部分以梁启超《情圣杜甫》、甘蛰仙《白香山的文艺》等为主要教材。
近代文学作品及批评	高三	三	作品部分译作和创作并重；批评部分以孙俍工《新文艺评论》为主要教材。

阮真认为，东南大学的国学课程，“除《史记》一篇，《文史通义》几篇外，大部分的教材，只有乞灵于三篇大文，这便是《汉书艺文志》《隋书经籍志》《四库提要总叙》了。我以为这是国学书目概论，却不是国学概论”①。其实，本书稍后讨论到的澄衷中学也以《汉书·艺文志》为教材，并以章太炎《国学概论》为辅助读本。这两所学校的学生都以考入东南大学为目的，其国文课程的内容自然有相似之处。

1926 年左右，北京师范大学附属中学高中部普通科第一部（文

① 阮真：《中学国文各学程教学研究》，上海：民智书局，1930 年，第 30 页。

科)必修国文课时分配和教学内容如下①:

年级	课时分配	教学内容
高一	每周五学时:模范文选三学时,文论集要一学时,作文一学时。	以《国语》《国策》、前四史、《资治通鉴》等为主教材,以诸家别集副之。
高二	每周四学时:模范文选三学时,作文与文论集要一学时。	以先秦两汉诸子为主教材,以诸家别集副之。
高三	每周四学时:模范文选二学时,作文与阅书质疑一学时,古书文法举例一学时。	以群经为主教材,以诸家别集副之。

该校普通科第二部(理科)每周国文三学时。高一、高二每周模范文选二学时,作文一学时。高三模范文选一学时,常识文选一学时,作文与文论集要一学时。其中模范文教材跟文科相同。同时,该校文科组设六门国文选修课程:

课程名	每周学时	开课年级	教学内容
修辞学	二	高一	导论、文格论、批评论、余论(校读古书)。
文学文	二	高一上	现代之诗歌、戏剧、小说。
		高一下	元明清之诗、词、曲、小说。
		高二上	汉魏六朝之乐府、古诗、赋。
		高二下	《楚辞》《诗经》。
文字学	二	高二	导言、声韵、形体、训诂释例。
国语发音学	一	高二	绪论、发音机关、声母、韵母、拼音、声调、书法体式、结论。
学术文选②	二	高二上	先秦诸子。
		高二下	先秦诸子,两汉儒家、道家。
		高三上	魏晋南北朝及唐代之儒家、玄学、佛学,宋明理学。
		高三下	宋明理学,清代之汉学、宋学。

① 材料来源于1926年《国立北平师范大学附属中学一览》。

② 除所举教学内容外,“史学由教者便宜,随时代补充”。

(续表)

课程名	每周学时	开课年级	教学内容
文学概论	二	高三上	总论——什么是文学,研究文学的几条路径,文学概观(包括文学之要素、文学与思潮、文学与生活),文学之三方面(想象论、赏会论、形态论),诗,小说,戏剧与童话,结论。
文学史	二	高三	自先秦文学至现代文学。

1928年左右,上海中学高中部公共必修科国文高一、高二每周五小时,高三每周四小时,其教学目的有三:“宜进求其‘文字’‘文法’‘学识’三者根本之培植,一也。增进阅读古书、研究古代学术思想之能力,二也。顾及应用,三也。”具体来说,高一了解“现代思潮之概况”及“文章之义法,增进文学之美感与兴趣,并施之于述作”;高二“明瞭古今学术思想之概况与趋势”与“古书类别,及读古书之旨趣与方法”;高三“研究古代学术思想”与“标点、整理、批评、审定古书及文学之名著”。教材“选文以具有真见解、真感情、真艺术及有根据、合逻辑、不违反现代之精神者为标准。其于已死之文体,如‘九锡文’‘符命’或难治之文;及‘武断’‘含混’‘奇诡’‘台阁’‘堆砌’之类者,概宜避忌。魏晋六朝之文,选其写情亲切、描绘精致、伦理明核者。周秦两汉文字,选其富有思想情感与经验,切于想象、批评、创造者。选文宜取已经整理之书本,如有新标点、分段落、简明之注释、详尽之引论者为佳”。①该校高中普通科文史地组国文设三门必修课、两门选修课。必修课为:高一文字学,每周两小时;高二文学史大纲,每周两小时;高三国学概论,每周三小时。选修课为:高一新文学,每周两小时;高二声韵学,每周两小时。②教学内容和教材使用情况不详。

① 中央大学区立上海中学校1928年《高中部必修国文课程纲要》。
② 1930年《江苏省立上海中学一览》。

1929年左右，南开中学高中文科组除必修国文每周四学时外，开设下列国文选修课：

<table>
<tr><th>课程</th><th>学时</th><th>年级</th><th>教学内容</th><th>阅读书目</th></tr>
<tr><td rowspan="4">文学概论①</td><td rowspan="4">三</td><td>高二上</td><td>文学园之开辟、疆界、区划及价值等。</td><td rowspan="2">王希和《西洋诗学浅说》、黄侃《文心雕龙札记》（选读）、鲁迅译《苦闷的象征》、俞寄凡《学术纲要》。</td></tr>
<tr><td>高二下</td><td>文学园与自然、人生、艺术之关系。</td></tr>
<tr><td>高三上</td><td>中国文学园里的妙趣与特采。</td><td>朱熹《诗经集注》、王逸注《楚辞》、《古诗源》、《古唐诗合解》、《唐宋诗醇》、《注疏唐诗三百首》、《白话词选》、《人玉屑》、《要籍题解》（诗经、楚辞两部）、葛遵礼《中国文学史》。</td></tr>
<tr><td>高三下</td><td>关于文学园的耕作、游赏的重大问题。</td><td>《诗品注》、《文心雕龙札记》（选读）、《养一斋诗话》、《人间词话》、《李笠翁曲话》、《自己的园地》，陈钟凡《文学批评史》、王希和《诗学原理》、《小说法程》、余上沅《戏剧论集》、曾国藩《求阙斋日记》（品藻、文艺两部）。</td></tr>
<tr><td rowspan="4">名著选读②</td><td rowspan="4">三</td><td>高二上</td><td>文学名著</td><td>诗经、楚辞、曹植诗、陶潜诗、李白诗、杜甫诗、白居易诗、南唐二主词、辛稼轩词、中国名剧选（吴梅选）、琵琶记、词选（张惠言选）、唐贤三昧集（王士祯选）、文心雕龙。</td></tr>
<tr><td>高二下</td><td>哲学名著</td><td>论语、孟子、荀子、庄子、墨子、韩非子、老子、宋元学案（商务节本）、明儒学案（新会梁节本）、公羊传。</td></tr>
<tr><td>高三上</td><td>史学名著</td><td>左传、战国策、史记、后汉书、礼记、史通、文史通义。</td></tr>
<tr><td>高三下</td><td>语言学名著</td><td>说文之部、经传释词、古书疑义举例。</td></tr>
</table>

1930年左右，苏州中学高中普通科国文必修课程教学目的为

① 该课程所列书目为必读，学生需“依教者规定之期限”，“仔细研味，作成系统的笔记或报告，送交教者批阅”。

② 要求学生就所列三十四种书中，“任选十种，由浅入深参互读之，所用版本以最通行而简便者为主”。

“中国文字学术上较高深的研究”①。高一每周六小时,以集部为主,“依文学史的体例由古溯今选读各时代著名作家各体文字之代表作品以明中国文学变迁之大概”。高二每周五小时,以史部为主,“选读《尚书》《左传》《国策》《史记》《汉书》《通鉴》以下史籍文字及集部中关于典志碑传等巨著以明各种史法之大概”。高三每周四小时,以经子为主,“自六经诸子下及宋明理学、清儒考证学、各家论学文字以明中国学术思想之大概”。此外,该校普通科设八门国文选修课程:

课程	学时	年级	教学目标	教学内容
文字学	二	高一上	使学生明瞭本国文字组织构造之大概及其衍变之历程。	文字之本源(生成期),文体之组合(发达期),文字之运用(完成期),文字之淘汰及增添,文字之改革及因袭,文字之比较。
学术文	二	高一下	为国学概论之预选学程,选读有关各时代学术思想之重要文字,使学生略明本国学术递变之情形。	胡适《国学季刊发刊宣言》、梁启超《治国学的两条大路》、戴望《颜先生传》、戴震《惠定宇先生授经图记》、顾炎武《与友人论学书》、黄宗羲《明儒学案姚江学案序论》、王守仁《拔本塞源论》、朱熹《大学章句序》、张载《西铭》《东铭》、韩愈《原道》、《晋书·阮籍传》、戴逵《放达非道论》、《后汉书·王充传》、刘歆《移让太常博士书》、董仲舒《春秋繁露仁义法》、司马谈《论六家要旨》、韩非子《六反》、墨子《兼爱上》、荀子《天论篇》、孟子《许行章》《公都子章》《富岁子弟多赖章》、《论语》中的《言志章》《晨门章》《荷蒉章》《楚狂接舆章》《长沮桀溺章》《荷蓧丈人章》、《庄子·马蹄篇》、老子《道德经》(第一、二、三、二十八、三十六章)。

① 材料来自1930年1月修订版《江苏省立苏州中学学程纲要》。

（续表）

课程	学时	年级	教学目标	教学内容
国学概论	二	高二	深切的明瞭本国学术思想的流变及其统系。	孔子与六经、诸子学之源流、秦人之焚书坑儒、两汉经生今古文学、晚汉之新思潮、魏晋清谈、隋唐之佛典翻译及经学注疏、宋明理学、清代考证学、最近期之学术思想。
美术文	二	高二上	使学者了解本国美的文体以抒其情感而养成模仿创造之能力。	诗、词、曲、骈文。
应用文	二	高二下	使学生谙习现今社会上各种实际应用文字之体裁款式且能运用确当。	公牍、函简、契约及其他。
文学史	二	高三	使学生深一层明瞭本国各时代文学的大概及其承接转变之所以然。	
古书示要	二	高三上	使学生明瞭古书内容之大概，辨别古书之真伪，养成研究古书之能力。	“自编讲义分经子古史依次教授之”，“择要指示诸家目录及评论”。教学群经时注意“举大意及其家法”；教学诸子时注意“述学思想、辨流别、考真伪”；教学古史时“举最有用者指示内容概要”。
国学问题	二	高三下	介绍学生以最近国学界上讨论的几个问题，使能明瞭依着时代潮流研究国学的门径和标的。	1、古史，内容包括古史辨，古史讨论集要，经学上的今古文问题，尚书、老子、左传、国语、屈原、竹书纪年诸书之真伪，井田辨，汉族西来说辨。2、其他古代文：甲骨、钟鼎、篆籀的问题。3、诸子，内容包括诸子不出王官辨，名墨同异辨，墨翟姓名籍贯辨，阴阳五行之起源。4、宋学和汉学。5、东西文化根本上之辨论。6、其他。

1930年左右，湖南私立明德中学高中部公共必修科国文教学

情况如下①:

<table>
<tr><th>年级</th><th>每周课时</th><th>教学目标</th><th>教学内容</th><th>阅读书目</th></tr>
<tr><td>高一上</td><td rowspan="2">上课四时,作文一时。</td><td>对于历代名家之代表作品得一较有系统之观察,求出个人对于作品作家兴趣之所在,以使自行浏览或继续研究。</td><td>自现代溯自上古,历代文学代表作品均宜包括在内,成一系统。</td><td rowspan="2">《常识文范》《青年修养录》《白话文学史》《欧洲文艺复兴史》《新文学概论》《文学评论之原理》《欧洲文学史》《西洋小说发达史》《文艺史概要》《近代文学十讲》《文艺论集》《新文艺评论》《戏剧短论》《宋春舫论剧》《诗之研究》《中国小说史纲》《中国小说史略》。②</td></tr>
<tr><td>高一下</td><td>概括认识“诸子之学说文体及其思想方法”。</td><td>儒道墨法诸家中重要篇章。</td></tr>
<tr><td>高二上</td><td rowspan="2">上课四时,课外作文一次。</td><td>概括认识“中国重要史籍史论”。</td><td></td><td rowspan="2">《中国诗选》《词选》《中国文学源流》《古文辞类纂》《古书源》《历代诗评注读本》《词选》《白香山词笺》《十八家诗钞》。③</td></tr>
<tr><td>高二下</td><td>概括认识“中国重要经书”。</td><td></td></tr>
<tr><td>高三上</td><td rowspan="2">上课三时,课外作文一次。</td><td>概括了解“中国文学之演变及现状”。</td><td></td><td rowspan="2">《楚辞》《中国文学史大纲》《昭明文选》《经史百家杂钞》《文史通义》《文心雕龙》《中国文学批评史》《中国韵文通论》《中国六大文豪》《中国妇女文学史》。④</td></tr>
<tr><td>高三下</td><td>概括了解“文学之一般性质”。</td><td></td></tr>
</table>

---

① 1930年《湖南私立明德中学校一览》。

② 高一上需从中阅读100万字,高一下阅读150万字。

③ 两处的《词选》,可能前者为张惠言选,后者为胡适选。高二上需从中阅读200万字以上,高二下250万字以上。

④ 高三上需从中阅读300万字,高三下400万字。

此外,明德中学高中部还设置四门国文选修课:文字学,三学分;韵文作法,三学分;古书阅读,四学分;国文修辞学,三学分。具体内容和教材使用情况不详。

综合上述材料,1920年代高中国文课内容的丰富和教材的深度丝毫不亚于现在的大学中文系。当时有人站在教育学的立场,从五方面指责这一现象:一是"浅的太浅,深的太深,程度相差过远";二是"新的太新,旧的太旧,易于引起青年思想之分歧偏激";三是"分量过重者,毫无门径之中学生,实难于担当";四是"当先读的,反后读;当后读的,反先读;当精读的,反略读;当略读的,反精读;未免失伦";五是"空悬读书招牌,名不副实"。总体来说,"漫无标准,各行其是。于是脑筋极纯洁之青年学生,往往为先入之见所误,于是妄加批评,或者门径未通,躐等以进,恣谈国故,诋谋孔孟;其害何可胜言"。[①] 这一说法虽大体反映了当时高中国文教学"各行其是"的实际情况,但其实还是可以清晰地辨出主线来:1920年代高中国文的主要教学内容,是包括经史子集在内的"国故",所用教材以古籍为主,近人学术论著为辅。处在新旧斗争激烈的时代背景下,这些现象必然引发人们的关注。

第二节　高中国文教学的三种舆论

1924年2月5日,《学生杂志》编辑杨贤江在该刊发表《国故毒!》,批评上海澄衷中学国文会考试题。这些试题侧重考察学生

---

① 洪芸仙:《高中国文教材之研究》,《师大月刊》第24期,1936年1月30日。

对古代典籍的熟悉程度,且命题者掺进了自己的价值判断。[①] 3 月 29 日,与《学生杂志》关系密切的《中国青年》第 24 期发表署名华男的《受“国故毒”的学生听着》一文,批评澄衷中学乙组部分侧重“国故”知识的国文会考试题。[②]

两份杂志所披露的试题引发了人们的讨论,其话题有三:第一,高中国文教学和大学招考的关系;第二,使用《汉书·艺文志》等古籍作教材与当时整理国故思潮之关系;第三,高中国文教学目的何在。

3 月 19 日,上海澄衷中学校长曹慕管在答书中称澄衷中学会考如此出题是为了提高升学率。[③] 在随后讨论中,有人对此表示理解:“中学和大学,有直接的关系,对于课程上、学力上,应有需要和供给相等的必要,假使那样试题是大学校应有的,那末中学校的国

---

① 第一题:“问国学载籍分经史子集四部,所以提纲领而纳条流,便学者也。能言其分合之意欤?何谓群经?何谓诸子?史有编年正史之别,集有总集别集之分,各部之分类以纲群书,能言其条理欤?孔子为经,诸子为子,其故何在?诸子中亦有称为经者,能言其异同高下欤?中国学术,莫盛于周季,诸子皆其时作者,后亦有作者,可列于诸子者欤?各就所知,择一条以答,或并全题答之。”第二题:“问国学诗文字三者,皆以美术之道行之,此可夸尚于全地球者。创之者赖先人,继之者赖后人。以文字论,经之道高而文亦最工,道与艺若相符焉。诸子道各名家,文亦特异。诸子之文,能言其派别欤?由周秦降而西汉,其文之精实,远不逮焉。西汉之博大丰伟,后世又不逮焉。时代之差,若此为甚。西汉文之著者,能言其流派欤?降而唐宋,文不逮古,其著者诸家能言其得失欤?亦择一或全体答之。”第三题:“问《汉书·艺文志》所载诸书,今之亡者多矣,能举今之所有者而数之欤?今虽有之,或同其名,异其实,或出后世伪作者,亦有之欤?《艺文志》谓太史试学童,能讽书九千字以上,又以六体试之,此汉时教小学识字考试之法也。夫读书必先识字,今之识字益寡,匪独不及九千,或不及九百焉,然则考试识字之古法,亦可行于今欤?五言始西汉,今如李陵苏武枚乘之诗,不一采入,何欤?外之如四皓紫芝未采入诸诗,能举之欤?高祖歌诗二首,能举其为何诗欤?阴阳、刑法、医占、数术,《艺文志》所载汉代之书多矣,殆皆不传,后世术亦益卑,不知今犹有得汉人之传者欤?择其能言者答之。”作文题:“读后汉书桥玄传论劫质事。(劫质之质音至,质,押信也,古谓劫质,今为虏赎,又谓绑票,又谓请财神。)”

② “(十一)开元天宝系何帝年号?(十二)宋太祖之后,复即帝位者何人?(二十)何谓汉学?何谓宋学?”作文:“立宪国家政党之异同。”

③ 《曹慕管致本社社员杨贤江函》,《学生杂志》第 11 卷第 3 期,1924 年。

文教材,就不得不从旧书堆里去寻求。"[①]北京大学的沈作乾认为:一是因为"澄衷中学的毕业生,比内地水平高";二是因为当时高校入学考试国文试题比较难,所以澄衷中学的试题可以理解。[②] 既然沈作乾提到了国文试题,那具体情况究竟如何呢?我们整理出如下两表。

1922 年部分高校入学考试国文试题[③]:

校名	题号	试题内容
东南大学	第一题	国学常识选择题二十道(略)。
	第二题	翻译《诗经·蓼莪》中四句为散文。
	第三题	翻译《尚书·无逸》一段为白话文。
	第四题	从"利人莫大于教,成身莫大于学","常人安于故俗,学者溺于所闻","凡为文以意为主以气为辅,以词采章句为兵卫"三题中任选一题作文。
北京女高师	第一题	作文:略述最近十日间之日记(文言白话不拘,但须加标点符号)。
	第二题	从"者""之""的""然""焉""于""以""而"八个虚字中选四字说明用法,并举例。
	第三题	试言女子积弱之故,及今后应取之途径。
北京高师(直接投考之部)	第一题	选《说苑·辨物篇》一百字左右,要求句读并解释大意。
	第二题	从"试述经过学校教授国文之略况"与"我为何以教员生活为终身之职业"中选做一题。
北京高师(各省区选送复试之部)	第一题	试发表个人对于新文学之意见。
	第二题	给《论衡·累害篇》中一百字左右的段落加句读。
南开大学	第一题	从"学生于思想起于疑说"与"我之学生自治观"中选作一题。
	第二题	翻译袁枚《归家即事》为散文。
	第三题	解释四句文言(略)。
	第四题	三道国学常识答问(略)。

---

① 汪宝瑄:《对于国立大学招考新生国文试题之怀疑》,《时事新报·学灯》,1924 年 4 月 11 日。

② 沈作乾:《曹先生怎么提倡国故》,《时事新报·学灯》,1924 年 4 月 10 日。

③ 此表和下表均据《学生杂志》中的材料整理而出。

1923年部分高校入学考试国文试题:

校名	题号	试题内容
北京大学预科	第一题	作文:你们在中学时代研究国文的经过和心得,把他择要写出来。
	第二题	为《史记·平原君列传》中一段四百字左右的文字加标点,解释加着重号者。
北京师范大学	总一题	作文:近今中等学校教授国文选择教材,或偏重国故之阐明,或偏重新知之输入。诸生曾受教中等学校,想能知其利弊,试明己意加以批评。(必须分段,并加新式标点符号。)
北洋大学	总一题	作文:中央集权与地方分权利弊论。
厦门大学	第一题	作文:国学科学并重论。
	第二题	为段玉裁《说文解字注》中一段两百字左右的文字加标点。
南开大学预科(上海招考试题)	第一题	作文:论新文化对于国故之影响。
	第二题	我国学术以战国时代为最发达,汩乎汉代,顿行衰落,其故安在?
	第三题	为《韩诗外传》中一段五十字左右的文字加新式标点。
东南大学预科(第一次)	第一题	国学常识填空(略)。
	第二题	给出四句没有标点的古文,要求改正句中错误(略)。
	第三题	给《宋史·食货志》一段三百五十字左右的文言文标点并翻译。
	第四题	从"善学者尽其理,善行者究其难""山林皋壤,实文思之奥府""仁者乐山,智者乐水"中任选一题作文。
东南大学预科(第二次)	第一题	给《史记·儒林列传》中一段三百五十字左右的文字标点翻译。
	第二题	从"自述'学历'及'将来之希望'""曾国藩李鸿章论""调合新旧文化之争""'大学教育普及'与'大国民之风度'""秦以急农兼天下汉以屯田并西域论"选一题作文。
	第三题	国学常识填空(略)。

上述两表表明,当时高考国文试题对于阅读古书的能力极为看重,同时,受新文化运动影响,对思想文化界的动态和国文教育本身的情况也比较关注。相比之下,东南大学的国文试题的确较为

"保守"。当时接受新知的青年对于东南大学的试题有过批评。有人称他们同学几个的学习成绩"在中学毕业生里面,总算很好,就以国文一项讲,他们能做清顺无疵的长篇论文,并且有自由发表思想的能力",但在参加东南大学的入学考试后,连"国文题目都看不懂,缴了白卷"。他们感叹说:"我们要早知如此,从前也不在初小高小念书,直接跑到乡下,跟一个私塾先生,念十年八年的古货,然后再到中学里混张文凭,现在也就没有这样的失望了!"[1]这样的感叹,其实是质疑东南大学的试题挑战了新式教育制度。

东南大学的入学试题虽较为"保守",但其"保守"的程度还比不上澄衷中学的会考试题。东南大学要求回答国学常识、标点翻译古文,都可以看成考查学生阅读和理解古籍的能力,但澄衷中学国文试题中所谓"国学诗文字三者,皆以美术之道行之,此可夸尚于全地球者",所谓"经之道高而文亦最工"之类文字,就不仅仅是考察能力,而是有嗜古的倾向了。其实澄衷中学的主持者曹慕管,对新文化极为反感。

曹慕管回敬杨贤江说:"君以此种考试为国文教育上的复辟行为,当然以庸妄人之教授性欲小说《金瓶梅》《红楼梦》(大观园只有一对石狮子是清白的故云),盗贼小说《水浒》《儒林外史》为革命兴味,而为贵报之所主张者,但仆对此种革命行为是否有益青年之身心,不能无疑且不敢承教。"[2]除致信杨贤江外,曹慕管还在《时事新报·学灯》发文表明态度。他一方面声明"鉴于学生国文程度,遂渐退化",所以"厉行会考,以图补救",对于会考考题"自谓无咎"。[3] 另一方面认为胡适于革命文学的议论,都自章实斋来,而

① 汪宝瑄:《对于国立大学招考新生国文试题之怀疑》。
② 《曹慕管致本社社员杨贤江函》,《学生杂志》第11卷第3期,1924年。
③ 曹慕管:《国文教授问题》,《时事新报·学灯》1924年3月25日。

胡适于章实斋的本意，并未完全领会，但“自适之新文学之一名词出，天下乃大响应，近更联络巨子，改革学制，凭借部令，益肆推广，而记者因其行文之易，教员取其讲授之便，文家贪其买稿之利，相与鼓吹利用不竭，于是乎所谓新文学者，遂不胫而走天下矣，此适之之政治手腕助之也”，“势屡变则屡卑，文愈繁则愈乱，学者贪于检阅之易，而不知实学之衰，狃于成名之易，而不知大道之散，百家杂艺之末流，识既庸闇，文复鄙俚，三集既兴，九流必混，学术之迷，岂特黎邱者有鬼，歧路亡羊而已耶”。[①] 曹慕管鄙视新潮，力挽旧学的保守倾向，激起了新文化人的愤慨。沈雁冰反驳说：“一部文学作品是超乎善恶道德问题的，凡读一部小说，是欣赏这本小说的艺术，并不是把它当做历史教科书读”，曹慕管对于《红楼梦》《水浒传》《儒林外史》的评价，“正足以证明曹慕管非但没有文学上的常识，连看小说的能力也没有；真是笑话！”[②]

当曹慕管本人攻击新潮之时，他的支持者却将澄衷中学的国文教学比附为“整理国故”。有中学教师认为：“在中学里，学生年龄较长，脑力充足”，应当研究国故的“主要原理学说和历史”。[③] 这是对澄衷中学教员项衡芳观点的响应。项衡芳认为：“研究国故而整理之，兹事体大，非中学所敢任，然爱护国故之素养，中学生所当具有；示以入门之初阶，中学教师亦优为之，以有系统之方法，使之分类，使之比较，使之知吾国学术之梗概，此其目的与方法，不可谓为束缚的与无常识的。”[④]也有人说：“我以不论为升入大学之预备，与非尽入大学，而为养成健全的国民，国故在中等教育上，当然有

① 曹慕管：《论胡适与新文学》，《时事新报·学灯》1924年3月25日。
② 沈雁冰：《红楼梦水浒传儒林外史的奇辱！》，《文学》第116期，1924年4月7日。
③ 朱旭：《关于国故的话》，《时事新报·学灯》1924年4月16日。
④ 项衡芳：《国文与国故会考》，《时事新报·学灯》1924年3月31日。

相当注重的必要。”①

其实，就在项衡芳等人发表这些看法之前，《文学》同仁已经辨明澄衷中学国文教学与“整理国故”不是一回事儿。“原来曹先生的国故，只是‘诗文字三者……可夸尚于全地球’的国故，只是‘经之道高而文亦最工’的国故；那么‘用心苦矣’的曹先生也只是老学究的见解，不禁使我大失所望。”“人家谈国故，他也谈国故，不管人家所谈的是怎么一回事，他所谈的又是怎么一回事，总自以为我是站在时代前面的人。”②“所谓国故，一定要加一个‘治’字，才确合国故大家们所做的工夫。”③“研究国故不是复古，不是吴稚晖先生说的‘洋八股’，乃是真切研究中国历史的一切材料，确实地找出一个逐渐演化的迹象来。今曹先生会考国文的三道策问，令人读了恍如置身场屋中博功名，简直回到了原来八股时代的老路了。”所以，曹慕管的国文会考，“真是盲目的胡调，即使有谬阿于研究国故方面的人出来说话，对此也绝不能稍有顾瞻而不说是‘国故毒’了”。④

将曹慕管同“国故大家”区别开来，并不意味着“国故大家”就没有责任。有人认为，曹慕管的国文教学方式之所以能够风行，跟“国故大家”提倡“整理国故”不无关系。正如吴梅在北京大学教授曲学，天桥拉曲子的也趁机多赚几个钱的道理一样。“我尤其痛心的，就是你们侵占了教育上的权力，你们于中学的课程中涂上了国故的色彩；待与学生们作演讲，开书目，又复‘笔锋常带感情’，是不是个个学生都要走上你们的路，才算得平平常常正正当当的人，这问题且不要论他（如要论一论你们已当不起了），只问你们自以

① 钱振声：《我对于中等教育上的国故观》，《时事新报·学灯》1924年4月1日。
② H：《策问式的国故》，《文学》第114期，1924年3月24日。
③ 李茂生：《国故大家应负的责任》，《文学》第115期，1924年3月30日。
④ H：《策问式的国故》，《文学》第114期，1924年3月24日。

为金针度人,到底能够承受你们的金针的有几?住在寄宿舍中,伏在图书室里,捧着线装书,看下去实在无聊,不看又觉得背时,因而闷闷不乐,只觉青年之就萎的,到底有多少人,我们是无从知道的。”[①]所谓“作演讲”“开书目”“笔锋常带感情”,则指向胡适、梁启超等对中学国文的意见和影响,本书稍后会有所论及。

同时,有人从学生实际出发,认为“中学生的才力或者可以研究国故;但是时间上有所不能”,“学生每日自上午九时起到下午三时止,大约都是上课的时间,和吃饭休息的时间,决没有余时去研究国故,三时至四时,只能做休息的时间,恢复上课时的疲劳,四时至五时温习英文,五时至六时为吃饭的时间,六至七……至九,三个小时,要复习算题,及温习其余的物理化学等等,哪有时间再来研究国故呢?九至第二日早上五时半为睡眠时间,五时半至六时为盥洗时间,六至八两个小时,只能复习昨天的课和预备今天的课,八至九则为吃饭时间,照这样看来,一日之间,哪能还有余时再去研究国故呢?”[②]

部分人之所以不要青年走上“国故大家”之路,是另有所急。有人说:“乡先生丁福保仲祜常对我说,目前青年所应该研究而且急需的,便是科学,至于国故,只能让我辈中年以上的文人,整年累月去搜讨研索,得些成绩来汇报给你们,因为青年的光阴多少宝贵,空用在这无谓的工作里,实在是最伤心,丁先生这层意思,我最佩服,所以研究国故,决不是中学教育的目的。”[③]《文学》同仁也认为:“今日的名儒所看不到的,不是人生不应当做无益的学问,而是所谓国故的无益于人生。”[④]“试问,中学校的学生所需要的是什么?

① 李茂生:《国故大家应负的责任》,《文学》第 115 期,1924 年 3 月 30 日。
② 袁敦甫:《国故研究问题》,《时事新报·学灯》1924 年 4 月 3 日。
③ 孙祖基:《国文与国故》,《时事新报·学灯》1924 年 3 月 29 日。
④ 严既澄:《国故与人生》,《文学》第 117 期,1924 年 4 月 14 日。

我想谁也不能不说是要适切生活的知识与技能，因为他们毕业出校，未必个个升学，即使个个升学了，也尽有研究理科一类的东西的，怎么能够把他们悉数驱而纳诸国故之中！”①“研究现代学问的人，如果他不想把他自己的精力和时光无端耗费，或者有意消遣，于过去的人的陈旧的说理谈玄的文章或无聊的游戏消遣的篇什中，他自然没有研究国故的必要。现代的学者所必须具备的现代的智识，已经够费尽他的毕生的精力与时光而有余；我们有什么充足的理由去驱逼着现代的人抛弃了现代的必要的智识，而回过头去希求千百年前的不适用的智识？”②“至于在一个中学堂里，则应当教授的基本知识太多了，除了把应用的国文也看作根本知识之一种而列于课程内，国故的讲授实是最不合理的事情，出那种‘经之道高而文亦高……’一类的策问式的考题，不但绝对不会使中学学生得到国故的智识，反而要把其他的智识弄得迷离惝恍，毫无所得，只有把其他的智识耽误而已。”③

所以，《学生杂志》和《中国青年》针对澄衷中学的做法要求“革命”。杨贤江说：“这种考试乃是国文教育上的‘复辟’行为，凡不甘受束缚的教育的青年学生，应该对于这种行为竖起反叛之旗，大喊一声革命！”《中国青年》的文章说：“这种国文会考的背景，实在代表了一种反动黑暗的势力。中国国势已经危机的了不得，而这般老学究们还在那里提倡‘国故’‘国故’，这简直是昏庸已极的事情。所以凡有血性有觉心的青年学生，应该起来反抗这种考试。彻底些说，就是反抗黑暗的势力。”④他们的观点是有一定的群众基础的。

---

① H：《策问式的国故》，《文学》第 114 期，1924 年 3 月 24 日。
② 严既澄：《国故与人生（续）》，《文学》第 119 期，1924 年 4 月 28 日。
③ 同上。
④ 华男：《受“国故毒”的学生听着》，《中国青年》第 24 期，1924 年 3 月 29 日。

结合胡适的观点和这次讨论,可见当时舆论有关高中国文教学出现了三种思路。第一种思路为“国故”教学,部分高中的主持者不赞成新文化,仍然用旧式的观点和方法教学未经“整理”的“国故”。第二种思路是“整理国故”,通过高中国文教学用新的眼光解读古籍。第三种思路认为,高中国文不应花费精力在“国故”上,而应学习“应用的国文”和对“国势”有所了解。三种思路在当时教科书的编写中都有反响。

第三节 教科书中的“国故”与“国势”

乘着这次讨论,商务印书馆和中华书局相继推出了他们的高中公共必修科国语教科书。在1928年前,高中国文教科书出版得很少。黎锦熙曾经感叹:“商务于本期中,竟未编出高中分年读本焉。”[①]《民国时期总书目 · 中小学教材》仅收录吴遁生和郑次川编、商务印书馆出版的《近人白话文选录》(1924年)与《古白话文选》(1924年),穆济波编、中华书局出版的《高级古文读本》(1925—1927年)与《高级国语读本》(1925年),以及钱基博编、中华书局出版的《国学必读》等五套,且钱基博《国学必读》还不属于高中公共必修国语教科书。

《高级古文读本》和《古白话文选》的编者响应了当时“整理国故”的思潮。前者按梁启超、胡适所开国学书目编选课文,后者自己动手“整理国故”。

《高级古文读本》共三册,“第一年多选诸史;第二年多选诸子;第三年多选群经;另由各朝集部选辑名作,分布于相当年度内,庶有统贯的研究与相互的参证”,“材料均从梁胡诸家书目中,取其重

① 黎锦熙:《三十年来中等学校国文选本书目提要》,《师大月刊》1933年第2期。

要名著，精心选择；其篇目均为有意义之排比与连接，俾学者可资比较。次序略以时代为先后，取便与文学史相合”。[①] 所谓“梁胡诸家书目”，主要指胡适《一个最低限度的国学书目》与梁启超《国学入门书要目及其读法》。

对于经部文献，穆济波选《诗经》二十六篇、《礼记》十一篇、《孟子》六篇、《尚书》《周礼》《左传》各四篇、《易经》《公羊传》《穀梁传》各二篇、《论语》一篇，共六十二篇。此外还有郑玄《诗谱序》、杜预《春秋左氏传序》，算是《诗经》《左传》的导读。这几部书在梁启超和胡适的书目中都提到了。

《一个最低限度的国学书目》开列多部明清小说，但不列史部文献，这引起梁启超的非议：“我最诧异的：胡君为什么把史部书一概摒绝！一张书目名字叫做‘国学最低限度’，里头有什么《三侠五义》《九命奇冤》，却没有《史记》《汉书》《资治通鉴》，岂非笑话？若说《史》《汉》《通鉴》是要‘为国学有根柢的人设想’才列举，恐无此理。若说不读《三侠五义》《九命奇冤》便够不上国学最低限度，不瞒胡君说，区区小子便是没有读过这两部书的人。我虽自知学问浅陋，说我连国学最低限度都没有，我却不服。”[②]穆济波的看法跟梁启超接近。《高级古文读本》没有一篇元明戏曲和明清小说，却选了不少史部文献，分别为《汉书》二十篇、《史记》十一篇、《后汉书》六篇、《战国策》三篇、《五代史》《资治通鉴》《史通》各两篇、《三国志》一篇，共四十七篇。值得注意的是，对于史书，《高级古文读本》不仅选入大量写人记事文，还分六课节选《汉书》中的《刑法志》《地理志》《食货志》。如果了解到胡适在《国学季刊》发刊宣言拟出的中国文化史系统包括经济史、政治史、制度史，就能明白《高

---

① 《编辑大意》，《高级古文读本》（第一册），上海：中华书局，1925 年。

② 参看梁启超《评胡适之〈一个最低限度的国学书目〉》。

级古文读本》选上述三志的缘由。

《高级古文读本》选子部文献二十二篇，包括庄子、韩非各六篇，荀子四篇，墨子三篇，老子、公孙龙子、《淮南子》各一篇。这都是胡适《中国哲学史大纲》重点讨论的对象。

《高级古文读本》中的集部文献包括三类。一是楚辞、《乐府诗集》和唐宋诗词。《乐府诗集》十首，其中《木兰辞》《孔雀东南飞》《陌上桑》也常被当时其他中学国文教科书选入。杜甫诗六首，其中四首属“三吏三别”。宋人诗词四首，分别为岳飞《满江红》、陆游《示儿》《书愤》、文天祥《正气歌》。可见，穆济波选唐宋诗词时，着眼处在思想内容。第二类是唐宋八大家、桐城派的古文。第三类是传统文论，包括《文心雕龙》四篇、《文史通义》两篇、《诗品》一篇。此外，穆济波选入的《古文辞类纂序》《经史百家杂钞序》及《离骚》和《九歌》后面所附王逸的序，也都是传统文论的重要篇章。

梁启超、胡适书目中提到的有些著作，穆济波却没有选。《一个最低限度的国学书目》将所开书目分为工具之部、思想史之部、文学史之部；《国学入门书要目及其读法》分修养应用及思想史关系书类、政治史及其他文献学书类、韵文书类、小学书及文法书类、随意涉览书类。两个书目中提到的工具之部和小学书及文法书类，穆济波一概不选。《一个最低限度的国学书目》中，胡适列出了大量佛经书籍，穆济波也没有选。这说明即便在拥护梁胡书目的穆济波看来，其中也有很多是不适合中学生阅读的。

《古白话文选》分上、下两册，1924 年 3 月初版，1927 年 6 月四版。[①] 全书分书信、语录、诗、词、曲、小说六部分。书信、语录作者以宋明理学家、心学家为主。诗歌来自诗经、南北朝民歌与唐宋诗。词来自五代两宋。曲为《西厢记》中《赖婚》《琴心》两段与《桃花扇》中《哭宴》《余韵》两段。十八篇小说都选自《水浒》《儒林外史》《三国演义》《西游记》《红楼梦》《镜花缘》《老残游记》等明清长篇白话小说。

钱玄同对这些选文很不满意："如曾国藩的家信，实在不值得入选；汉魏六朝的第一等的白话诗，大可以多选几首；邵老道的《击壤集》虽是白话的，但没有什么文学的价值，却选得不少；《西游记》仅选了一篇，而《镜花缘》倒反选了三篇之类。"[②]其实，编者对这些篇目有过一番斟酌。他们认为《尚书》《楚辞》中也有"当时的白话文在内"，但"不如秦汉的文言文易懂，所以本书一概不取"，此外，"公文、契约也有用白话文的，但材料很难觅取，而且文字过于质朴，所以本书暂不采取"。[③] 说部分先秦白话文还不如秦汉文言文易懂，似乎跟人们对白话文言的共识不一致；至于白话文文字过于质朴的也不采取，那么选择范围只能以历代白话文学作品为主。但正如钱玄同所批评的，他们的文学欣赏力其实并不高。

《古白话文选》对选文做了一定的处理。"旧时小说用白话文

---

① 《古白话文选》编者为吴遁生与郑次川。吴遁生，生卒年不详，1921 年同高语罕、陈德征等十五人组成芜湖学社，创办《芜湖》半月刊。1920 年代后半期在上海沪江大学教授诗词。1930 年代为商务印书馆编辑"学生国学丛书"之《十八家诗钞》等。郑次川（1887—1925），浙江衢县人，早年就读上海中国公学，1917 年赴日本东京帝国大学教育系学习，1919 年回国，后在上海商务印书馆编译所任职，曾翻译多部教育、时政方面的著作，著有《欧美近代小说史》。

② 钱玄同：《不完全的"苏武古诗第三首"和"孔雀东南飞"》，《晨报副刊》1924 年 5 月 22 日。

③ 《古白话文选凡例》，《古白话文选》（上册），上海：商务印书馆，1924 年。

的,只有章回体的长篇,当然不能全录,今选其中一二回,或于一回中选取一两段,便成一篇短篇小说,然为节省篇幅起见,也有再加删节的,又如所选林冲一篇,其中有和洪教头比武一段,以在本文中不甚重要,也删去了。再如《火烧赤壁》一篇,原文很好,只是写周瑜对付孔明的地方,竟把一个很雅量高致的周郎,写成一个阴贼险狠的鄙夫,所以都给删去了。”①不仅《林冲》和《火烧赤壁》被删减了,钱玄同以《玉台新咏》《乐府诗集》和《古诗纪》为底本对校,发现《古白话文选》中的《孔雀东南飞》被删去四十九句。在钱玄同看来,很多地方删得莫名奇妙,比如“‘恨恨那可论’下删‘念与世间辞’到‘渐见愁煎迫’二十八句。删去这一大段,不知是何意思。我不懂,为什么府吏与他的妻诀别之后,不许他对他的母亲说怨恨的诀别话?”不仅如此,对于某些标点,钱玄同也不满意。比如“念母劳家里”“渠会永无缘”“君还何所望”“吾独向黄泉”几句后面有省略号,钱玄同质疑说:“既未删节文章,亦非语气未完,为什么要用这‘……’号?”②

从钱玄同的批评来看,《古白话文选》编得很仓促,编者“整理国故”的功夫还不够。

如果说《高级古文读本》和《古白话文选》响应了当时“整理国故”的思潮,那么《近人白话文选》和《高级国语读本》则响应了当时高中国文教学讨论中的第三种思路,其内容不在“国故”,而在新文学、新思潮与“国势”。

《近人白话文选》,上、下两册,1924 年 4 月初版。选文共八类。评论五篇,演讲四篇,探讨文学、女权、人权、劳动者、青年军、

① 《古白话文选凡例》,《古白话文选》(上册),上海:商务印书馆,1924 年。

② 钱玄同:《不完全的“苏武古诗第三首”和“孔雀东南飞”》,《晨报副刊》1924 年 5 月 22 日。

政治运动、社会运动等问题。按作者排序，胡适三篇，梁启超、戴季陶、朱经农、陈望道、陈大齐、韩衍各一篇。序传八篇、记述五篇、书信六篇。按作者排序：胡适六篇，周作人、梁启超各两篇，陈独秀、蔡元培、顾颉刚、《每周评论》、戴季陶、徐志摩、任鸿隽、王平陵、章锡琛各一篇。上述五类为应用文，此外小说十二篇，短剧两篇，诗歌三十二首。小说中创作五篇，包括叶圣陶两篇，冰心、庐隐、郭沫若各一篇。译作七篇，包括周作人四篇，胡适、鲁迅、胡愈之各一篇。短剧两篇，分别为杨宝三《一个村正的妇人》（选自《新青年》）和《人类的爱》（作者和发表处不详）。三十二首新诗包括冰心八首，胡适四首，刘半农三首，宗白华、汪静之、闻一多各两首，周作人、俞平伯、康白情、沈尹默、徐志摩、陈衡哲、郭沫若、刘延陵、双明、均吾、雪峰各一首。

跟叶绍钧、顾颉刚等人编辑的《初中国语教科书》相似，《近人白话文选》主要从北京大学同仁和文学研究会会员的作品中选择，在演讲、评论、书信等应用文体方面推崇胡适，翻译小说推崇周作人，创作小说推崇叶圣陶，新诗推崇冰心、宗白华。对于《觉悟》《星期评论》与创造社的作品，编者比较陌生。此外，两位编者对新文学的发展情况把握得不够，文学鉴赏力不高。创作小说中，鲁迅的作品一篇也没选。选周作人新诗不选《小河》，却选了《东京炮兵工厂同盟罢工》。从编者的阅读范围看，鲁迅已经发表的小说和周作人的《小河》，他们都应该知道。

穆济波在东南大学附中教初中国文时，以仲九、俍工《初中国语文读本》为教材。但他认为，“教科书所辑教材太固定呆板，别无容纳新教材之余地。且不习国事，尤为眼前一般中等学校本国言文科所有教材的共同之缺憾。以此不合国家的教育，不明国际地位受压迫之种种危害的实况，而高谈爱国运动，学生焉得不流为叫器虚妄?欲促起青年救国的至诚,非于本国言文科中作切实的国民训练不可”。至第三编第三、四单程时,删除《科学的起源和效果》《科学方法之分析》,各发“补充教材六篇”。第三单程补充的教材为:“1. 怎样才是好人?2. 学生会的任务及其组织。3. 华洋贸易册中可注意的事!4. 长江联合舰队与海军示威。5. 中国还是一个独立国家吗?6. 怎样打倒外力的侵略?”第四单程补充教材为:“1. 对于有志者的三个要求。2. 收回关税主权的第一声。3. 罗素的中美关系论。4. 中国的实力崇拜派。5. 学术与救国。6. 合作者宣言。”十二篇作品都来自《中国青年》。穆济波认为:“上列诸篇补充教材,即系国内青年运动中最有力之论文,于青年修养,及国际时事均有极透辟之见解,适可以补充上期教学计划之不及。”①

穆济波对《初中国语文读本》的增删情况说明,他所设计的中学国文内容呼应了杨贤江《国故毒!》与华男《受“国故毒”的学生听着》等文的观点,而跟五四时期“科学”“民主”的问题域不同,重点在讨论时事问题,这在他编辑的《高级国语读本》中表现得更为明显。

《高级国语读本》“供新学制高级中学公共必修或选修科国语文教学之用”,编辑目的有二:“(一)提倡民族独立精神,(二)培养国民文学的艺术。”“第一年注重现代中国,第二年注重现代学术思想,第三年注重现代文艺。”②第一册于 1925 年 9 月由中华书局出版③,目的在于“使学者在读书生活中了解现代国家大势,以长养其

① 穆济波:《道尔顿制实验班国文科比较教学的报告——南京东大附中初二级》,《中华教育界》第 13 卷第 9 期,1924 年 3 月。

② 《编辑大意》,《高级国语读本》(第一册),上海:中华书局,1925 年。

③ 我们没有找到后两册,本书仅讨论第一册。

爱国忧时坚贞自励之良习”[①]。全书分十组,其“教学目的”分别为“青年生活的训练”;“表现现代青年之使命,纠正其遗弃现实之非”;“由现实的社会状况中提出最重要之三大问题:一匪二兵三民众的失业”;“引导青年研究现代,根据史实,追求社会病象之总原因”;“了解与认识列强宰割下中国是何景象,见民族独立与祖国复兴运动之不可已”;“摭列今日国中为造国运动,或救国运动者之宣传,以备抉择”;“标明民治建设之必然的途径”(六七组);“表树建国计划,及其托力的基础”;“取最近事实为全册作结,艾炙眉头,问国人究竟如何自处”。所选作品除作为附录的《建国大纲》外,二十九篇正文中有六篇来自《中国青年》,来自《学生杂志》《国民外交小丛书》《新建设》的各两篇。《中国青年》是中国社会主义青年团的机关刊物,使命在于“普遍的革命宣传”。《学生杂志》是当时影响最大的学生刊物,跟《中国青年》关系密切,编辑杨贤江与《中国青年》主编恽代英、萧楚女同为中共早期从事青年运动的著名领导人。恽代英编辑的《新建设》是《建设》停刊后又一宣传国民党主张的刊物,《高级国语读本》选择的汪精卫和但一的文章在《新建设》中较有代表性。穆济波跟恽代英、萧楚女曾于1921年在川南师范共事。在东南大学附中任教期间,穆济波保持了与恽代英、萧楚女的友好关系,并邀请他们到该校演讲。恽代英和萧楚女在东南大学附中演讲的题目,“一个是‘关税问题’,一个是‘治外法权’,一共讲了近十次,在学校里洒下了革命种子”[②]。“国民外交小丛书”是中华书局1924年后出版的一套丛书,“可供高级小学和初级中学历史科的补充读物”,目的为“灌输一般国民对外应具的

---

① 《高级国语读本第一册教材支配表》,《高级国语读本》(第一册)。

② 汪季琦:《东大附中的革命活动》,许祖云主编《青春是美丽的》(续集),北京:华夏出版社,1997年。

历史常识,以激发其爱国思想”。[①] 单元目标设计和选文来源说明穆济波认同北伐前国共两党的主张,并试图将国文课堂变成其理论宣传的阵地。所以一旦两党分裂,这套教材就“被禁止发行”[②]。

像《近人白话文选》和《高级国语读本》这样以同代人的白话作品为主的高中国文教科书,在 1925 年后就不再出现了。

第四节　五种高中国文教科书内容评析

1929 年,国民政府教育部颁布中小学课程暂行标准,取消高中文理分科,选修课也逐渐取消,国文统一规定为六学分。教育部聘请孟宪承、胡适为高级中学普通科国文暂行课程标准起草整理及审查人员,制定并发布了《高级中学普通科国文暂行课程标准》,但实际影响不大。

自 1928 年始,各出版社开始大量出版高中国文教科书。本书择要讨论 1928—1933 年间上海、南京、天津等地出版的七套教科书。[③] 这七套教科书预设了五种教学内容:思想道德教育、文章作法教学、文学教学、古文文体教学、学术思想教学。

以思想道德教育为预设内容的,以南开中学 1929 年印行的高中国文教科书为代表。1929 年前后,南开中学规定高二国文应讨

---

① 《编辑凡例》,《近代中日关系略史》,上海:中华书局,1924 年。

② 黎锦熙:《三十年来中等学校国文选本书目提要》,《师大月刊》1933 年第 2 期。

③ 《民国时期总书目·中小学教材》收录 1928—1933 年间高中国文教科书七套,分别为江恒源编、商务印书馆出版《高中国文读本》,南开中学《国文教本》,朱剑芒编、世界书局出版《高中国文》,沈颐编、中华书局出版《新中华国文》,北平汇文学校《国文教本》,徐公美等编、南京书店出版《高中国文》,孙俍工编、神州国光社出版《国文教科书》。本书考察除汇文学校《国文教本》外的六套高中国文教科书。此外,《民国时期总书目·中小学教材》没有提到姜亮夫编、北新书局出版的《高中国文选》,该书最初版于 1934 年,但不按照 1932 年的高中国文课程标准编辑,此处一并论述。

论“青年思想生活的重大问题”，高三国文“进而向问题的‘根核’探究”①。1929 年印行的《天津南开中学高二国文教本》(上册)共三十六课，分五组，分别讨论读书做学问，人生和创造的关系，人性、人格，中国家庭和社会问题，三民主义及日本。

以文章作法为主要内容的，以孙俍工编、神州国光社 1932 年初版《高中国文教科书》为代表。除第五、六册分别学习诗词曲和诗经骚赋外，其余四册各讨论一种文体的作法。第一册讨论记事文作法，以“山岳、江海的各种描写法”“人物的外表与行为的描写法”“记载社会风俗的作法”等为组题。第二册讨论叙事文作法，以“生活、思想和环境种种不同的人物底传记”“历史传记底取材和布局”“遗闻逸事底收集和表现方法”等为组题。第三册讨论说明文作法，以“用主观的见解，阐释客观的事端”“原理的阐释”“多方利用题材广取比喻以收说明的效果”等为组题。第四册讨论议论文及应用文的作法，以“严正地系统地发挥自己底主张”“痛快地严肃地驳斥敌论底谬误”“以冷静的研究态度辨释一切事理”等为组题。无论记事文、叙事文、说明文还是议论文，编者都要求学生仿效习作。即使诗词教学，也要求学生能够模仿。比如第五册第一、二单元教学抒情诗，编者就希望学生就“寒宵”“祈祷”“秋声”“新闺怨”等题目写出抒情诗来。只有到了第六册教学诗经骚赋时，才不再仿效作文，而是撰写研究性的小论文。

以文学为主要内容的，以朱剑芒编、世界书局 1930 年初版的《高中国文》为代表。朱剑芒说：“本书最大主张：在排除一切无系统的国文指导，务使读者能充实地了解文学的物质；并养成其对于任何一种名著，都能奋兴其艺术上的欣赏。”并“认定‘文章体式’‘文章和时代的关系’‘文章组成的原理’为研究文学的三大重心，

① 《天津南开学校中学部一览》，1929 年 10 月 17 日，第 73 页。

因即以‘文体研究’‘文学史’和‘文学概论’作为编辑的目标而分纳于各册之中”。[①] 第一册按文体排列，上册为纪实文和叙事文，下册为说明文和论辩文。第二册为历代文学作品选。编者将所选作品分为“散文”和“律文”两类，在教材选择上，散文部分主要参考姚鼐《古文辞类纂》，“律文”部分则依据胡适《词选》。第三册为“文学概论的编制”，分文学通论、诗论、小说论、戏剧论、批评论五个单元，主要以王国维、胡适等人的学术论文和相关翻译作品为课文。

以古文文体为主要内容的，以沈颐编、中华书局1930—1931年发行的《新中华国文》为代表。该书“专选文言文——语体文初本并选，且曾试行编制，颇感庞杂疏略之弊，故卒删去，程度现至高中，语体文本可自读专著；如教授时需要确切，可另印单篇补充”[②]。其实，不选语体，是为了使得古文文体的教学更为纯粹。《新中华国文》三册共三十六单元，单元划分基本以《经史百家杂钞》划定的论著、词赋、序跋、诏令、奏议、书牍、哀祭、传志、杂记、叙记、典志十一类文体为标准。像第二册第十一单元，所选杨衒之《洛阳伽蓝记(节录)》、苏轼《超然台记》、吴定《半阁记》、王十朋《绿画轩记》、归有光《见村楼记》、薛福成《后乐园记》、陈衍《登泰山记》、冯煦《健康同游记》八课，全为杂记中的山水亭台记。像第三册最后一单元，所选十一课，全为柳宗元、陈沣、刘大櫆的论辩文。[③] 有些单元虽不那么纯粹，将两三种文体归在一起，并掺杂各体诗歌，但仍可看出其背后的古文文体观念。

---

① 《编辑纲要》，朱剑芒编《高中国文》(第一册上)，上海：世界书局，1930年。

② 《编辑大意》，《新中华国文》(第一册)，上海：中华书局，1930年。

③ 分别为柳宗元《论语辨二篇》《辨列子》《辨晏子春秋》《辨鹖冠子》《辨文子》《辨鬼谷子》，陈沣《东塾读书记》中的《辨论语》《读孟子》《读左传》《读诸子书》及刘大櫆《焚书辨》。

以学术思想为主要内容的,以姜亮夫编、北新书局1934年初版的《高中国文选》为代表。姜亮夫称该书“组织精密”,“每一年级皆以一种文体一家学说为中心,一年级以墨家为主,兼及儒家,二年级以道家为主,并完成儒家,三年级以文化史为中心,一方面收束一二年级,一方面扩大范围,其他记叙文艺两类篇章,亦足以辅助论说文,使读者不仅能辨别文体,且可对于各种学派得一系统之概念”①。所谓“以墨家为主”,指第一册选梁启超的《墨学之根本观念——兼爱》《墨子的环境及其环境渊源》两文及《尚同上》《法仪》《兼爱上》《非攻》《非乐》《乐论》等文。所谓“兼及儒家”,具体表现为第二册选了《论语·子路曾皙冉有公西华侍坐章》《孟子·性善》及荀子的《天论》《性恶》《劝学篇》等文。第三册“以道家为主”,其实只选了《道德经(节录)》《秋水》《养生主》及司马迁《老庄申韩列传》。值得注意的是,这一册还选了有关诸子的学术文章,分别为夏曾佑《儒家与方士之糅合》、章炳麟《论诸子的大概》、孙诒让《墨子传略》。

上述五套教科书在突出主要内容时,也有一些辅助内容。孙俍工《高中国文教科书》一方面在各单元的教学目标中偏重各类文体写作方法的授予,另一方面“二年级以学术思想为主,故偏重议论文说明文;三年级横的方面以文艺各种体例为主,而纵的方面仍顾到文学史的常识底授予”②。同样,姜亮夫《高中国文选》的主要内容虽在于儒家、墨家、道家和文化史知识,但却大量选入记叙文与文艺文。同时突出两种或两种以上内容的教科书,以江恒源《高中国文读本》和南京书店《高中国文》为代表。

---

① 姜亮夫:《编辑大意》,《高中国文选》(第一册),上海:北新书局,1934年。

② 《高级中学文体内容分配表》,孙俍工《高中国文选》(第二册),上海:神州国光社,1932年。

突出两种内容的，以江恒源编、商务印书馆 1928 年初版的《高中国文读本》为代表。该书共两册，每册分上下，供高中一二学年四学期用。江恒源为该书配套编辑了《高级中学国文读本分周教学方法纲要》。黎锦熙评价说：“商务馆在前期所出高中读本，仅有分类选辑者；此乃其创出之高中正式课本也。”[①]从单元设计看，《高中国文读本》内容有二：一是梳理书说文、叙记文及韵文在文学史上的存在形式及演变，教会学生“欣赏”[②]与“了解本国历代文章及学术之变迁与价值”[③]；二是希望学生能在“人生品行、才识方面”获益[④]。

突出三种内容的，为 1931—1933 年南京书店初版的新学制中学国文教科书《高中国文》。该书第一年为“各种文章体裁示范”，第二年为文学源流，第三年为“中国名著示例”。[⑤] 第一、二册分别学习书牍、书序、记叙、传志、论说、赠序、箴铭、碑记、墓表、祭文、奏疏、小说、小品、古今体诗等“各种文章体裁”[⑥]。第三、四册分别学习现代散文、清代之通俗文及译作、清末之解放诗、咸同古文、清之小说、阳湖作家及骈文、桐城作家、清诗家、清初古文、明清传奇、元明小说、元之散曲、两宋词、宋诗、宋之古文、唐五代词、元白歌行、韩柳古文辞、李杜诗、魏晋六朝文、晋宋诗、曹氏父子诗文、汉代议对文、汉代辩难文。第五、六册为“中国名著示例”，大多数单元各

---

① 黎锦熙：《三十年来中等学校国文选本书目提要》，《师大月刊》1933 年第 2 期。黎锦熙认为“全书四册，每册分上下两本，共计八本”，则明显有误。

② 《高级中学国文读本分周教学法纲要》（第一册），上海：商务印书馆，1928 年，第 7 页。

③ 《高级中学国文读本编著例言》，江恒源《高中国文读本》（第一册），上海：商务印书馆，1928 年。

④ 同上。

⑤ 《中学国文教科书编辑大意》，《高中国文》（第一册），南京：南京书店，1931 年。

⑥ 《第一册说明》，《高中国文》（第一册）。

集中学习某部著作。先学习《诗经》《礼记》《左传》等经部著作；再学习《荀子》《庄子》《墨子》《韩非子》等子部著作；次学习《史记》《汉书》《后汉书》《五代史》等史部著作；最后学习《楚辞》《昭明文选》《乐府诗集》《文心雕龙》等集部著作。

综上所述，自1929年高中选修课逐渐取消后，高中国文教学“各自为阵”的情况主要体现在1928—1933年初版的内容各不相同的教科书中。这一情况在1933年后得到改变。南京书店《高中国文》三年分别学习文章体裁、文学源流和中国名著，其编制方法已接近1933—1936年间的高中国文教科书了。

第五章

1930年代高中国文：文章体制、文学源流与学术思想

1929年中小学暂行课程标准颁布后,原定以一年为实验期,期满后根据各地报告修正,后又展期一年。至1931年6月,教育部组织中小学课程及设备标准编订委员会,其中孙俍工、夏丏尊、周予同、马涯民负责中学国文。委员会分别于6、7月开会两次,但意见不能统一。1932年,教育部重新聘请委员,中学国文科由孙俍工、夏丏尊、伍俶负责。委员会于8月1日起开会五日,修正各科课程标准,自11月起陆续公布。1932年课程标准公布后,因各地中学意见较多,教育部于1935年10月约集实际办学者及部分专家开会研讨,约请的国文科专家为喻传鉴、夏丏尊,形成了一些报告。到1936年2月,教育部又请专家根据先前的报告和各地教学情况再加研讨,这次聘请的专家中,国文科为夏丏尊、杨振声、伍俶。随后颁布了新的《高级中学国文课程标准》。1932年的高中国文课程标准规定,高一学习文章体制,高二学习文学源流,高三学习学术思想。1936年新标准对此做了较大调整,将文学源流作为高中三年的国文教学内容,而文章体制、学术思想都不再出现。

自1933年起,各出版社开始依照1932年《高级中学国文课程标准》编辑教科书。《民国时期总书目·中小学教材》卷列出1933—1936年初版高中国文教科书十五套。我们找到了世界书局杜天縻、韩楚原《杜韩两氏高中国文》(1933—1934年),立达书局罗根泽、高远公《高中国文选本》(1933年),中学生书局《高中当代国文》(1934 年)、《高中标准国文》(1934 年),中华书局刘劲秋、朱文叔《高中国文读本》(1934 年),商务印书馆傅东华《复兴高中国文》(1934—1936 年),何炳松、孙俍工《复兴高中国文课本》(1935 年),正中书局《高中国文》(1935 年)及北新书局《高中混合国文》(1935—1936 年)九套教科书,这些教科书所选文章绝大部分为文言文,且都按 1932 年《高级中学国文课程标准》的规定,"第一学年以体制为纲;第二学年以文学源流为纲;第三学年以学术思想为纲:各授以代表作品"。依据 1936 年课程标准编辑的高中国文教科书,我们仅找到了世界书局蒋伯潜《蒋氏高中新国文》(1937—1939 年)与中华书局宋文翰、张文治《新编高中国文》(1937 年)①。它们与 1933—1936 年间出版的高中国文教科书同时流通。为了论述方便,本章一并讨论。

这些教科书虽在编辑方法上各有特点,但引起争议的地方,主要是其内容。对于"文学体制""文学源流""学术思想",各家都有独到见解。企图教给学生的知识体系和价值观念不一样,具体的内容自然就不相同。而究明这些教科书的内容及其效果,正是本章的目标。

第一节　高一国文:"新旧杂糅"的"文章体制"

本章所讨论的 1933—1936 年间的高中国文教科书,第一、二册都以文章体制为纲。按文章体制分类标准的不同,可归为两类。

第一类在《古文辞类纂》和《经史百家杂钞》分类的基础上,加入小说、诗歌、戏剧等纯文学作品和发刊词、宣言等现代应用文体。

① 《蒋氏高中新国文》并没有严格按照 1936 年课程标准编辑,前四册以文学源流为纲,后两册以学术思想为纲。

这类教科书包括赵景深《高中混合国文》、刘劲秋《高中国文读本》《复兴高中国文课本》《高中当代国文》《高中标准国文》、立达书局《高中国文选本》，世界书局《杜韩两氏高中国文》七套。

赵景深编辑《高中混合国文》第一、二册时，面临如下问题："在初中，我们已经讲过作文法了，我们也很清楚的能够分别记事文、叙事文、说明文以及议论文了；那末，再讲文章体制，还有什么可讲的呢？"①为此，他"参考任昉《文章缘起》、刘勰《文心雕龙》、徐伯鲁《文章明辨》、吴讷《文章辨体》、唐彪《读书作文谱》，姚永朴《文学研究法》、吴曾祺《文体刍言》、林纾《畏庐论文》、杨启高《中国文学体例谈》、薛凤昌《文体论》等书"后，最终选择了"姚鼐的十三分法"②。

《高中混合国文》第一、二册各九单元，每册第一单元是总说，其余十六单元分别为序跋、传状、哀祭、碑志、颂赞、箴铭、诗歌、辞赋、论辨、书牍、赠序、杂记、小说、戏剧、奏议、诏令。相比姚鼐在《古文辞类纂》中的分类，赵景深多出了诗歌、小说、戏剧，并将《古文辞类纂》中的"书说"改为"书牍"。这说明在赵景深看来，时代不一样了，姚鼐的十三分法需要调整。"在这十三类里，诏令、奏议等类都已失去时效，我们预备选用不远时代性的文章；诏令不收妄自尊大，奏议不取阿谀奉容，此外，也讲一点诗歌、小说、戏剧的分类。其余比较专门一些的词、散曲、文评、歌谣、民间故事、神话、弹词、鼓词、影词、皮黄，等等，此处都不曾详叙，其实也无须详叙；一般人最常用的究竟还是文章。"③

除在分类上略有增改外，《高中混合国文》与《古文辞类纂》最大的不同，是通过选文所体现的文学观念。《高中混合国文》"对于

① 《高中混合国文》（第一册），上海：北新书局，1935 年，第 24 页。
② 《混合国文编辑大意》，《高中混合国文》（第一册），上海：北新书局，1935 年。
③ 《高中混合国文》（第一册），第 24—26 页。

语体文亦极注重”[①],选了不少现代人的文言文。传状类没一篇古人作品,所选四篇作品分别为尚秉和《民党死事传》、章炳麟《徐锡麟传》、宋庆龄《自传一章》和汪兆铭《自述》。因“现代作家中写序最好的是周作人先生”,故序跋类选入周作人《燕知草跋》《杂拌儿跋》。书牍类选入周作人《郊外》、俞平伯《以漫画初刊与子恺书》、胡适《欧行道中寄书之三》。杂记类选入巴金《威司利》、丰子恺《旧地重游》。碑志类选入郑振铎《记黄小泉先生》、刘复《武七先生的人格》和章炳麟《赠大将军邹容墓表》。哀祭类选入梁启超《祭蔡松坡文》。梁启超的文章跟桐城古文完全不是一路风格。“启超夙不喜桐城古文,幼年为文,学晚汉魏晋,颇尚矜炼;至是自解放,务为平易畅达,时杂以俚语韵语及外国语法,纵笔所至不检束,学者竞效之,号新文体。老辈则痛恨,诋为野狐。”[②]选入梁启超的文章,说明赵景深显然不是依古文家眼光编选这套教科书的。此外,哀记中沈承《祭震女文》、杂记中姚希孟《山中嘉树记》均来自明代郑元勋编选的《媚幽阁文娱》,郑元勋编辑是书,以为文者,“供人爱玩”,“悦人耳目,怡人性情也”[③]。这种文学观念跟姚鼐等人大异其趣。况且,赵景深选入小说戏曲,古文家也不会看得上眼。所以,赵景深虽袭用了姚鼐的文章分类方法,文学观念却与其大不一样。

在中华书局1934年初版的《高中国文读本》第一册中,编者刘劲秋认为:“选文分类,始于昭明太子之《文选》,及任昉之《文章缘起》,是后代有变更,至姚鼐《古文辞类纂》、曾国藩之《经史百家杂钞》而始完备。姚氏类分十三,曾氏增益而归纳之,别为十一,较有系统,今从曾氏。惟以时间性之关系,不能无所更张:因归纳‘诏

---

① 《混合国文编辑大意》,《高中混合国文》(第一册)。

② 梁启超:《清代学术概论》,上海:中华书局,2010年,第128页。

③ 郑元勋:《文娱自序》,《媚幽阁文娱》,上海:上海杂志公司,1936年。

令''奏议'于'书牍类'，易其名为'书说'，以'书'括之，从古制也；易'词赋'为'美文'，从今制也，余仍其旧。"[①]因此，《高中国文读本》第一册七十五篇作品，分别归入论著、叙记、传志、书说、杂记、序跋、美文、典志、赠序、哀祭十类。跟赵景深相似，刘劲秋也将同代人的作品归入前人划分的体系中，例如高一涵《立志》被归入论著类、汪兆铭《中国学报发刊辞》被归入序跋类。这说明刘劲秋虽沿袭了曾国藩的分类法，但文章观念与曾国藩并不相同。

刘劲秋和赵景深在编选过程中，都用现代人的眼光发现"清人的文体分类法"之"不科学"[②]处。赵景深说："姚鼐的分类，不是依据一个标准，而是依据好几个标准而分的"[③]，像"《谈动》《谈静》都是'书牍'，但内容却是'论辨'，又如第一册《祭夫徐敬业文》是'哀祭'，但形式却是'辞赋'"[④]。刘劲秋把论著等十类归入记叙、议论、说明、抒情四大类中，但有些小类，可能被切分入两三个大类中。同为序跋，刘因《庄周梦蝶图序》被归入议论类，汪兆铭《秋庭晨课图跋》被归入记叙类，许慎《说文解字序》则被归入说明类；同为典志，朱熹《崇安新置社仓记》被归入记叙类，曾巩《襄州宜城县长渠记》被归入说明类；同为书说，晁错《论贵粟疏》被归入议论类，谢枋得《却聘书》被归入抒情类，苏轼《拟校正陆挚奏议上进劄子》则被归入说明类。

第二类教科书糅合古今分类方法，自创一格，以傅东华《复兴高中国文》为代表。

在商务印书馆1934—1935年初版的《复兴高中国文》第一、二册中，傅东华认为"体制"二字包含三层意义：体裁、体类和体性。

---

① 《第一册编例》，《高中国文读本》（第一册），上海：中华书局，1934年。
② 《高中混合国文》（第一册），上海：北新书局，1935年，第24页。
③ 《高中混合国文》（第二册），上海：北新书局，1935年，第15页。
④ 同上书，第17页。

体裁有三种解释:第一,为语言性质上的语体文、文言文、语录体等;第二,从语言排列及声律上分别,如文中散体、骈体,诗中古体、律体、绝体等;第三,从文章目的上可分为记叙文、说明文、议论文。体类"是文学因演进及习惯而构成的类型,旧的如文有《古文辞类纂》所分的十三类体,诗有歌行、乐府、谣、吟等类;新的如诗歌、小说、戏剧、传记、小品文等类"。体性也有三种解释,一是风格的区别,像"典雅""远奥""精约"等;二是因人而别,像《沧浪诗话》中的苏李体、曹刘体等;三是因时代而别,像《沧浪诗话》中的建安体、黄初体等。体裁属于作文法及文学形态论研究的范围,体类属于文学进化论研究的范围,体性属于修辞学中风格论部分所研究的范围。而体裁中的第三类,初中已详细讲过,体性要等高二讲。所以高一学习的"文章体制",实际上是体裁中的第一、二类和体类。旧的分类法,像《文选》《古文辞类纂》《经史百家杂钞》都不精密,何况现在处于新文学的建设时期,新的分类法需要符合两个条件:一是标准统一,二是包括新旧一切文体。按照这两个条件,傅东华将古今作品重新归类。①

<table>
<tr><td rowspan="7">著述文</td><td rowspan="7">智</td><td rowspan="2">思想的</td><td>专著</td><td>诸子书及近代哲学、宗教、科学的专著等。</td></tr>
<tr><td>论辩文</td><td>论、驳、辩、难、议、说、策、解、释、考、原、制义、教训文、讽刺文,以及近代的政论、专论、学术的演说词。</td></tr>
<tr><td rowspan="2">批评的</td><td>专著</td><td>《文心雕龙》《史通》及诗话、曲话、文话、史评等。</td></tr>
<tr><td>序跋文</td><td>序、后序、跋、书后、后记、引题、读、评、述、传、注、笺、疏、例言、编辑大意、读后感、书评等。</td></tr>
<tr><td rowspan="3">记述的</td><td>历史</td><td>正史、编年史、纪事本末、通史、别史、杂史、典志等。</td></tr>
<tr><td>传记</td><td>传、自传、小传、评传、别传、外传、家传、述、行状、事略、年谱、回忆录、忏悔录、言行录等。</td></tr>
<tr><td>杂记</td><td>游记、日记、笔记、书事等。</td></tr>
</table>

① 材料来源于《文章作法—文章体制》,傅东华《复兴高中国文》(第一册),上海:商务印书馆,1934年。

续表

<table>
<tr><td rowspan="7">著述文</td><td rowspan="7">情</td><td rowspan="4">诗歌</td><td>诗</td><td>古体、律体、绝体、乐府、歌谣、竹枝词、宫调、赞、颂、箴、铭、新体诗等。</td></tr>
<tr><td>赋</td><td>赋、辞、骚、连珠等。</td></tr>
<tr><td>词</td><td>小令、中令、长令、长调等。</td></tr>
<tr><td>曲</td><td>散曲、套数、佛曲、弹词、鼓词、民间小曲等。</td></tr>
<tr><td colspan="2">小说</td><td>古代短篇小说、传奇、平话、章回、近代短篇小说、近代长篇小说、寓言及童话、民间故事。</td></tr>
<tr><td colspan="2">戏剧</td><td>院本、杂剧、传奇、今剧、现代戏剧、现代话剧。</td></tr>
<tr><td colspan="2">抒情散文</td><td>小品文、诙谐文。</td></tr>
<tr><td rowspan="11">应用文</td><td rowspan="5">公文书</td><td colspan="2">上行公牍</td><td>古代有奏、议、书、疏、表、劄子、封事、弹章、笺、对策，现代有呈文。</td></tr>
<tr><td colspan="2">平行公牍</td><td>古代有牍、移、状、扎、贴、劄子等，现代有咨文公函。</td></tr>
<tr><td colspan="2">下行公牍</td><td>古代有诰、诏、谕、令、教、敕、檄、策、命、告、牒、判、榜、示等，现代有公布令、委任令、训令、指令、布告、批示、判词等。</td></tr>
<tr><td colspan="2">杂项文件</td><td>古代有露布、赦文、铁券文、劝农文、审单等。现代有就职宣誓词、宣言书、建议书、请愿书、通电、通牒、照会、备忘录等。</td></tr>
<tr><td colspan="2">规章</td><td>条约、法规、章程等。</td></tr>
<tr><td rowspan="6">私人文牍</td><td rowspan="5">社交的</td><td>书牍</td><td>书、简、启、笺、札、贴、柬、文启等。</td></tr>
<tr><td>酬赠</td><td>赠序、寿序、联语等。</td></tr>
<tr><td>演说</td><td>演说词、宣言词、欢迎词、送别词等。</td></tr>
<tr><td>哀祭</td><td>祭文、哀词、吊文、祝文、祈祷文、愿文、盟誓文、青词、挽词、挽联等。</td></tr>
<tr><td>纪念</td><td>碑文、刻文、碣、铭、墓志铭、墓表、题名等。</td></tr>
<tr><td colspan="2">法律的</td><td>契据、合同、公约等。</td></tr>
</table>

在教科书的具体设计中，《复兴高中国文》第一、二册选文除《典论·论文》《古文辞类纂》为总说“文章体制”外，其余选文分别属于诗歌、“史体”“传志体”“记序体”、辞赋、论辩文、批评文、告语文与词曲。这说明对于自己所建立的“体制”，傅东华在教科书中只列举了部分。

这种将古今文体分类法混合在一起的做法，受到部分人的指责。有人批评《杜韩两氏高中国文》文体分类混乱且不全面:"连珠本赋之一体","楹联既特设一组,何以独缺骈文?唐代文学,律诗绝句既举,胡不及乎传奇?且变文,发现虽云较晚,而中国文学演变上实居重要地位,亦竟落选:是皆有待商量者"。[①] 其实,类似的问题普遍存在,并成为1930年代政府不予审定高中国文教科书的主要原因。负责审查教科书的国立编译馆于1936年底上教育部呈文中说:高中国文教科书"送审者仅四部,一经签令修正,殊少再送审查者,推原其故,谅由文章体裁新旧杂糅,编者欠于分析,混其观点,莫得指归,为其大梗"[②]。

第二节 高二国文:不同立场的"文学源流"

本章讨论的高中国文教科书第二学年内容为文学源流。[③] 按编者立场的不同,可分为两类:一类以傅东华《复兴高中国文》为代表,以近代文学观念重新观照中国文学史;另一类以正中书局《高中国文》为代表,仍站在桐城派的立场理解中国文学源流。

傅东华编、商务印书馆1935年初版《复兴高中国文》第三、四册体现了编者对"文学"的价值判断:风格清新、表情真实自然、能够反映时代的作品是好作品;无病呻吟、涂脂抹粉、矫揉造作、"载道"的作品是没有价值的。他主要通过比较不同流派的作品来突出这些价值判断。

---

① 王恩华:《国难后中等学校国文选本书目提要》,《师大月刊·卅二周年纪念专号》,1934年12月17日。

② 《国立编译馆呈文》,《国立编译馆馆刊》第20期,1936年12月10日。

③ 中华书局刘劲秋、朱文叔《高中国文读本》第二学年已查找不到。余下的八套教科书中,立达书局《高中国文选本》与北新书局《高中混合国文》仅存第三册。此外,中华书局宋文翰、张文治《新编高中国文》(1937年)全六册,世界书局蒋伯潜《蒋氏高中新国文》(1937—1939年)前四册也以"文学源流"为纲安排课文,本节一并讨论。

傅东华以梁启超《吾今后所以报国者》、黄遵宪《聂将军歌》及严复《译天演论自序》代表近代文学。在《吾今后所以报国者》后评道:“像这样‘杂以外国语法’的‘新文体’,就是从古文到现代语体文学的一种过渡形态;我们从近代文追溯到古文,应以认识这种文体为起点。又就本文而论,我们不但可以认识这种‘新文体’,并可以认识这种文体所由产生的时代背景。这时代背景的认识,也是本学年精读各文中所要特别注目的一点。”[①]在《聂将军歌》后评道:“精彩处在通篇都是具体的描写。”这两处评论,实际交代了傅东华的部分文学观念:欣赏文学应顾及时代背景;文学作品要有“具体的描写”。

在清代文学部分,傅东华特别注重桐城派、阳湖派和“性灵派”之间的对比。他以吴汝伦《严译天演论序》、曾国藩《欧阳生文集序》、吴敏树《与筱岑论文书》、姚鼐《登泰山记》与方苞《游雁荡记》代表桐城文章;以恽敬《游翠微峰记》代表阳湖文章;以龚自珍《说京师翠微山》与袁枚《同金十一沛恩游栖霞寺望桂林诸山》代表性灵文章。他认为,“《说京师翠微山》的作者将人情予与了山”,《同金十一沛恩游栖霞寺望桂林诸山》“将山神话化(第三节)”。这两篇作品“都是想象作用,也就是所谓‘性灵’,性灵就是‘能解人意中郁结’;人无可说或要说说不出,而我代他说出,便是有性灵的文章”。而像《游雁荡山记》中“游山而觉‘兹山不可记’,便是没有性灵的自白。但知其不可记而记之,其旨在于示人以‘圣贤成己成人之道’,这就叫做‘见道之文’,也就是‘文以载道’。从这课和前课的比较上,可以看出‘性灵派’和‘载道派’的一个鲜明的对照”。《游翠微峰记》所代表的阳湖派古文作风“朴直”,这种“朴直的作风是桐城、阳湖两派的古文所共同的,因此这两派的古文大都使人

① 有关该书的引文均来自相关课后暗示,不一一注明。

感到干燥而无情趣”。姚鼐《登泰山记》“于朴素中见冲淡情趣，为桐城派古文的最高境界”。

在明代文学部分，傅东华特别注重性灵文学与归有光等人作品的比较。他认为袁宏道《雪涛阁集序》中的“自伸其才”和归有光《项思尧文集序》中的“自得”差不多。但《雪涛阁集序》“以为时变文即不得不变，故主张古不可复”；《项思尧文集序》“以为古人所以传，为有所自得，我果有所自得，则亦古人矣，故主张古不可效而可追”。所以归有光“虽与公安竟陵同在反对复古的立场，而风格究不一样”。

跟《复兴高中国文》不同，胡怀琛编辑、正中书局 1935 年初版的《高中国文》第三、四册在勾勒文学源流时深受桐城派的影响。

胡怀琛认为：“清代散文，在其初期，犹未能尽除明末余习；或颓废，或叫嚣，芜杂殊甚（一二名家为例外），至方苞而始归于‘清醇雅正’，其后姚鼐继之，遂演成‘桐城’一派，今人对于桐城文，或誉之，或毁之，观点不同，殊难决定为谁是。总之，在该时代，不得不有此文，是桐城文乃时代之产物。论桐城文者当于此点着眼。”[①]并称赞“自姚鼐选《古文辞类纂》一书，分文体为十三类，乃始精密；而于各体复穷源竟委，详为阐明，撰一序文冠于卷端，学者得此，对于中国文体之演变，可以知其大概。今选录于此，以便诵读”。可见他对桐城派的评价相当高，故选清文时着重于清初古文三大家及方苞、姚鼐与曾国藩。

胡怀琛论文特别注意理出古文文脉。他将“铭诔各体”之源溯至《礼》，故选《小戴·檀弓》十一则。将“纪传铭檄”溯至《左传》，故选《左传·季札观乐》。认为“推理之文者，多导源于《孟子》及

① 《宣左人哀辞》题义，《高中国文》（第四册），上海：正中书局，1935 年。本节有关该书引文，均来自各课题义，除特殊情况外，不再一一注明。

《庄子》"，像韩愈为"得于《孟子》者"，苏轼为"得力于《庄子》者"，故选《庄子·逍遥游》与《孟子》五章。"欲溯中国抒情散文之源者，不得不穷究《史记》也"，故从《史记》中选《屈原传》《孙子传》《李将军传》。因"后之作记叙文者，除《史记》外，亦兼习三史"，故选《后汉书·班超传》《三国志·出师表》。在学习唐宋八大家与清代古文家作品时，胡怀琛特别着意作者风格来源。他区别韩柳甚为细致："柳宗元之思想亦与韩愈不同。韩之思想纯属儒家；柳则多读周、秦诸子书，故其文之佳者，多学诸子之寓言。""柳宗元之散文，在唐代与韩愈并称。然二家蹊径不同。宗元文以游山水小记为最佳，盖被谪于永、柳二州，其他亦多佳山水，谪居闲暇，得以纵览泉石之胜，写来笔下，尽成佳构。不特为柳文特色，抑亦后世山水游记之祖也。其源虽出于《水经注》，然《水经注》则不过偶尔一两句，不及宗元能独立成篇也。"他很注意区别宋代古文家和清初古文家各自文章的渊源："老苏之文，出于战国策士"；东坡之文"有一二似庄子处"；"王安石文，出于先秦法家"；曾巩"其文亦多源出于刘向"；侯方域之文"豪迈不拘，然亦间有草率处。于司马迁为近"；魏禧之文"凌厉雄杰，慷慨淋漓"；汪琬之文"从容不迫，颇能演欧阳永叔归震川之余绪也"。

在选近代文时，胡怀琛亦着力于跟桐城文的远近。他认为"清同、光以后，以至民国之初，文之尤可观者，分为数派：其一，演桐城之余绪，自曾国藩而下，如吴汝纶以及桐城诸作者是也。其二，以周、秦诸子之文，译西洋小说学术者，严复是也。其三，以唐人传奇之文，译西洋文学者，林纾是也。其四，以极通俗之文，畅谈时务，梁任公是也。其五，从龚自珍入手，一变而为奔放绝尘之笔，用以写革命排满之文，南社诸作者是也。此外派别尚多，难以尽述，而章士钊之政论文章，亦为其一"[1]。于此五派中，他选严复译《天演论导言七》、林纾译《肉券》、章士钊《赵伯先事略》而不选梁启超之文，即着眼于跟桐城派关系的远近。

胡怀琛认为清初散文未能尽除明末余习，或颓废、或叫嚣，芜杂殊甚，实际指向公安竟陵及袁枚、李渔等人，自然不选其文。对于古代小说，胡怀琛也不看重，唐传奇仅选《南柯太守传》备格[2]，明清长篇小说节选《三国演义》一段。这虽跟傅东华《复兴高中国文》截然不同，但在当时也非常具有代表性。[3]

可见1930年代的高中国文教科书第三、四册虽大都按"文学源流"编制，但因编者所站立场或"正统"或新锐，教科书所呈现的"文学源流"实际并不相同。

第三节　高三国文："学术"与"思想"的两歧

本章讨论的高中国文教科书第五、六册大都以"学术思想"为纲组织内容[4]，据侧重点不同，可分为两类：正中书局《高中国文》侧重"思想"；以《复兴高中国文》为代表的其他教科书均侧重"学术"。

---

① 《赵伯先事略》题义，《高中国文》(第四册)，上海：正中书局，1935年。

② 选入此文是因为："惟如就修养方面言，则殊无所益。今酌选《南柯太守传》一篇，以备一格。此篇视人生如蝼蚁，等世事于一梦。虽偏于消沉，然对于热中名利者，亦未始不为一剂良药也。"

③ 何炳松、孙俍工编，商务印书馆1935年初版《复兴高中国文课本》对于唐传奇、宋元话本、明清小说一篇都没选，编者虽然明白公安竟陵在晚明文坛不能忽略，但仍不选其文，这跟胡怀琛的做法相似。

④ 中华书局《高中国文读本》、立达书局《高中国文选本》与北新书局《高中混合国文》最后两册均已查找不到。余下的六套教科书中，《高中标准国文》第六册也已查找不到。此外，世界书局蒋伯潜《蒋氏高中新国文》(1937—1939年)第五、六册也以"学术思想"为纲，这里一并讨论。

傅东华编、商务印书馆 1936 年初版《复兴高中国文》第五册"所包种类为学术概论、文献学、考证学、文字学、史学及宋明理学心学;以时代言,为自现代上迄北宋";第六册"所包种类为佛学、诸子学及经学;以时代言,为自唐上迄周秦"。[①] 这两册依据冯友兰、胡适、梁启超等近人的学术观点,勾连中国学术史,一面照顾时代线索,一面突出学派划分。全书顺序基本由清代上溯先秦,于各代思潮各有侧重:清代侧重考证学、颜李学派、文字学、史学;宋明侧重理学心学;唐代学术不发达,没有选讲;汉末魏晋六朝侧重佛学、黄老与方术;先秦侧重孔孟、荀子、老庄、韩非、公孙龙子、墨子。为了突出各学派,《复兴高中国文》并不严格遵循时间顺序。许慎是东汉人,为了集中学习文字学,却将《说文解字叙》放在清代讲;为了集中讲述理学心学,将孙中山《知行总论》放在王阳明之后讲。对于某些学派,《复兴高中国文》并没有选其代表作品,而以后人研究成果来代替,比如讲老子时,课文为高一涵《老子的政治哲学》,讲墨子时,课文为胡适《墨子小取篇新诂》。

在讨论清代学术时,傅东华受梁启超《清代学术概论》影响,特选其中"泛论清代学术之承传分派"的一、二节"作以后各课之总引"[②]。傅东华将清代学术分为汉学、颜李学派、小学与史学四大块。汉学部分选入江藩《汉学师承记》以明"汉学传统之概略";以顾炎武《答友人论学书》"代表清代学者反对宋明心性之学的意见";以《答李子德书》"见清代朴学家'实事求是''无征不信'的治学态度";以《清朝先正事略》中《阎百诗先生事略》"示清代汉学家之考证方法"。颜李学派部分选入戴望《颜习斋先生别传》,"所谓

① 《第五六册编制说明》,傅东华《复兴高中国文》(第五册),上海:商务印书馆,1936 年。

② 有关本书的各引文均来自该书相关课文的课后暗示。

躬行实践之学，可于此传见之”；以颜元《学辩》“代表颜习斋一派之实用主义之教育主张”；以李塨《颜先生存学编序》“说明其师学说为‘复古道’”。小学部分以戴震《六书故序》、许慎《说文解字叙》、朱骏声《转注假借说》、王引之《经传释词序》、周予同《关于甲骨文》“略窥中国文字学之梗概”。史学部分以王国维《古史新证总论》、章学诚《史释》、何炳松《中国史学之演化》说明治史的态度及史学之演化。

在讨论宋明学术时，傅东华深受冯友兰的启发，并将理学、心学当作宋明学术的重心。因冯友兰说：“周濂溪盖取道士所用以讲修炼之图，而与之以新解释、新意义。此图说为宋明道学中有系统著作之一。宋明道学家讲宇宙发生论者，多就此推衍”，故选入周敦颐《太极图说》。因冯友兰认为“明道伊川兄弟二人之学说，旧日多视为一家之学。但二人之学，开此后宋明道学家所谓程朱陆王”，故节选《明道语录》与《伊川语录》。选张载《西铭》，课后暗示中引冯友兰之语称张子之学“以气为万物之本体”，注重“除我与非我之界限而使个体与宇宙合一”。选陆九渊《与李宰第二书》及杨简《绝四记》，引冯友兰“象山哲学中虽只有一世界，而仍言所谓行上行下。至慈湖则直废此分别”以明陆杨异同。因冯友兰说：“阳明之学，彻上彻下，致良知三字实可以包括之”，“其学之主要意思，见于所著《大学问》一篇”，故选王守仁《大学问》。

傅东华对于先秦至魏晋六朝学术的理解也多受胡适、梁启超等人的影响。讨论魏晋学术时选入梁启超《中国佛学之发达及其特色》。胡适在《中国哲学史大纲》中说，“孔子学说的一切根本，依我看来，都在一部易经”，“一部易经只有三个基本观念，(一)易，(二)象，(三)辞’”，傅东华深以为然，故在《复兴高中国文》先秦学术部分选入《易·系辞》。

与《复兴高中国文》不同,穆济波编、正中书局1935—1936年初版的《高中国文》第五、六册虽也以“学术思想”为纲,但侧重“思想”。

该书出版前,穆济波就有关中学国文教科书出版事宜托人与商务印书馆接洽。1934年,柳诒徵致信商务印书馆编辑何炳松,“近晤穆济波先生谈及中学教科书亟须改良,穆先生创一新体,分编六十组可供师生自由教授自由研究之用,解说参考均极详备,其要旨尤在使一般学子得知吾国民族根本及历史文化演进之要。诒徵叹为从来中等国文教科未有之良法,兹将其油印样本寄呈台览,幸以教育家眼光详加审订,如贵馆能采用此种课本,穆先生愿以出版之事相属,其如何订约之处希与穆先生直接商榷。闻穆先生另有函致执事,诒徵因此书体裁精善,特再具书介绍,希冀为中等教育国文教法开一新纪元,想高明不以鄙意为过当也”[①]。但商务印书馆并未出版穆济波所编教科书,倒是半年后正中书局出版了这套书,穆济波所编的《高中国文》第五、六册,着力点确在“吾国民族根本及历史文化演进之要”。

《高中国文》第五册前六篇作品为其他高中国文教科书所未曾选,“俱为有关吾国古史较早之传说,凡述我民族之开化者必将有取于是”[②]。《国语·鲁语上·展禽论祀爰居》“揭示之‘禘’‘郊’‘祖’‘宗’‘报’五种祀典,为我民族立国立教之精神所在,与世界其他民族之崇拜一神或多神者之宗教观念绝异。盖完全出于崇德报功之‘人文的’‘伦理的’思想,而非沿于迷信故也”。《国语·楚语·观射父对昭王问》表明“吾族文化精神自古即极端注重人事”。

---

① 方继孝:《商务印书馆鲜为人知的故事》,《中国收藏》2006年第2期。

② 《易·系辞传下·古者包羲氏章》题义,《高中国文》(第五册),南京:正中书局,1935年。本书有关正中书局《高中国文》的引文都来自相关课文后面的“题义”。

《春秋左氏传·郯子论官》“言我国古代官制之始也”。读《易·系辞传下·古者包羲氏章》“可知古之所谓‘王天下’者,惟一要则为能开发生产文化以裕民生”。《诗·商颂·长发》与《诗·鲁颂·閟宫》“见吾国古代由氏族社会而进于封建社会时间之史实。其所歌颂者,不外生产文化之增进与民族膨胀力之开拓,祖德宗功,莫大乎是”。

该书讨论儒家思想时重点彰明民本与“公天下”。穆济波抓住《论语·季氏篇·季氏将伐颛臾章》中“不患寡而患不均”一句,认为“二千年来,生民之祸愈演愈酷,皆不均不平之所致也。儒家公天下之心,徒见诸虚文,可叹也”。选《礼记·礼运·大同小康章》,“此孔门之师说,‘小康’之治,仅足以救乱于一时,必一返于‘大同’之世而后可以根本弭乱。拨乱反正之功,一言以蔽之曰,‘务公去私’而已”。认为《孟子·万章问·尧舜禅让禹传子章》“发挥圣人‘公天下’之心,最为透彻”,“中国之必为民主的国家,即为我民族固有的政治先天性之显现作用,孟子启之于二千年以前,中山行之于二千年以后,时代社会虽不同,其实质固一也”。认为《孟子·梁惠王上·齐桓晋文章》“发挥孔门王霸之辨,指斥以力服人者纵可成功,亦绝非长治久安之策,王道精神在于生民而不在于杀民,在于以所养养而不以所养害其所以养。必以使民皆得其养,而后可谓行仁,故以制民之产足遂其生为王政之本”。选《孟子·滕文公上·有为神农之言章》,慨叹“今日之知识界,上不能为孔孟,下不能为陶冶,而残羹冷炙不以为耻,诚哉其不如荷蓧许行只能自食其力也”。选《孟子·滕文公下·夫子好辩章》,认为“孟子与杨墨之争,为公天下而争,非为个人之见或为一家学派异同之见而争也”。

该书讨论两汉学术时,重点在政论家及今文经学家的事功方面。选贾谊《论积贮书》,“所云驱民于农,使得自食其力,使民有积储而后可以给国用治安之要,完全注重于国民经济之稳定。非仅剥削民力以供政府之积储而已”。选晁错《论守边备塞书》,“汉兴以来边计之未备,乃倡选常居者,屯田筑城,厚利禄,予匹敌,以安其居。行赏赎罪,以鼓其气,使人民有效死乐生之心,庶可与国同休戚。今日边患日急,备边之法亦异,然徙民实边,实为不易之法,读此文可作筹边捍患者之一助”。以董仲舒《限民名田疏》“见儒家均平政策之经济的思想之一般”。选贾让《治河奏》,“汉人治经,以切实用为主,不但引经断狱,且治水亦按经义,后人但谓汉儒徒知训诂,殆诬言也”。选刘向《极谏外家封事》,“汉儒治经术者,每喜言灾异,盖欲以天变可畏,救正人事之失,自董子以来,莫不如是”。选刘歆《移让太常博士书》“切责当时儒者狭隘不容异己之弊甚切著”。

讨论清代学术时,穆济波选入黄宗羲的《原君》,这是该篇首次出现在高中国文教科书中。他认为:“黄梨洲于鼎革之际,目击亡国惨祸,乃痛切言之,以为后世戒。然犹未敢倡无君之论,若道家言也。至十八世纪欧洲民约论出,民主政治思潮,席卷天下,与吾国固有民本思想暗相媾合,而中山先生民权主义,乃随时代而产生,以型成后来之中华民国,则此文固代表一时代觉醒之精神,未可忽视也。”

穆济波对玄学、佛学及宋明理学、心学均不热心。其他教科书讲魏晋南北朝学术,重点在玄学与佛学,而穆济波仅在副篇选梁启超《佛教之初输入》,正文四课几乎都跟玄学、佛学无关。宋明本是哲学史家和学术史家浓墨重彩的时代,但穆济波也不看重,周敦颐、张载、二程、陆九渊等重要人物的作品都没有被选进来。

综合穆济波编《高中国文》第五、六册的内容,与其说侧重学术，不如说侧重思想，“要旨尤在使一般学子得知吾国民族根本及历史文化演进之要”。这两册教材所彰显的“吾国民族根本”，是儒家的“公天下”与民本思想。这一点不仅在讲先秦学术时随处点明，宋代学术选欧阳修《本论》、清代学术选黄宗羲《原君》，也都为究明“民本”思想在后代的演进之迹。

第四节　学界对1930年代高中国文教科书的批评

自其出版至1949年，这些教科书被各地中学广泛使用。1947年，孙起孟、庞翔勋观察到：“高中的选本，国定本还没有，目下依旧是三家的天下：商务的《复兴高中国文》，中华的《高中国文》，正中的《高级中学国文》。”[①]1946年3月，正中书局《高中国文》第三册出至一百零六版。1946年12月，《复兴高中国文》第四册出至三十九版，第六册出至三十四版；1947年1月，该书第三册出至四十九版，第五册出至三十九版。1943年，项因杰在重庆教中学，“采用的课本，都是用学校原先选定的，用过商务的复兴高中国文第二、三、四册，及正中的高中国文第一、二、五册”[②]。1947年，浙江春晖中学高一、高二年级使用《复兴高中国文》。[③] 1948年，徐中玉观察到一所私立中学用《复兴高中国文》第五册为教材。[④]

有些学校虽不使用这些教科书，也按高一授以文章体制，高二授以文学源流，高三授以学术思想的顺序教学。抗战时期西迁重

---

① 孙起孟、庞翔勋：《选本的阅读》，《中学生》第187期，1947年5月1日。

② 项因杰：《研读与写作的矛盾——高中国文程度低落之一因》，《国文月刊》第22期，1943年7月。

③ 《教务概况(1947年)》，《浙江省春晖中学》，北京：人民教育出版社，2008年，第2版。第190页。

④ 徐中玉：《国文教学五论》，《国文月刊》第67期，1948年5月10日。

庆的南开中学国文“高二课程,可说是一部中国文学史,从《诗经》《楚辞》、乐府到明清的散文、戏曲,通过选读各朝的代表作品,讲述中国各期文学发展的简貌。高三是一部先秦思想史,课本是孔、孟、荀、墨经典著作节选”①。

但这些教科书及其体现的教学倾向很快成为人们批评的焦点。1947 年,有人称高中国文教学“简直没有一本教本可以适用”②,这代表了舆论的普遍看法。

自 1932 年起,有关高中学生国文程度太差的反映不绝如缕。1932 年初,浦江清在日记中说:“今日一般人国文程度大坏,大学生几如中学生。”③陈寅恪“连岁校阅清华大学入学国文试卷,感触至多”④。陈寅恪表达比较含蓄,从前后文看,应是感慨考生国文程度太差。1933 年,参与高考阅卷的朱自清,批评考生作文“照例的发议论,自己似乎并没有话说”,“至于运用文字,也极少熟练的;几乎每篇都有些不顺的句子,加上满眼的别字。大部分文从字顺的(虽然没说明什么东西),至多怕只有十分之一”。⑤ 稍后几年,阮真在谈到学生国文程度时说:“高中毕业生,我虽无统计研究,然据所教各班历届毕业生之观察,亦甚清楚。大约文言能通者(白话亦通)百分之十;能作文言而未通者(白话有通有不通)百分之二十;作白话大致通顺者(不能做文言者)百分之五十;作白话仍未通顺

---

① 朱永福:《激情孟夫子》,《沙坪岁月——重庆南开校园回忆录》,北京:中国文联出版社,2003 年。

② 孙玄常:《拟〈高中国文教本目录〉》,《国文月刊》第 54 期,1947 年 4 月 10 日。

③ 浦江清:《清华园日记·西行日记》1932 年 1 月 18 日条目,北京:三联书店,1987 年,第 73 页。

④ 陈寅恪:《与刘叔雅论国文试题书》,《金明馆丛稿二编》,北京:三联书店,2001 年,第 249 页。

⑤ 佩弦:《高中毕业生国文程度一斑》,《独立评论》第 63 期,1933 年 8 月 27 日。

者(不能作文言者)百分之二十。此今日初高中国文之实在程度也。"①

高中生国文程度低落的现象,到1940年代得到更多关注。1940年12月,蒋伯潜说:"现在中学生国文程度之一般低落,几乎成为大众公认的,无可讳饰的事实。每次文官考试后,我们常常在报纸上看到典试的先生们底谈话,以为国文试卷内有许多是文理不通的。我在浙江,曾四次主试中学生毕业会考的国文,也觉得成绩一届不如一届。"②1943年10月15日,语文教育家叶仓岑在国立汉民中学演讲中说,"近几年来,中学生国文程度低落问题,时常被一般教育界的人士谈起,在报纸杂志上,时常看到讨论这个问题的文章,假如把这些文章通通搜辑在一起,想来可以印成很厚的一本册子了","蒋委员长也注意到这个问题了,曾经手令教育部通饬各校:'现在中学国文程度低落,应令各种学校切实注意,并设法提高;以后凡大学招生,如有国文不及格者,不准录取为要'"。③

在影响学生国文程度的诸多原因中,几乎为所有论者所强调的,是教科书。早在1930年代,有人分析学生应用文写作不佳时就说:"就单方面而论,中学生对于应用文写作,缺少练习而'不行',似乎是实情。此非学生之过,亦非教师之过,实系教材之过。"④罗根泽参加评阅1942年高考国文试卷,惊讶于学生国文程度之低,提出三条改进意见,其中就有"请求中学教员选讲适合中

---

① 阮真:《阮真致陆步青先生论中学国文教学》,《中学国文教授法》,1936年12月初版,1943年3月四版。我看到该书初版本没有收此信件,可见阮真这封信大约写于1936年12月至1943年3月间。黎锦熙:《三十年来中等学校国文选本书目提要》,《师大月刊》1933年第2期。

② 蒋伯潜:《自序》,《中学国文教学法》,上海:中华书局,1941年。

③ 叶仓岑:《中学生国文程度低落的分析》,《国文杂志》第3卷第1期,1944年4月1日。

④ 其扬:《一个旁观者的结论》,《中学生》第54期,1935年4月1日。

学生程度的文章"[①]。陈卓如虽不同意罗根泽的分析,但也认同中学生国文程度低落,责问:"今日之大学生头脑冬烘,侈谈天道,试问是谁之过?"[②]叶圣陶对此的解读是:"这句话多少含着读物选材不得其当的意思。"当然,叶圣陶也认为:"国文教材有示范与供给材料的作用,对于学生的思想,似应多负一点责任。"[③]徐中玉说得更直接:"中学生国文程度低落,教材的不适合应当负很大的责任"[④]。

俞剑华认为,1930年代出版的高中国文教科书缺点为:"(一)误认国文为国故学;(二)误认国文为纯文学;(三)误认国文为中国文学史;(四)误认国文为万有文库。"[⑤]这代表了人们的普遍看法,其中,又以学术思想为内容的高三国文教科书受到质疑最多。

阮真认为,高二以文学源流为纲,高三以学术思想为纲,标准都太高了,"只能望于国学专科学校,而未必能望于大学文科也"[⑥],更遑论高中。他批评高三国文说:"高中三年级教材以学术思想为纲,若仅读近代学术政论文字,与宋元明理学文字,文字本身无阻碍者,其困难只在学理。而国文教师所负责者,亦只能以常识为限。若涉及专门,则当由专科教师教之。若遽取于周秦诸子,则不独习于白话文之学生不能读,即通于汉魏唐宋古文之教师,读之亦多有窒碍。论孟以子为经,固最易读,然尚有一部分不可授学生

---

① 罗根泽:《抢救国文》,《国文杂志》第2卷第1期,1943年7月15日。

② 陈卓如:《从"抢救国文"说到国文教学》,《国文杂志》第2卷第3期,1943年9月15日。

③ 叶圣陶:《读罗陈两先生的文字》,《国文杂志》第2卷第5期。据我推测,该期出版日期应为1942年底。

④ 徐中玉:《国文教学五论》,《国文月刊》第67期,1948年5月10日。

⑤ 俞剑华:《国文课本之改造》,引自孙起孟、庞翔勋《选本的阅读》,《中学生》第187期,1947年5月1日。

⑥ 阮真:《阮真致陆步青先生论中学国文教学》,《中学国文教授法》,1936年12月初版,1943年3月四版。

者。墨子、荀子,则已难读,可选者甚少。吕览、淮南亦然,而其评议诸子处,则非有一贯之实力不可。至于老、庄、管、韩则尤难读。老子文易而义奥,庄子文怪而义奥。若《齐物论》者真参看评注,细读数过,而未能了然,彼所谓大师者能尽了然乎?韩非之文,字艰句涩。管子之文,几非句句强解不可。是皆无助于学生之作文,而适足以益其不通者也。至于经书,则诗、礼、春秋间有可选;尚书、易经,万不可教。至于学术通论,往往抽象概括,而文句故为玄奥,亦非高中学生所能读之而得益者。今乃强令杂读,而又白费一年之光阴,而无丝毫得益也。"[①]浦江清读了当时市面上流行的几种高中国文教科书后说:"我看复兴高中教本的第五册、第六册,就非常深,不知道中学里到底用不用。这两巨册包括了先秦经子、南北朝佛教、宋明理学、清代文字音韵考据之学,范围很广。其中近人的文章如罗振玉《国学丛刊序》,古代的文章如荀子《非十二子》篇、《正名篇》、庄子《齐物论》《天下篇》、《易经·系辞》、周敦颐《太极图说》,即在二十年以前的中学生也未必读得上,而现在因为提倡国学的潮流中,所以选作中学国文教材。我们在上文已说,青年人需要学习科学太多;如果我们再把经史子集的重担放在他们身上,各方面都要他们能,结果他们索性一概不理,早已打球看画报去了。而且以前的中学生诚然是'孤陋寡闻',但是他们的文字倒还通顺,对于古书的了解力也比现在中学生强。现在的中学生眼界广了,老早就要知道'雍郊获鼎''洹阳出龟''和阗古简''鸣沙秘藏'(罗振玉文中语)、转注假借之理、知行合一之教、墨子《小取》、庄子《齐物论》等(都在复兴高中课本内),结果是文章十分不通。也有连盗贼的'贼'字、夫妻的'妻'字,都不知如何写的,也有用之

---

① 阮真:《阮真与汪典存先生论国文教学书》,《中学国文教授法》。这封信大约写于1936年12月至1943年3月间。

乎者也的'乎'字开句的,也有用'而'字收句的(前天看大学统一招生试卷的所得的实例),照这样的程度,必欲责之以读三千年以来的学术高深文字,不是陈义太高、期望太过吗?"并说北新书局所出的《高中国文选》,"不像是学习中文的读本,而是中国文化史读本了。这样的读本非国学专家不能教,非大学文科的学生不能读。即使大学校哲学系的毕业生,完成了儒家道家没有呢?中学生如何完成得了?"[①]徐中玉认为《复兴高中国文》第五册"连一篇纯文艺的东西也没有!学术、思想、哲学、历史,看起来真是堂皇得很,可是这样就一定能使学生获得'固有文化'的知识了?"[②]李广田批评中华书局《新编高中国文》与正中书局《高中国文》等"高则高矣,试问,适合于现代青年的接受能力吗?这是现代青年所满意的吗?这会引起学生的兴趣吗?这可以作中学生作文的范文吗?在课本上教授这样的文章,而学生所作的却是白话文——教学做不能合一——两套思想、两套工具,这真是令人为难"[③]。

这些学术文章不仅不适合学生的接受能力,在一些激进的人看来,还有害处。李何林认为:"先就'学术文'的教学情形来说,凡是教过这东西和学过这东西的人,大半都感觉到教者是吃力不讨好,学者是头痛脑裂,所得甚少。即使暂时似有所得,但过时不久,那勉强印入脑子里的一些影像,也就恰似'白茫茫一片大地真干净',烟消云散了。即使暂时退一步说,有些受过高中教育和在大学一年级里又读过几篇学术文的人,过了十年二十年以后,仍然记得些经史子集的书名篇名和作者,甚至对于作者的思想识见与词句,还能有所了解和记忆;那我又要问:他所了解的是不是遗产的真相或

---

① 浦江清:《论中学国文》,《国文月刊》第1卷第3期,1940年10月16日。

② 徐中玉:《国文教学五论》,《国文月刊》第67期,1948年5月10日。

③ 李广田:《中学生国文程度低落的原因及其补救办法》,《国文月刊》第28、29、30期合刊,1944年11月。

本质？他所了解和记忆的那一些，对于他十年二十年来的生活有什么帮助呢？除了在大学和研究院研究中国文学、哲学、历史社会、政治、经济、教育等的人们外，那些学农、工、医、商、文、理、教育的人，如此接受的一些遗产，对于他们的所学与所业究竟能有些什么补益？我看除了由于不正确的了解，中了一些国粹主义的复古的毒，养成了阿Q式的精神胜利法，说我们的精神文明怎样好，别人的不过是些皮毛的物质文明，应该实行'中学为体，西学为用'法，因而形成了错误的世界观，阻止了自己的进步，也阻止了中国的进步以外，是再没有什么好处了。如果有的话，那不过是作为茶余饭后的谈资，以显示他学理工的人也知道些儒道墨的学说如何如何，庄子、韩非子的文章怎样怎样，而那些如何和怎样根本就是颇成问题的，反而因此在有意和无意之间散布着复古的精神胜利的细菌，如此而已。"①

以"文学源流"为纲也受到普遍质疑。浦江清批评说："另外一类教科书，不注重国学知识，而注重文学。或者按照文学史的顺序，从古代作品选到现代，或者顾到文章浅深的层次，从现代作品逆选上去（前者例如中华书局的《新编高中国文》，后者例如《复兴高中国文》第三、四册）。我比较赞成这一类教本，因为文学可以引起多数人的趣味，而且读了历代文人的制作，间接地可以明了古人所处的环境，和古人的思想，也间接的了解了古代文化。但可注意的是我们不要使中学国文读本，变成中国文学史读本，否则又难免深与杂之病。因为中国文学的历史甚长，而且文体繁多，倘要使每个名作家都有一篇代表作品，又要使每种文体如诗、词、歌、赋、骈文、散文、戏曲、小说等都要详备，非使这一个选本里面，每一篇文章变换一个面目不可。这样使读者如走马看花，徒然得了一个肤

① 李何林：《再来一次白话文运动》，《国文月刊》第26期，1944年3月。

浅的中国文学史的轮廓，并不能细心学习，更不能下深厚的文字功夫。正如初学习字的人，汉唐碑帖，纷然杂陈，真草篆隶，同时并习，结果连字也不会写了。所以那种读本仍是见闻之学，不是训练文字的教本。"①

有人批评高一的文学体制说："既然以'体制为纲'，自然须得骈文、古文、诗、赋、词曲种种皆备；再详加分析，则诏令、书表、牋牍、檄移、碑志、哀诔……也应齐备。这样，五花八门，百货杂陈，倒成了一本'文体样品薄'，对学生到底有多少益处，我实在颇为怀疑！譬如我们要学习书法，自然得拣一部好帖，数年临习，才会有些成绩。否则，今日学颜，明日习欧，准定没有希望。难道学习国文也不当如此么？（仿佛罗庸亦有此论，但亦不能记忆。）近时坊间课本，正中了注重'体制'的弊，以致内容庞杂，使学生无所适从，所以，反而及不上《古文观止》《史记精华录》之类的功效。"②

在批评者们看来，"固有文化知识"应该了解，但不一定非看原典。季镇淮说："听说高中三年级，一般中学里都在讲学术文，我想这也是浪费心力，对于学生没有什么兴味。学术文也是一种议论文：这些以说理为主，特别是先秦部分包涵至广。有玄学、逻辑学、伦理学、人生学，艰深的文字、抽象的原理，即使教的人不觉得困难，但听讲者如高中学生恐怕十分之九是莫名其妙。就是时代较后文字浅显的如韩愈的原道、李翱的复性书、张载的西铭，都不易讲，不易懂。假使中学里讲学术文的目的，是要使学生知道一点学术史上的常识，尽可以指导他们看一些常识的书，亦不必讲学术文。"③叶圣陶认为："如果有几部很好的历史教本，把我国的固有文

① 浦江清：《论中学国文》，《国文月刊》第 1 卷第 3 期，1940 年 10 月 16 日。
② 孙玄常：《拟〈高中国文教本目录〉》，《国文月刊》第 54 期，1947 年 4 月 10 日。
③ 季镇淮：《教书杂记》，《国文月刊》第 31、32 期合刊，1944 年 10 月。

化，不只是古代的，也连带中古与近代的，记述得扼要而且正确，而历史教师又善于利用教本，指导得明白而且精到，那么，学生虽不'读解古书'，也一样可以'深切了解固有文化'。这样说来，古书的读解并非绝对必需的。"[1]杨振声建议："我们为什么不能利用数人或数十人去选择、整理，把我们过去文化的菁英，用一般国民所能接受的语言传授给大家呢？以数人或数十人的精力，便可以节省下几万万人每人半生的时间，这真是功在民间的事，又何乐而不为呢？"[2]而当时确实也有人用"一般国民"所能接受的语言整理"固有文化"，朱自清的《经典常谈》就是一例。

综合上述看法，人们一致认为高中国文教学好高骛远，有百害而无一利。阮真认为："处今日而言中学国文教学，则只能达到最低限度之工具应用目的为已足。"[3]浦江清认为："到底是文章写通要紧，还是国学知识要紧？我们要求太多，反而不好。鉴于现今中学生作文技术之恶劣，我们认为中学国文应该是语文训练的功课，而不是灌输知识的功课，与理化史地等课程性质完全不同的。"[4]可见，他们认为高中国文教学应重在语文能力的训练。

一些一线教师也尝试编辑浅显的教科书。吴奔星在 1943 年说："我在柳庆师范的时候，曾经参阅过去及同时的国文教师所编的讲义。内中语体文占十分之九；且多系报纸副刊及文艺刊物上选下来的。""其所以如是选材者约有两大理由，第一是该校系实验性质的师范学校，第二是学生程度太低。这是公开的，还有一个秘密的原因，是教员自身的程度太差，有些根本连坊间所出的课本还

① 叶圣陶：《国文随谈》，《叶圣陶集》（第十三卷），南京：江苏教育出版社，1992 年。

② 杨振声：《文言文与语体文》，《国文月刊》第 19 期，1943 年 2 月 16 日。

③ 《阮真致陆步青先生论中学国文教学》，《中学国文教授法》，1936 年 12 月初版，1943 年 3 月四版。

④ 浦江清：《论中学国文》，《国文月刊》第 1 卷第 3 期，1940 年 10 月 16 日。

看不懂!”[①]庞翔勋在 1944 年谈他的高中国文教学经验时说:“我完全抛弃部颁高中国文课程标准的系统,不以文学源流或文学史为经,有一级用《国文百八课》的办法来选材,先讲文话,再讲文选。有一级用培桂中学时的办法,高中一侧重记述文和应用文,高中二侧重抒情文和说明文,高中三侧重议论文和应用文。有一级采用《古文观止》,根据各体文章选读。”[②]看来,高中国文教科书内容的变革已是大势所趋了。

---

① 吴奔星:《中学国文教学法的出路》,《国文月刊》第 23 期,1943 年 8 月。

② 庞翔勋:《我的中学读文教学经验》,《国文月刊》第 25 期,1944 年 1 月。

第六章

1940年代中学国文：『党化教育』、民主思想与语文技能

从上章讨论可见，抗战爆发至1949年，很多学校都在使用1933—1938年间初版的高中国文教科书。同时，1930年代各书局编辑的初中国文教科书，也仍被广泛使用。1938年，叶圣陶在重庆巴蜀中学教初中国文，用商务印书馆傅东华《复兴初中国文》。[①] 1941年，有人观察到："国内编印中学国文教科书者，有商务、中华、正中、世界等书局，而尤以商务、中华两书局，具有最大之权威，全国多数中学校皆仰给焉。"[②]商务、中华1940年后就没有新编过中学国文教科书，各校所"仰给"的，应为1930年代所编。1942年，有人说，中学国文教科书"按廿二年正式课程标准而论制的，现在各校行用者尚多"[③]。1943年，"广西全省，多系中华书局出版之国文课本"[④]。1944年，季镇淮在昆明教中学，以商务印书馆傅东华《复兴初中国文》为教材。[⑤] 1945年，邵燕祥在北平上中学，用1937年中华书局出版的宋文翰《新编初中国文》为教材。[⑥]

---

① 叶圣陶:《渝沪通信·第六号》(1938年3月8日),《叶圣陶集》(第二十四卷),南京:江苏教育出版社,1994年,第131页。

② 吴有容:《中学国文教科书革新刍议》,《国文月刊》第8期,1941年6月16日。

③ 张清常:《对于坊间中学教科书所选"学术文"教材之商榷》,《国文月刊》第18期,1942年12月16日。

④ 吴奔星:《中学国文教学法的出路》,《国文月刊》第23期,1943年8月。

⑤ 季镇淮:《教书杂记》,《国文月刊》第31、32期合刊,1944年10月。

⑥ 邵燕祥:《中学〈国文〉琐忆》,《过去的中学》。邵燕祥的记忆有误,他认为这套教材是正中书局出版的,可根据他提供的篇名,这套教材不是正中书局的,而是中华书局1937年出版的宋文翰编《新编初中国文》。

但是,很多中学的国文课上都使用了新教材。1947 年,浙江春晖中学初中三个年级都使用了“国定本国文”①。“国定本国文”指国立编译馆编辑的《初中国文甲编》,是国民政府在抗战期间编辑出版,并用行政手段命令全国使用的初中国文教科书。②

第一节 《初中国文甲编》中的“党化教育”

抗战爆发后,“政府西迁,各级学校教师随同流入后方,所以西南、西北教育反而勃兴,国民教育推广很快。但是向来出版教科书的各大书局除正中外,最初都没有迁往后方,于是教科书的印刷运输都感困难,供应数量大量减少。一方面学校和学生数增加,另一方面教科书供应量减少,于是供不应求,形成普遍‘书荒’。据说内地各书局的分局把民国初年的课本都扫数售出了,还是不敷分配”。新印的教科书,“版本缩小,纸张恶劣,印刷模糊”③,引起了普遍不满。冯玉祥在 1943 年给教育部部长陈立夫的信函中指出,后方教科书“纸张印刷多不清晰,且易磨损,儿童目力实多伤害”④,要求教育部设法改善。

---

① 《教务概况(1947 年)》,《浙江省春晖中学》,北京:人民教育出版社,2008 年第二版,第 190 页。

② 本章讨论《初中国文甲编》及开明书店四套新编国文教科书。《民国时期总书目·中小学教材》还收 1940—1949 年国统区中学国文教科书五套:无锡县立中学《中学国文选本》(江苏无锡:协成印书局,1939—1948 年)、浙江省战时教育文化事业委员会《初中国文讲义》(浙江金华:国民出版社,1940 年)、叶苍岑《最新初中国文》(广西桂林:文化供应社,1941 年)、王季思《初中国文讲义》(福建南平:国民出版社,1943 年)、朱廷圭《初中国文选读》(上海土山湾印书馆,1946—1947 年)。由于这五套教科书现已不全,且影响不大,暂不论述。

③ 陆殿扬:《中小学国定教科书编纂之经过及其现状》,《中华教育界》复刊第 1 卷第 1 期,1947 年 1 月 15 日。

④ 沈岚:《冯玉祥关于改善小学教科书现状与陈立夫往来函》,《民国档案》2002 年第 3 期。

国民政府抓住这一时机,推行蓄谋已久的中小学教科书国定本发行制度。早在 1934 年,教育部就曾“组织教科用书编辑委员会,从事中小学教科用书之编辑,先后特约部外专家若干人,分别执笔。各书多数完成,其中一部分并经印行试用”①。1935 年 11 月,国民党第五次全国代表大会宣言第三纲“弘教育以培民力”中第一目即为“实行教科书之统一与改良”。1938 年,国民党临时全国代表大会在武昌召开,会议通过的《战时各级教育实施方案纲要》指出:“对于各级学校各科教材须彻底加以整顿,使之成为一贯之体系而应抗战与建国之需要,尤宜尽先编辑中小学公民、国文、史地等教科书及各地乡土教材,以坚定爱国爱乡之观念。”②同年,蒋介石手谕教育部“改编中、小学语文、史地、常识诸科教科书”③。教育部组织人员“草订或修正各级学校各科课程标准,再依照课程标准订定各科教材要目,以为选择教材及编辑教科书之标准”④。复于同年夏“在汉口招考编辑人员”⑤。随后改组教科用书编辑委员会。1942 年 1 月,“扩大国立编译馆的组织,把教科用书编辑委员会并入国立编译馆为教科用书组,由陈部长自兼馆长,切实领导,积极进行”⑥。“先后延聘张道藩、许心武二君为本会主任委员,领导工作,聘梁实秋、李清悚二君为本会中、小学教科书编辑组主任,主持

---

① 《编辑经过》,国定本《初中国文甲编》(第一册),重庆白报纸本,1946 年 10 月第一版。

② 中国第二历史档案馆:《中华民国史档案资料汇编·第五辑第二编教育(一)》,南京:江苏古籍出版社,1997 年,第 14 页。

③ 《编辑经过》,国定本《初中国文甲编》(第一册)。

④ 中国第二历史档案馆:《中华民国史档案资料汇编·第五辑第二编教育(一)》,第 28 页。

⑤ 吴伯威:《关于国定本中学国文》,天津《大公报》1947 年 2 月 21 日,第 1 张第 3 版。

⑥ 陆殿扬:《国定教科书编印经过及现状》,《出版界月刊》第 1 卷第 6、7 期合刊,1944 年 8 月 15 日。

编辑。"①

部编教科书编辑陆殿扬回忆编辑过程为:教育部命国立编译馆办理,国立编译馆照课程标准编订纲要,指定人员搜集材料,限期完成教科书编写,初稿先由馆内各科专家审阅修改,再送馆外专家校订,然后送教育部核定,这是暂行本。暂行本出版后,召集专家举行修订会议,向各研究机构、各学校寄问卷调查,国立编译馆根据反馈意见修订,改版出书,是为修订本。修正几次后,方成为标准课本。暂行本、修订本、标准本都在重庆出版。抗战胜利后根据时局修正标准本,在上海出版。② 陆殿扬说得很慎重,但据某些当事人回忆,很多过程仅为走过场。作为专家参与审阅的金兆梓说,教育部请他审阅初小国常课本,他以为这套书根本不适于小学教学之用,非重编不可,但"我的主张固然未蒙采纳,便是重编一层也因急于要国定,只令编译馆采取曾经校阅审查者的意见酌量修改,在短短半年内连修改并绘图制版而刊行了"③。其后"修订本,标准本徒具名目,除形式外,内容仍不足道"④。

在国定本教科书编辑出版达到一定规模后,教育部命令各省市,"小学各科及中学公民、国文、历史、地理四科各校必须采用部编课本,不得歧异"。且"各出版家已将原有同科旧本的纸型封存销毁,不再印售"⑤。虽说中学国文必须采用部编教科书,但部编高中国文教科书既不见工具书著录,又不见图书馆收藏,也没有人说

① 《编辑经过》,国定本《初中国文甲编》(第一册)。

② 陆殿扬:《中小学国定教科书编纂之经过及其现状》,《中华教育界》复刊第1卷第1期,1947年1月15日。

③ 兆梓:《我也来谈谈国定本教科书》,《新中华》复刊第5卷第4期,1947年2月16日。

④ 徐天震:《所谓"国定本教科书"》,《大夏周报》第24卷第7期,1947年12月5日。

⑤ 陆殿扬:《中小学国定教科书编纂之经过及其现状》,《中华教育界》复刊第1卷第1期,1947年1月15日。

某校曾经使用,更不见研究者提起。[①] 本章所能研究的,仅国定本《初中国文甲编》。

郑逸梅认为:“‘国定’教科书的编辑,完全由陈立夫指派自己的亲信,组成国立编译馆,附设教科书委员会所产生的。”[②]《初中国文甲编》的编辑人员中,“始终其事者,有桑继芬、徐世璜二君;先后离职者,有彭阜午、羊达之、吴伯威、徐文珊、方阜云五君。特约编辑参加指导者,有尹石公、陈仲子、朱锦江诸君。至于主持计划,领导工作,整理校订者,有主任委员许心武及主任梁实秋、李清悚三君”[③]。该书在版权页列出了长长的订阅者名单[④],国民党内的文化人几乎都位于其中。该书共计六册,由正中书局、商务印书馆、中华书局、世界书局、大东书局、开明书店、文通书局所组成的国定中小学教科书七家联合供应处在上海、重庆同时印刷发行。“预定以一年为试用期间,再由国立编译馆加以修订,以后并期每三年或五年修订一次,务期成为一完善之课本。”[⑤]就我所见资料来看,至1947 年,已完成了第二次修订。第二次修订本由中华书局单独印刷发行。由于教育部禁止其他同类教科书发行,《初中国文甲编》发行量大,我所见的上海白报纸本第六册于 1945 年 10 月出第一版,至 1946 年 12 月,已出至第一百四十版,创造了中学国文教科书印刷次数的新高。

《初中国文甲编》虽声称按 1940 年《修正初级中学国文课程标

① 据我掌握的文献,仅覃必陶在回忆中称部编中学国文教科书“高中本全采用古文”,不知是他回忆有误,还是确曾出版,有待继续调查。

② 郑逸梅:《正中书局推销所谓国定本教科书》,《档案与历史》1987 年第 2 期。

③ 《编辑经过》,国定本《初中国文甲编》(第一册)。

④ 包括尹石公、王云五、朱家骅、朱锦江、吴大钧、吴俊升、吴铁城、余井塘、沈其远、侯堮、陈可忠、陈布雷、陈仲子、陈果夫、梁实秋、常道直、许心武、黄觉民、叶溯中、叶楚伧、赵荣光、潘公展、卢前、钱少华、顾毓琇。

⑤ 《编辑经过》,国定本《初中国文甲编》(第一册)。

准》编辑，但事实并非如此。林举岱读完《初中国文甲编》第一册后发现："按照部定标准，初中国文教材的选择是：'语体文与文言文并选，语体文递减，文言文递增，各学年分量约为七与三、六与四、五与五之比例。'这就是说，初中一年级的精读教材，文言文只能占有百分之三十左右，到了三年级，顶高也不过一个对比，文言语体各占百分之五十罢了。现在看本书的情形，三十六篇课文中，属于文言文的共有十九课半，其百分比为百分之五一·七，比原来部定的比例，高出百分之二一·七，甚至比较二年后初中三年级所应讲习的文言文，分量仍然超过。"①其实，不仅第一册文言所占比例过半，其他各册所选文言都超过了部定比例。不仅文言白话没按课程标准选编，《初中国文甲编》各册文体分配跟课程标准的规定也不符合。《修正初级中学国文课程标准》规定第一学年教学记叙文（包括描写文）、说明文、抒情文（包括韵文），不包括议论文，但《初中国文甲编》第一册所选高一涵《立志》、朱光潜《谈读书》，第二册所选张治中《祝滑翔运动》、《大公报》社论《青年飞上天去》、刘蓉《习惯说》、周敦颐《爱莲说》都属议论文。课程标准规定初二教记叙文（包括描写文）、说明文、抒情文（包括韵文）、议论文四种文体，其中记叙文占20%，但《初中国文甲编》第三册三十三课，记叙文（描写文）十六课，第四册三十二课，记叙文（描写文）十三课，都超过了20%。

无论文白比例，还是文体分配，《初中国文甲编》都没按《修正初级中学国文课程标准》编排。有人批评《初中国文甲编》脱离学生实际。"现在初中一年级的学生，已经不容易找到旧式私塾出生的人物，和所谓的'书香世家'的子弟了；至于刚由新制小学毕业出

① 林举岱：《国定初中国文甲编第一册商榷》，《国文杂志》第3卷第1期，1944年4月1日。

来的,他们一向就没有讲习过文言文,一跨进初中的教室,就要他们捧着一本文言文占有大半的课本,这不但是学习上的灾难,有时我们甚至觉得有点儿残酷。这大部分和口语迥然不同的教材,儿童既无从借助旧经验以求理解,强迫施教,就难得有透彻的领悟,生活上更谈不到能够吸收;而最使我们担心的,还会阻扰写作技能的训练,摧残写作的嫩芽。”①批评者对“阻扰写作技能的训练”的担心不无道理,但是我们应进一步思考,《初中国文甲编》为什么既不考虑学生实际情况,也不遵守《修正初级中学国文课程标准》的规定呢?这套教科书显然另有目的。

《初中国文甲编》主要凸显了抗战时期国民政府的教育理念。

1939 年 1 月,国民党五届五中全会在重庆召开,会议主题是“整顿党务”。蒋介石作了《唤醒党魂、发扬党德与巩固党基》及《整顿党务之要点》的演讲,提出“党德”是“忠孝仁爱信义和平的八德”与“智仁勇三德”。“要说明党德是什么?我中华民族固有的道德,就是总理所说的‘忠孝仁爱信义和平’的八德。但本党是革命党,革命党是要担负革命的责任的,因此革命党又必有实践的最高革命道德,这个革命道德是什么?总理在军人精神教育中所谆切提示的‘智’‘仁’‘勇’三达德,乃是我们革命党员要负担非常责任所必具的党德。总理勉励我们革命同志要有真知灼见合乎道德之智,要有舍生救国舍生救世之仁,要有不夺不惧决心牺牲之勇,过去本党革命事业的成就,无不由于我们革命党员能有大智大勇大仁的精神之所致,本党现在之所以如此散漫凌乱、纪律废弛,不但丧失了灵魂,几乎连躯壳也不复存在,就是由于我们一般党员

---

① 林举岱:《国定初中国文甲编第一册商榷》,《国文杂志》第 3 卷第 1 期,1944 年 4 月 1 日。

既不智,又不仁,复不勇的缘故。”①

“忠孝仁爱信义和平的八德”和“智仁勇三德”不仅是蒋介石对国民党员的要求,也是他对青年学生的要求。此外,蒋介石还反复提到早已提出的“礼义廉耻”,要求作为各校校训。1939 年 2 月 25 日,蒋介石在对四川省中等以上学校校长主任的训词中提出:“各级学校的校训以后必须一律,并且要以礼义廉耻作为校训,一定要使各个先生学生都能知道礼义廉耻,国家才能复兴,革命主义才能实现。如果有一个学生或是教员不能做到礼义廉耻,这便是全体的耻辱。大家要照礼义廉耻做去,才能不愧为黄帝的子孙,才能抵抗强敌,复兴我们的中华民族。”②3 月 3 日,蒋介石出席第三次全国教育会议,在训词中再次强调要以“礼义廉耻”作为各校校训,“我们要陶冶国民人格,必须有一致的标准,在训育上要提出简单而共通的要目,训育上的实施细则尽管可以因地域阶段和学校性质而分别订定,但训育的目标最好能作共通的决定,现在我们各级学校往往各自制定各校的校训,所取德目,互有轻重,非常的不一致,我个人的意见,认为总理忠孝仁爱信义和平的八德,以及党员守则,可订为青年守则一致信守以外,所有全国各级学校,可以礼义廉耻四字为共通的校训,这四个字既简单又通行,包含了我国固有的国民行为的基准。也包含了近代国民必具的品格,我们以‘礼’的含义,教训国民互助合作,守纪律,重秩序,以‘义’的含义,教训国民任侠果敢,负责任,肯牺牲,以‘廉’的含义,教训国民刻苦节约辨别公私,守职分,戒侵越,以‘耻’的含义,教训国民自强自立,能奋斗,知进取,这样因数千年来深入人心的教条,造成现代国

---

① 蒋介石:《唤醒党魂、发扬党德与巩固党基》,《五中全会宣言及总裁训词》,空军军官学校印,1939 年。

② 《对四川省中等以上学校校长主任训词》,《总裁对全国教育界之指示》,教育部印发,第 36 页。

民必备的品德,然后大小长短,可各尽其材,以求得国家民族的生存与发展”①。

所谓“忠孝仁爱信义和平”“智、仁、勇”“礼义廉耻”,在时人看来,实质上是一致的。一本阐释蒋介石教育思想的小册子称:“礼义廉耻四维是总裁伦理思想的骨干,忠孝仁爱信义和平八德与礼义廉耻四维在渊源上是一贯的,在本质上是一致的,所以我们可以说四维八德都是总裁提倡的国民道德标准。”②

《初中国文甲编》最后一课的题解为:“今我国教育当局,秉承蒋委员长之指示,将礼、义、廉、耻订为全国各级学校共通之校训,并以忠、孝、仁、爱、信、义、和、平八德以及青年守则十二条颁布各级学校,作为训练青年之标的,则和我国教育之一贯宗旨,固仍先王立教之本意也。”③这说明编者将“四维八德”作为《初中国文甲编》的核心主题,是为了体现当局的教育观念。

《初中国文甲编》第四册选蒋介石《新生活运动的目的》与陈立夫《新生活运动与礼义廉耻》。《新生活运动的目的》称:“新生活运动的目的,第一是要使各个人做一个强健的国民。”“要做一个合乎时代的国民、强健的国民,就一定要做到新生活的规律。新生活运动的规律,如明礼仪、知廉耻、守规矩、爱清洁等等,都是告诉大家做一个良好国民的道理。”《新生活运动与礼义廉耻》“阐明新生活运动所揭示之礼、义、廉、耻四大目标对于生活各方面之关系;俾国人对新生活运动之意义,能获得更明确之认识”④。这两篇文章

---

① 《廿八年三月三日对第三次全国教育会议训词》,《总裁对第三次全国教育会议训词》,出版社与出版年月不详,第20—22页。

② 张志智、姚欣宜:《总裁的教育思想》,重庆:国民图书出版社,1942年,第26页。

③ 《初中国文甲编》(第六册),上海白报纸本,1946年。

④ 《新生活运动与礼义廉耻》题解,《初中国文甲编》(第四册),上海白报纸本,1946年。本节所引文字,除特别说明外,均来自相关课文的课后“题解”。

在全书中占据核心位置。编者认为“四维八德”来自传统思想，是“先王立教之本意”，为了强化“四维八德”的教育，除蒋介石和教育部部长的文章外，《初中国文甲编》还选了部分古人和同时代人的相关文章。选顾炎武《廉耻》，题解为“廉耻为立人之大节，盖不廉则无所不取，不耻则无所不为。无所不取，无所不为，则天下乱，乱则国必亡。是故人应养廉、知耻；能俭，则能养廉；能洁，则能知耻；盖为不可易之至理也”。选孟子《人皆有不忍人之心章》，“阐发人本具有仁义礼智四端，但当扩而大之，乃可以匡时济世”。选《战国策》中《冯谖客孟尝君》，赞冯谖“抱有卓越之政治理想，以辨义利为政治之起点，深得为政之要。孟子所谓‘何必曰利，亦有仁义而已矣’，亦正同乎此”。

《初中国文甲编》几乎每册都有提倡孝悌的作品。第一册选朱琦《北堂侍膳图记》，“以为世之远游而忘其亲者戒”；选王拯《媭碪课诵图序》，“记其姊之教”；选胡适《我的母亲》、蒋中正《慈庵记》两篇纪念母亲之作，且其间附以白居易《慈乌夜啼》《燕诗》，写小动物的护犊之情。第二册选冰心《寄小读者通讯（十）》，“系回忆儿时琐事之叙述，就中写母子之爱，极为挚切动人”；选叶绍钧《地动》，也是写亲情的；编者感慨“孝悌系为我国固有之道德，而后世于为孝则易，为悌则难”，故选黄宗羲《万里寻兄记》、蒋衡《鞭虎救弟记》两文，“足以垂教友爱”。第三册选归有光《项脊轩志》，追念母亲、祖母和妻子。第四册选袁枚《祭妹文》与蒋士铨《鸣机夜课图记》，前者写兄妹之爱，后者“侧重于母德、母行之记叙”。第五册选朱自清《背影》与谢婉莹《南归序引》，前者令编者“倍觉亲子之爱，高于一切”，后者写母女之爱。第六册选刘向《孝女缇萦传》，编者赞其：“忠孝原为我国固有之美德，而出之一幼女子，诚属难能，宜乎能上格孝文皇帝听闻，而废除肉刑也。”选班昭《为兄超代求疏》，编者称其“哀婉凄切,友爱之情毕露纸上,宜其能收奉诏受代之效也”。可见,这些作品都被用来引导学生形成孝悌观念。

蒋介石在《唤醒党魂、发扬党德与巩固党基》中对“智、仁、勇”的阐释,直接来自孙中山《军人精神教育》。《初中国文甲编》也从《军人精神教育》选《勇》这篇作品,称“国父以智、仁、勇为军人精神之要素,能发扬此三种精神,始可救国救民。本文申述勇之定义、勇之种类及军人之勇三者,极为详尽,匪特可为军人教育之典,抑亦可为青年训练之南针”。此外,编者还选了很多有关“智、仁、勇”的作品。选梁启超《为学与做人》,说明“求学与为人,均应以智、仁、勇三者为基础”。选李石岑《青年的三大修养》,“此文专对中学生而言,引证孔孟学说,以明智仁勇三达德之可贵,且足以为立身之本者”。选孟子《鱼我所欲也章》,题解为:“‘杀身成仁,舍生取义’,为儒家之中心思想,贤者独能为之,此贤者所以为大智、大仁、大勇之人也。此意与精神总动员之意义,及国父心理建设之主旨相吻合。”除这些内容直接涉及智、仁、勇的课文外,编者还能将所选传记和文学作品中的人物解释成“智、仁、勇”的楷模。选《固安一农妇》,写抗战时期一农妇手刃七名日本兵的事迹,编者赞其“以一人而刃七敌,其人则智勇兼备,其事则壮烈励人”。选包公毅《亚美利加之幼童》,“本篇乃自《馨儿就学记》中选出。其主旨在示儿童爱其国家,当有具体表现。此书为含有教育意味之小说,所叙多与儿童之立身、行事有关,期在造成儿童智、仁、勇三达德”。选陆次云《费宫人传》,编者赞其“以一身居宫禁之弱女子,而有过人之胆识,大智大勇,足为后世之楷模,亦足为天地存正气,为民族增光荣”。

除直接选文阐释当局的教育理念外,《初中国文甲编》还选了不少蒋介石所崇拜的王阳明、曾国藩的作品。第二册选曾国藩《寄沅季二弟》《寄纪瑞侄》,第五册选曾国藩《原才》。编者对于《寄沅季二弟》的题解为:"此文为曾文正公家书之一。氏之文学武功,已昭在史册;而生平谦为勤俭,不以富贵骄人,尤足多者。书中勉沅、季二弟勿傲、勿惰,藉以修身心,肃家规。并引证古人之得失,谆谆告诫两弟,情辞极为恳切,足以发人猛省。"第六册选王阳明《新建预备仓记》,并从《训蒙遗规》中摘出《训蒙大意》,作为全书的结束。这些文章除表露王阳明、曾国藩的文治武功外,对其个人道德信仰的强调,与蒋介石当时在公开场合对传统道德的表彰是一致的。

四维八德和"智、仁、勇"是《初中国文甲编》的灵魂,也是国民党在抗战时期大力彰显的传统思想。同时,《初中国文甲编》还在两个方面有所侧重:一是选入反映抗战中英勇行为和历史上民族英雄的作品;二是选入大量国民党"党义文选"①。

《初中国文甲编》选了不少反映抗战中英勇事迹、激励士气的作品。选描写正面战场的孙怒潮《光芒万丈的台儿庄》,编者介绍说:"此一役,奠定国人胜利之信念。"选反映国民党高级将领抗战殉国的《张自忠将军传略》与《悼郝梦龄》,前者"叙张将军殉国始末,写其作战之英勇,与夫临终遗言之义烈,皆更衬出其伟大的人

---

① 当然,《初中国文甲编》中有些课文也是1930年代中学国文教科书常选的篇目:一是"唐宋八大家"和桐城派文章,包括韩愈《祭田横墓文》、柳宗元《永州八记》《三戒并序》、苏洵《六国论》、苏轼《战国任侠》《教战守策》《日喻赠吴彦律》《答谢民师书》、方苞《左忠毅公逸事》、姚鼐《登泰山记》、吴敏树《说钓》、梅曾亮《游小盘谷记》、薛福成《巴黎观油画记》、林纾《记翠微山》《湖心泛月记》以及前文提到的曾国藩的文章;二是有关学习方法和学习态度的文章,包括朱熹《读书法》、刘蓉《习惯说》、梁启超《学问之趣味》《论文章作用》、胡适《读书》《为什么读书》、朱光潜《谈读书》《谈作文》《谈学问》、宗白华《读书与自动的研究》《学者的态度与精神》、夏丏尊《作文的基本态度》、叶绍钧《修词》。因这些文章也被其他教科书大量选入,不是《初中国文甲编》的特色,所以本章不做论述。

格”①;后者系张发奎所作,“可以激励国人同仇敌忾之气,则其予后人之影响尤为重大”。选反映空军将士殉国的《壮哉空军烈士阎海文》与《念粹刚》,前者写阎海文“视死如归、凛然大节”,后者系空军烈士刘粹刚的夫人许希麟哀悼其夫的书信体文字。选反映下级军官抗敌的卢前《书史贯一》与翁照垣《一个军官的笔记》,前者“系记抗战中一游击队长故事,史贯一为太行山附近地区某游击队司令。转战大河南北,不断与敌人以重创。后敌以飞机轰炸,不及避,遂殉国。史本书生,以卫国之责,不尽在武士之肩,故投笔而起。本文之意,不仅为史君传,并欲以之鼓励国人也”,后者虽反映“一·二八战役”,但跟前面数篇文字相同,都属反映抗击日本侵略者的事迹。此外,《初中国文甲编》还选了反映普通民众抗战的《固安一农妇》,但仅此一篇。跟抗战直接相关的,还有两篇课文,一是 1934 年 10 月 10 日第五届全运会时东北五省区选手所写的《东北五省区选手致全国运动会选手书》,“从信中可见东北同胞之伤心及热望,及其信念之坚定,文辞恳切沉痛,读之为之泪下”;二是王汉倬《东北的冬天》,“写东北冬日情况,从生活情形,以见食用之富庶,力述其地之可爱、可恋,以促国人收复东北之决心”。

此外,《初中国文甲编》还选了一些历代民族英雄的作品和传记。选岳飞《五岳祠盟记》与《论恢复疏》,后者“文虽简短,然忠君爱国之情,洋溢于词表”。选史可法《请励战守疏》,“其公忠体国之情,溢乎言表”。选林振镛《左宝贵死难记》,反映左宝贵在平壤以死拒敌、壮烈殉国的事迹,为坚定左宝贵抗敌的决心,其母自刭,妻儿跳井,令人印象尤其深刻。

1932 年的《初级中学国文课程标准》《高级中学国文课程标

① 《张自忠将军传略》提示,《国定本初级中学国文辅导书》(第一册),大中国图书局,上海白报纸本,1946 年第一版。

准》都要求“选文材料中应注意加入下列各项之党义文选：中山先生传记、中山先生遗著、中山先生演说词、中国国民党历次重要宣言、中国国民革命史实、中国国民党史略、革命先烈传记、革命先烈遗著、党国先进言论”。这一条，在1936年的《初级中学国文课程标准》《高级中学国文课程标准》、1940年的《修正初级中学国文课程标准》《修正高级中学国文课程标准》中都保存下来了，1940年的标准中于党义文选项下还新增了“总裁言论”。在1930年代的国文教科书中，真正大量入选“党义文选”的，只有中学生书局的《初中当代国文》。但《初中国文甲编》比《初中当代国文》选的要多。属“中山先生传记”的，有《总理的幼年时代》及三篇纪念孙中山的文章：蒋中正《祭总理文》、蔡元培《祭孙中山先生文》和陈源《哀思》。属“中山先生遗著”的，有《黄花岗烈士事略序》《勇》《电学与知难行易说》《化学与知难行易说》《知难行易》。属“中山先生演说词”的，有《革命军的基础在高深学问》《立志做大事不要做大官》。属“革命先烈遗著”的，有朱执信《致四弟秩如书》《求学与办事》、林觉民《绝笔书》和吴樾《复妻书》。属“革命先烈传记”的，有陈去病《秋瑾女侠传略》、天啸《林尹民传》、佚名《钟明光传》和《林觉民传》。属“中国国民革命史实”的，有戴传贤《中国国民革命之历史的因缘》。属“总裁言论”的，除《祭总理文》外，还有《家训》《慈庵记》《告全国青年书（上、下）》《新生活运动的目的》《平等互惠新约与抗战建国》《告全国国民书》《康济录序》《争取国家的自由平等》《论社会风气之改造》。属“党国先进言论”的，有蔡元培《舍己为群》《怎样才配称作现代学生》《自由与放纵》《图画》、李石岑《青年的三大修养》、陈立夫《新生活运动与礼义廉耻》《论终身工作之目标》《双手万能》、蒋宋美龄《负起我们光荣的任务》、陈布雷《新生命发刊词》、张治中《祝滑翔运动》、张发奎《悼郝梦龄》、翁照垣《一个军官的笔记》和翁文灏《怎样建设内地》《纪念工程师节之意义》。所有“党义”文选加起来,共四十四课,占总课数二百零一课的近 22%。其中蒋介石作品占十一课,居全书之冠。此为自有中学国文教科书以来所仅见。

《初中国文甲编》选入大量“党义文选”,推行党化教育,在抗战胜利后受到舆论抨击。

1947 年春,孙起孟、庞翔勋将舆论对国定《初中国文甲编》的批评归结为四点:“(一)为迎合政府的意思,排斥了许多进步人士的优秀作品,胡乱凑些党国要人的文字,这些文字,大多不是失之太深,便是技巧平庸,不值得作为范本;(二)因为要趋时,强调了战时色彩,于是不管值不值得给中学生阅读,只要是抗战、飞行、体育等材料,一律采入,滥竽充数;现在看来,真觉得无一是处;(三)部颁的课程标准虽仍多可以考虑的地方,但总比较合理,例如关于文言与白话,记叙抒情说明议论各种体裁,都有一定的比例,国定本为了杂凑要人作品,竟‘大大的破坏了这比例’(编者吴伯威语),弄得不伦不类;(四)为了要达成政府思想训练的目的,排列单元以内容为标准,破坏了文章体制和技能的程序,简直成了公民教本。”①郑逸梅回忆说:“如规定国语教材必须与训育教材密切联系,所以有时他们也把所谓‘党员守则’十二条中的内容,作为教材编入教科书内,紊乱不堪,造成一种怪现状。”②傅彬然批评其“党化气味太重,历史材料强调汉族本位,所选的古文包含封建思想太浓,这都与今后我国民主宪政的政制不合,也就违反了社会本位的原则”③。这些批评不仅与我们的分析相符,还可从编辑陆殿扬的回

① 孙起孟、庞翔勋:《选本的阅读》,《中学生》第 187 期,1947 年 5 月 1 日。
② 郑逸梅:《正中书局推销所谓国定本教科书》,《档案与历史》1987 年第 2 期。
③ 《抢救在学青年!》,《文汇报》1946 年 8 月 18 日,第 6 版。

忆中确证:“初中国文之以青年十二守则为中心,依此中心,分别选文。”[①]

《初中国文甲编》中的《平等互惠新约与抗战建国》与《论社会风气之改造》两课,分别选自《中国之命运》第五、六章,编者称赞《中国之命运》“为蒋委员长最近所作,共分八章,历述中华民族之成长及近百年历史之演变,举凡政治、经济、社会诸问题,均详论精到。抗战建国之大计,亦周详计及,可为国人迷途之指针”[②]。《中国之命运》出版后,不仅受到中共的反击,很多中间人士甚至国民党高层都对此持有异议。[③] 原本对国民党和蒋介石本人抱有好感的闻一多说:“《中国的命运》一书的出版,在我一个人是一个很重要的关键,我简直被那里面的义和团精神吓一跳,我们的英明的领袖原来是这样想法的吗?五四给我的影响太深,《中国之命运》公开的向五四宣战,我是无论如何受不了的。”[④]这句话来自闻一多的演讲《八年来的回忆与感想》,收入1946年的公开出版物中。闻一多是当时争民主潮流的一面旗帜,《初中国文甲编》所选内容与民主斗士的言论相对立,成为舆论众矢之的势所难免。史永批评说:“国定教科书初中国文甲编第六册第九课有以‘蒋中正’具名的《康济录序》,上说:‘姑就保甲一端而言……今剿匪各省,均定举办保甲为基本要政之一’……云云,故‘昔人有言,前事不忘后事之师’。把书册内容前后各篇联贯起来,目的就是这样一个。”并且指

---

① 陆殿扬:《中小学国定教科书编纂之经过及其现状》,《中华教育界》复刊第1卷第1期,1947年1月15日。

② 《平等互惠新约与抗战建国》题解,《初中国文甲编》(第五册),重庆白报纸本,1945年,第三版。

③ 参见邓野《蒋介石关于“中国之命运”的命题与国共的两个口号》,《历史研究》2008年第4期。但邓野没有讨论中间立场的人士对该书的看法。

④ 闻一多谈话、际戡笔记:《八年来的回忆与感想》,《联大八年》,昆明:西南联大学生出版社,1946年,第6页。

出:“至于教科书的枯燥,国语教科书没有一篇五四时代以及新文化运动的文章。有之,则仅为陈立夫、戴季陶、陈布雷……等党国要人的训示。”[①]就将矛头直指《初中国文甲编》中蒋介石等党国要人文章。

所谓“没有一篇五四时代以及新文化运动的文章”,虽并非属实,但《初中国文甲编》对于新文学作品的选择,的确不是站在主流的立场,邓恭三对此也有严厉的批评。1947年2月,邓恭三为《大公报》“星期论文”栏撰文批评这套教科书说:“初中国文课本中所选的近代和现代的作品,很明显的是以尽量选取国民党中达官贵人的文章为原则的,因此,有很多在现代文坛上极有声誉的作家,其作品全都未被收进,而收进了的,都是上自主席、院长,以及某部某会的首长,以至于张治中、张发奎、翁照垣诸将军文札、公告和某种纪念节日的讲演词或纪念论文之类。这些人物,固然未必不是上马可以杀贼、下马可以草檄的文武全才,然而他们却大都一身而兼数要职的人,薄书旁午,正躬少暇,一切文章遂多由幕僚或部属代为捉刀,捉刀的人,‘应制’为文,既无真知灼见,更少热诚和灵感,敷衍成篇,聊以塞责,因而这类的文章,只是一些地道的党八股和抗战八股,似乎是‘文章病院’中的好主题。……使一般中学生终日诵习些这等文字,势必使其思路日益窘涩,观念日益模糊,性灵日益汩没,流弊之大,何堪设想?”因此,《初中国文甲编》为“荒唐悠谬,绝后空前的坏教科书”[②]。邓恭三即后来的著名历史学家邓广铭,早年曾为周作人《中国新文学的源流》之演讲做记录,这篇批评文章中使用“性灵”二字,还可以看出周作人影响的痕迹。周

---

① 史永:《取消掺杂法西斯思想的国定教科书》,《民主》第29期,1946年5月4日。

② 邓恭三:《荒谬绝伦的国定本教科书》,天津《大公报》1947年2月2日。此文不久后就被《时代文摘》1947年第1卷第7期转载,影响很大。

作人虽是此前中学国文教科书中出现频率最高的作者之一，因其已做了汉奸，《初中国文甲编》不选其文，应当不是邓恭三所认为的“现代文坛上极有声誉的作家”。《初中国文甲编》也选了不少新文学作品①；但对于代表五四新文学最高成就的鲁迅作品，却一篇都不选，这在新文化运动之后的中学国文教科书中极为少见。后人所公认的新文学大家郭沫若、茅盾、巴金、老舍、曹禺，也都未出现在《初中国文甲编》中。看来，邓恭三指斥《初中国文甲编》汩没学生“性灵”，应是对其排斥五四主流作家的谴责。

在舆论的强烈抨击下，要求取消教科书国定政策的呼声也逐渐高涨。“近来教育当局，颇有把中小学教科书都变成国定的趋势，这是政治问题。如果我们撇开政治不讲，而专求教科书本身的进步，那么国定教本，未必是最完善的教本，倒不如让书局或私人去自由竞争，使坏的教本自然淘汰，好的教科书便可以与时俱进了。”②国定《初中国文甲编》编者吴伯威也认为：“现在这套中小学教科书，大部可以废弃，应即从速改编新本”，“给各书店以编书的自由。政府一方面认真用力自编，一面也要鼓励各书店编印，学术为天下公器。我们希望有好教科书出来，以嘉惠学子”。③ 同时，各地谣传，教育部政策放开，允许私自出版中小学教科书。“现战后复员，一切印刷及发行条件均较战时为优，且国定各级教科书本身，应修改重订者甚多，各书局自可自行编辑，送教部审核后，各审定本即可印制发行，各学校教师可自由选择采用，如此互相竞争，

---

① 包括胡适《我的母亲》《读书》《为什么读书》《社会的不朽论》及译作《二渔父》、徐志摩《想飞》《我所知道的康桥》《泰山日出》、冰心《寄小读者通讯（十）》《蒲公英》《莲花》《南归序引》、朱自清《背影》《荷塘月色》《说话》《一张小小的横幅》、叶圣陶《篮球比赛》《藕与莼菜》《地动》《修词》、朱光潜《谈读书》《谈作文》《谈学问》、丰子恺《养蚕》《艺术三昧》《美术与人生》和徐蔚南《初夏的庭院》《山阴道上》。

② 王庸：《谈教科书》，《文汇报》1946 年 6 月 20 日，第 4 版。

③ 吴伯威：《论教科书问题》，天津《大公报》1947 年 2 月 13 日，第 1 张第 3 版。

始有进步，不好之教科书必将被淘汰。"[①]"闻教育部日前例会，已决定修改国定本为编审本。发由各书局发行外，中小学教科书之编印，决完全开放，准各书局自行编订教本，发行市面，由各学校自由选择，以期在自由竞争中，使教科书有所改进。"[②]参与国定本编辑事宜的陆殿扬不断撰文，解释国定本是在后方教科书供应不足，印刷质量差，教育部为使学生有书读，方才编辑出版。这说明陆殿扬本人对于复员后继续使用国定本，也心存怀疑。教育部部长陈立夫，面对各方批评，也于 1947 年 2 月 2 日下午 3 时，召集会议，宣称"至将来或专立机构编辑或开放编辑，亦在考虑中；接受各方之批评，以为改进的借镜"[③]。同年 3 月 4 日《大公报》载，南京教育问题座谈会上，"无一人赞成限用国定本"[④]。国定本的权威已根本动摇。而在各地中学，多有废置国定教科书、自编教材的。孙绍振回忆说，"抗战胜利以后，国民政府规定了所谓的《国定教科书》，那是很枯燥的。现在只记得蒋介石给蒋经国的信，开头是'经儿知之'。但是，我的语文教师却是非常好的"，"她不大理睬'国定教科书'，常常把冰心的《寄小读者》成批地印发给我们，有的还当作'说话'课的教材"。[⑤]

自 1940 年后，商务、中华、世界等大书局就不再新编中学国文教科书了。而以叶圣陶为首的开明书店对中学国文教学一直非常热心。因此"不少读者写信给开明编辑部和《中学生》杂志社，希望

---

① 《国定教科书将开放印刷发行了！》，《豫教通讯》第 2 期，1946 年 11 月 30 日。

② 《教育部取消国定本》，《益世周刊》第 27 卷第 22 期，1946 年 12 月 1 日。

③ 兆梓：《我也来谈谈国定本教科书》，《新中华》复刊第 5 卷第 4 期，1947 年 2 月 16 日。

④ 《中小学教科书问题 京教育问题座谈会讨论 无一人赞成限用国定本》，天津《大公报》1947 年 3 月 4 日，第 1 张第 3 版。

⑤ 孙绍振：《我学语文的根本经验：着迷》，钱理群、孙绍振《对话语文》，福州：福建人民出版社，2005 年，第 115 页。

开明书店出面编辑新的国文课本,以突破教育部对教本的封锁"[①]。

第二节 开明新编国文读本中的"人民民主"

1946—1949 年,以叶圣陶为核心的开明书店,编了四套中学国文教科书:《开明新编国文读本甲种》《开明新编国文读本乙种》《开明新编高级国文读本》与《开明文言读本》。前两套初中适用,后两套为高中国文教学所编。这些教科书在内容上首先针对的是国定本《初中国文甲编》。

面对国内时局的变化,叶圣陶、朱自清两位主编立场已非常坚定。由他们主编的开明新编国文课本,跟国定《初中国文甲编》在价值导向上自然不会相同。这主要体现在《开明新编国文读本甲种》与《开明新编高级国文读本》中。

开明新编国文读本没有选入国定本《初中国文甲编》中占据主要位置的"党义文选"。不仅孙文、蒋介石、陈立夫等人的名字没有出现,凡有关三民主义和国民党的文章都未选入。编者覃必陶在追忆《开明新编国文读本甲种》时说:"白话文读本对选文的标准作了明确的规定,'希望切合读者的生活与程度。就积极方面说,足以表现现代精神的,与现代青年生活有关涉的,为现代青年所能了解,所能接受的,那些文篇才入选'。这条标准所涉及的范围实际上是非常广泛的。就国际范围来说,争取人民民主和自由,争取民族解放,肃清法西斯危害,争取世界持久和平;就国内来说,反内战,反侵略,反独裁,争取民主与和平,争取言论自由,……等,都可

① 覃必陶:《〈开明新编国文读本〉出版追忆》,《我与开明》,北京:中国青年出版社,1985 年。

以说是现代精神的表现,也是世界潮流的趋归,也是人心所向。"[①]简单说来,《开明新编国文读本甲种》与《开明新编高级国文读本》选文内容所体现的主导价值观念,是"人民民主"。

《政党是干什么的》与《海德公园》两课在《开明新编高级国文读本》中特别引人注目,这是它们首次出现在中学国文教科书中。两课都选自费孝通《民主·宪法·人权》一书。《政党是干什么的》为该书第一篇《人民·政党·民主》中的第四段,"说明一个民主国家中政党的作用"。《海德公园》选自该书第二篇《言论·自由·信用》,原题《我想起了海德公园》,"记述伦敦海德公园里演说的情形,说明英国人民的民主精神"。费孝通这本书"用对白和讲故事的方式谈论到民主国家的人民对于政治应有的常识"[②],深得时人赞誉。潘光旦在该书的序言中说它可以取代当时的国定公民读本。国定公民读本中所谓的人民享受言论自由、享受法律以内的自由等言论跟当时的社会现实是背道而驰的。对此情形,《民主·宪法·人权》"直接间接都讨论到一些,而在好几个节目上,还引证了不少耳闻目见的实例"。叶圣陶、朱自清等人主编的《国文月刊》第52期"当代文选评"栏对潘光旦这篇序文评论道:"对于政治,见解千差万别,不过简单说来,也可以把两种观念来包括。一种是'人民是为国家与政府而存在的,国家和政府不是为人民而存在的。'另一种恰正相反,是'国家与政府是为人民而存在的,人民不是为国家与政府而存在的'。以往帝王治下和如今类乎帝王治下的国度里,一切政治的设施都从前一种观念出发。而具有现代脾气,相信现代应该是'人民的世纪'的人,那就一致的抱着后一种

---

① 覃必陶:《〈开明新编国文读本〉出版追忆》,《我与开明》,北京:中国青年出版社,1985年。

② 参看潘光旦《〈民主·宪法·人权〉序言》。

观念。这篇序言的作者和《民主·宪法·人权》那本书的作者，显然的，都是抱着后一种观念的人。"[①]编者朱自清当然也属于后一种，相信现代应该是"人民的世纪"。在《开明新编国文读本甲种》第一册中，编者从《开明少年》创刊号选了《人民的世纪》一文，阐明对民主的认识："要办好公众的事，第一要大家参预，发表意见，商量办法；第二要要大家出力，认真干去。这就是所谓自治——人民治理自己的事；也是所谓民主——人民作主，一切的事都为了人民，都为了使人民过好的生活。"那种特权阶级"占人民的便宜，吸人民的膏血"的时代应该结束了。《开明新编国文读本甲种》最后一课是曹孚的《"为万世开太平"》[②]。作者认为，经历残酷的战争之后，和平"不仅是我国人民的祈祷，也是全世界人民的愿望"。和平的基础是公平，"民主主义着眼于政治上的公平"，其"构成信条有三。第一是快乐，第二是平等，第三是自由"。"今后的世界是民主主义的世界。世界各国的人民一定会朝着快乐、平等、自由的三大目标前进。等到我们有了一个真正平等真正自由的社会，我们也就有了一个人人快乐幸福的社会，我们也就有了一个理想的社会。"并指导"中学生"说，"民主主义可以成为目前的我国人，尤其是青年人，寄托其热诚与想象的生活理想"。除这些阐明民主理想的篇章外，叶圣陶特意选了吴晗的《哭一多父子》。闻一多父子为民主牺牲，吴晗在文章中说，民盟有闻一多这样的领导人，"中国民主的前途是被保证了的"。这篇文章也被选入《国文月刊》第46期"当代文选评"栏，由叶圣陶执笔的评语说："简短的语句与节段，构成沉郁的情调，凄咽的音节。一颗'忠于人民，忠于国家'的心贯彻

---

① 《当代文选评·〈民主·宪法·人权〉序言(潘光旦)》,《国文月刊》第52期，1947年2月20日。

② 《中学生》第93期,1945年11月。

在字里行间,试听那句话:'我是被保证了的,永不会走错路!'从这颗心反映出来的闻一多先生,使读者觉得太可敬了,太可爱了。这样可敬可爱的人却要被刺而死——是值得深深思索的。"[①]叶圣陶虽然没有将话说明,但明眼人一看就明白这是有意引导读者关注不民主的现实。正如覃必陶所说:"这是一篇文情并茂的悼念文。对死者的哀痛越深沉,就反衬出对凶手的愤恨越强烈。真正的凶手是谁呢?这是用不着明说的。"[②]

国定本《初中国文甲编》所选反映抗战的文章多是正面战场的报道或国军英雄人物的评传,像张自忠、郝梦龄、阎海文等。《开明新编国文读本甲种》与《开明新编高级国文读本》也反映抗战,但跟国定本《初中国文甲编》取径不同。开明新编国文读本多选著名作家所写平凡人物在战争中的表现和情感,体现了抗战属于人民,而非仅仅属于英雄人物的价值导向。《开明新编国文读本甲种》选叶圣陶的《春联儿》和《我们的骄傲》。《春联儿》写车夫老俞"做人、做国民,做父亲的态度",他无时无刻不想念着前线抗战的儿子,但又明白,"国仗打不胜,谁也没有好日子过,第一要紧是把国仗打胜,旁的都在其次"。《我们的骄傲》写叙述者的老师拒绝伪政府的诱惑,从沦陷区逃出来跟学生相会,因为他认为在这个严重的时代,人必须"在书本子以外懂得些什么,做得些什么","怎么能借了教育的名义,去教人家当顺民当奴隶呢?"《开明新编高级国文读本》选叶圣陶《邻舍吴老先生》,撤到四川的吴老先生当得知沦陷的家乡人们被日本人评为"最出色的中国人"后,再也不随时准备回去了,他说,"日本人口里评定的,咱们不能跟他们一伙儿住"。老俞、黄先生、吴老先生都体现了抗战期间普通中国人的气节。两套

① 《当代文选评·〈哭一多父子〉(吴晗)》,《国文月刊》第 46 期,1946 年 8 月 20 日。

② 覃必陶:《〈开明新编国文读本〉出版追忆》,《我与开明》。

教科书从冰心抗战期间“轰动文坛，莫不称为名者”[①]的《关于女人》中选了《我的同班》《我的学生》两篇。《我的同班》写活泼可爱的同班同学李大姐，在“七七事变”后的北平，劝说叙述者，“我们都走吧，走到自由中国去，大家各尽所能，你用你的一枝笔，我们用我们的一双手，我相信大后方还用得着我们这样的人！”抗战爆发后，她果然“在西南的一个城市里，换上军装，灰白的头发也剪短了。她正在和她的环境快乐的、不断的奋斗，在蛮烟瘴雨里，她的敏捷矫健的双手，又接下了成千累百的中华民族的孩童”。《我的学生》写“我”的“生在上海，长在澳洲，嫁在北平，死在云南”的学生，放弃了优越的条件，在大后方过着艰难的生活，她认为困难“真好玩”，因为这是中华民族在抗战中复兴的特殊时代。《开明新编高级国文读本》还节录了曹禺名剧《蜕变》第四幕，表现丁大夫“怎样尽着她对伤兵的责任，又怎样尽着她对儿子的责任”。此外，像这两套教材中选入的夏衍《旧家的火葬》、子冈《怀念振黄》等文，都是写抗战期间普通人的普通事。这些作品中所刻画的普通人，才是抗战一直能够坚持到胜利的脊梁。而编者对这些文章的偏爱，正是“人民民主”观点的体现。

国定本《初中国文甲编》除选入描写正面战场的官兵的作品外，还将视野拓展到中国历史上抵御外侮的英雄，像有关岳飞、文天祥、左宝贵的传记和他们的作品，这是将抗战编织进民族战争长序列中，激发和培养学生的民族精神。开明新编国文读本与此不同，它将视野拓展至有关世界人民尤其是苏联人民反法西斯战争的作品，这是将抗战编织进世界人民争民主反专制的斗争序列中，激发和培养的是学生的民主精神。《开明新编国文读本甲种》分三课讲《撤退》，《撤退》选自茅盾翻译的苏联作家格洛斯曼的名著

① 《关于女人》广告，《国文月刊》第46期封底，1946年8月20日。

《人民是不朽的》①,这部完成于 1942 年 6 月下旬的长篇小说,反映 1941 年初秋,苏联红军在德国法西斯的侵略下,“虽然坚强抵抗但不得不继续撤退”的情况,歌颂苏联人民“崇高的理性和感情;而从这所发出的力量就是最伟大的不可抗拒的战斗精神”。②《开明新编国文读本甲种》选瓦希列夫斯卡③著、曹靖华译《“好儿子…”》,写一名苏联妇女偷偷探望战死的儿子的尸体,这些苏军尸体,德军不准埋掉,时时面临被老鸦吃掉的危险。苏联妇女在凄凉静寂中探望儿子尸体时所表现的深情令人心颤。《开明新编国文读本甲种》从《中学生》1943 年第 65 期选 D. Ferguson 著、学人译《输血者的故事》:一名美国妇女的丈夫参加了二战,主动献血让她觉得自己是在参加战争,“有权利在胜利的庆祝中作为参加的一分子了!”上述课文,都让读者眼界放宽,感觉到中国的抗战是全世界民主阵线向暴力、专制战斗的一部分。

可见,开明新编国文读本的编者明确站在人民大众的立场,引导学生树立“人民民主”的价值观念,这跟诠释国民政府教育思想的国定本《初中国文甲编》形成了鲜明的对比。

第三节　开明新编国文读本中的文学作品

余冠英在 1942 年认为:“中学国文教本正该将文艺作主要的教材。文艺作品应该在选文里占大多数。据说中学生对于课本中的语体教材兴趣比较好些,尤其偏重在文艺方面,这样正顺应学生

---

① 1943 年 11 月,曹靖华委托茅盾将该书从英文全译本译成中文,茅盾极为认真,多次请翻译家戈宝权照俄文原版校勘,经过一年时间才最终翻译出来。1945 年 6 月,《人民是不朽的》作为“苏联文艺丛书”之一由陆梦生主持的文光书店出版。

② 茅盾:《关于〈人民是不朽的〉》,《人民是不朽的》,上海:文光书店,1953 年。

③ 瓦希列夫斯卡是著名小说《虹》的作者,《虹》被曹靖华译成中文后轰动一时。

的爱好,教学更容易收效。中学国文教学偏重文艺,也有人不以为然。但仔细想想,这目标并没有错。”①1944 年,李广田在《论中学国文应以文艺性的语体文为主要教材》中认为:“‘文艺性教材’与‘文艺作品’并非同义语,那教材也许当不起‘文艺作品’之名,但只要是‘文艺性’的就好,只要不是说大道理的、教训人的,不是斤斤以‘实用’为目的的,而是具体的描写或记叙,只要写得美、写得有趣就可以。譬如文艺作品中最为中学生所喜欢的,是小说。但我们所要选为教材的,不一定是‘短篇小说’,更不能用‘长篇小说’(除非课外阅读),只要是故事性质的,近乎小说的就好些。又如诗歌,无论新旧,中学生总都爱自己读,不过比较旧的,他们却是更喜欢新的。而且他们自己表现起来也能用新诗,旧的既不懂,又不能把握那写旧诗的工具,当然也不易欣赏,更不能仿作。我们必须知道,在某一意义上讲,有很多青年人都是‘没有作品’的诗人,而现在中学生写新诗的,实在也不少,我们教国文的人正应当因势利导。以剧本作教本,并使学生于教学之后亲自表演,这也许是最易招人反对的办法。但我以为戏剧确是很好的材料,多幕剧自然应当于课外阅读,独幕短剧,或用对话体写成的文章,却可以放在教本里。戏剧是最富于表现力,最易使青年领会,直接表现人生世态,说明人生葛藤、社会内幕,以及发掘人性深处的作品,对于青年人的作文、说话、体验生活,都有很大的帮助。至于散文,那更是青年人最容易学习的,他们自己的作文多是散文形式的。我所说的偏重文艺性的教材,当以散文占多数,而散文的种类又是繁多的。用了这种新颖的、与实际生活切近的、最易接受、最富感染力的文艺性教材,我相信可以引起学生对于国文一科的兴趣,因而可以使

① 余冠英:《坊间中学国文教科书中白话文教材之批评》,《国文月刊》第 17 期,1942 年 11 月 16 日。

增高对于国文一科的重视,因而可以逐渐把国文程度提高起来。"[①]这些意见逐渐引起了更多人的讨论。

1947年4月,《中学生》杂志社发起"中学生与文艺"笔谈会,收到的稿件一致认为中学国文应加强文艺作品的教学。吕叔湘认为:"文艺在教育上有很大的价值。文艺作品扩大青年的人生经验,虽然是间接的,有许多青年喜欢活动,喜欢到处跑,做这做那,跟熟人谈话,跟生人谈话,这种青年不读文艺也还是在扩大他的人生经验。但另有一种青年,不喜欢活动,所谓'弱不好弄',倘若再连小说看不得,结果是像暖房里长大的植物,一出家庭或学校的大门,'天真'得可怜。""中学青年喜欢看文艺作品,更确切一点说,最喜欢看小说,其次剧本,又其次才是诗歌和散文,跟小学生喜欢听故事同出一个根源:喜欢知道别人的事情,人类好奇心的一面。所以过去,乃至现在的冬烘'塾师'禁止学生看小说都是徒然的。"[②]楼适夷认为:"作为生活学习的教育,决不能离开生活修习之一的文艺修习,国文科教学生活手段中所必需的读和写的技能,阅读和书写艺术语言的技能也应有普遍的地位。"[③]丁易认为:"文艺在国文科中的地位就不应该被忽视,它至少要在这一科中占二分之一的比重。"[④]1947年7月,茅盾在另一处发表演讲,也谈到了中学的文学教学。[⑤]

叶圣陶对于这些观点曾有过不同看法。他在1940年主张学生多读一些非文学的普通白话文。"国文教师大概有这样的经验,只

---

① 李广田:《论中学国文应以文艺性的语体文为主要教材》,《国文月刊》第31、32期合刊,1944年10月。

② 吕叔湘:《关于中学生与文艺》,《中学生》第186期,1947年4月1日。

③ 适夷:《逐项回答》,《中学生》第186期,1947年4月1日。

④ 丁易:《文艺的教育价值》,《中学生》第186期,1947年4月1日。

⑤ 茅盾:《中学生怎样学习文艺》,《文汇报》1947年7月1、2日,第七版。

要教学生自由写作，他们交来的往往是一篇类似小说的东西或是一首新体诗。我曾经接到过几个学生的白话信，景物的描绘与心情的抒写全像小说，却与写信的目的全不相干。还有，现在爱写白话的学生多喜欢高谈文学，他们不管文章的体裁与理法，他们不知道日常应用的不是文学而是普通文。认识尤其错误的，竟以为只要写下白话就是写了文学。以上种种流弊，显然从专读白话文学而忽略了白话的普通文生出来的，如果让他们多读一些非文学的普通白话，我想用白话来状物、记事、表情、达意，该会各如其分，不至于一味不相称的袭用白话文学的格调吧。"[①]1947 年，《中学生》杂志社发起"中学生与文艺"笔谈会时，要求来稿者回答："有人说，中学生喜欢模拟文艺笔调，以至普通文字也写不好了。这个看法对不对？"其实这个看法就来自叶圣陶。但来稿对这一看法大都持否定态度。吕叔湘认为："有人说，中学生模拟文艺笔调，以至普通文字都写不好了。这是由于他们模拟错了，或者模拟错了人，平心而论，有些流行的作家在这件事上是应该负点责的。外国的中学生的课本大半多是文艺作品，教师鼓励他们模仿，没有听见说因此文字不通。指导青年模拟哪一种笔调，如何模拟，这又是国文教师的责任。但如教师放弃了这个有力的工具，禁止学生看小说，强迫他们背诵《离骚》或《易经》，或《国定本教科书》，那就一切无从读起了。"[②]柯灵"不相信真能裕如地应用'文艺笔调'的人，反而写不好'普通文字'"[③]。丁易认为："至于说'中学生喜欢模拟文艺笔调，以至普通文字也写不好'，那是由于国文教师没有好好尽责，或是因为国文科根本就不重视文艺所造成，不能因噎废食的来禁止

① 叶圣陶:《国文教学的两个基本观念》,《中等教育季刊》创刊号,1940 年 8 月。

② 吕叔湘:《关于中学生与文艺》,《中学生》第 186 期,1947 年 4 月 1 日。

③ 柯灵:《中学生与文艺》,《中学生》第 186 期,1947 年 4 月 1 日。

学生读文艺作品。”[①]其实,余冠英早在 1942 年就已经谈过:“注重了文艺,并非就是放弃了应用。‘应用’的意义不能看得太狭,学生有了用文字叙事说明表情达意的能力,就能应用。应用文在文理通顺的人只要晓得格式无不能做。晓得格式并不是难事,另有专书备查,正不必一一在国文教本里陈列出榜样来。有些中学国文教本选录了许多‘报告书’‘宣言’‘发刊词’‘简章’‘政纲’‘方案’‘祝词’‘缘起’‘告示’等等,徒然占了很多的宝贵篇幅,应该赶快腾让给文艺。”[②]在此背景下,开明新编国文课本几乎不选应用文[③],而选了大量文学作品,虽跟叶圣陶的原意有距离,却尊重了学界的观点。

《开明新编国文读本甲种》与《开明新编高级国文读本》选了大量能够体现五四以来特别是 1940 年代新文学实绩的作品,并为其设计了独特的教学内容。

这些文学作品的核心主题,是对人民大众命运的关注,对美好心灵的赞美和歌颂。跟 1930 年代《创造国文读本》等教科书中的纯文学作品相比,显得“强健”得多。

余冠英批评 1930 年代“坊间中学国文教本对于引起欣赏文艺兴趣这一目标的注意似乎尚嫌不够。其所选的文艺作品也未能全和这目标相应。坊间教本里的文艺作品,多数是抒写小小情事的短篇,在形式和内容两方面都该算作‘小品’的东西。少有沉重的、强健的,关系到人生大问题的那一类。这样会使学生误会文艺就

---

① 丁易:《文艺的教育价值》,《中学生》第 186 期,1947 年 4 月 1 日。

② 余冠英:《坊间中学国文教科书中白话文教材之批评》,《国文月刊》第 17 期,1942 年 11 月 16 日。

③ 相比于 1930 年代国文教科书,开明新编国文读本应用文选得非常少。《开明新编国文读本甲种》仅选了《罗邱史德黑兰会议宣言》与契诃夫著、程万孚译《给高尔基的信》,《开明新编高级国文读本》仅选了基希著、洪深译《给卓别灵》。

是这么纤柔小巧的玩艺儿,养成的兴趣便不会正确,影响当然是不好的"[①]。而开明新编国文读本显然有意识地纠正了这一点。

国定本《初中国文甲编》选蒋介石的作品最多,而开明书店这两套教科书选得最多的是鲁迅作品。鲁迅的《故乡》《孔乙己》自发表以来,就被1920年代影响较大的民智书局《初中国语文读本》、商务印书馆《初中国语教科书》、中华书局《初级国语读本》等教科书选入,并成为此后中学国文教科书的常选篇目。《风筝》《聪明人、傻子和奴才》《一件小事》也常被选入1930年代出版的中学国文教科书中。上述五篇作品都为《开明新编国文读本甲种》所选。《开明新编高级国文读本》则选了《社戏》《藤野先生》《无声的中国》《读书杂谈》四篇作品,占四十八课的1/12。在《社戏》课后,编者介绍鲁迅说:"他的创作从《新青年》杂志上发表的《狂人日记》开始,而影响最大的是《阿Q正传》。他的题材是农村,主题是打倒封建的礼教。同时他用了尖锐的笔批评旧的传统,讽刺老中国。他做过中学校长,做过大学教授;爱护青年,领导青年,直到死的一天,始终如一。他对旧社会始终在战斗着,后来并创造了杂文做更尖锐的战斗武器。他和许多青年人在一起努力的促进新社会的实现,青年人最信服他。"编者叶圣陶一直敬佩鲁迅,在乐山武汉大学期间就曾为"发狂捧鲁迅"与同事苏雪林闹意见。[②] 而编者朱自清,在1936年鲁迅逝世后,接受记者采访时直言对鲁迅后期作品看得不多[③],现在却特意找出瞿秋白《鲁迅杂感选集》序言来

---

① 余冠英:《坊间中学国文教科书中白话文教材之批评》,《国文月刊》第17期,1942年11月16日。

② 叶至善:《父亲长长的一生》,南京:江苏教育出版社,2004年,第204页。

③ 李斌:《鲁迅逝世后北平文化界的反响》,《北京社会科学》2009年第6期。

看[①],称鲁迅杂文为“更尖锐的战斗武器”,其间变化耐人寻味。这两套教科书还选入了萧乾《朦胧的敬慕》和孙伏园《哭鲁迅先生》两篇纪念文章,让读者从当事人的追忆中感受鲁迅的人格魅力。

除鲁迅外,两套教科书特别注意选择为人们所公认的其他大作家的作品。选郭沫若《地球! 我的母亲!》和《杜鹃》,将他作为1920 年代两位代表诗人之一。除选茅盾翻译小说《撤退》外,还选茅盾 1941 年为《华商报》所写的《白杨树》和《“拉拉车”》两篇随笔。选巴金散文《繁星》,译作《利己主义者》《自然》《门槛》《牢狱生活》。[②] 选老舍《济南的冬天》《北平的夏天》与《骆驼祥子(节录)》。[③] 在这些作品的解读中,编者站在人民大众的立场,反对个人主义。1948 年 7 月 9 日,朱自清在日记中写道:“完成第一册教科书的编写工作。读《知识分子及其改造》,它观点鲜明,使人耳目一新,知识分子的改造确很重要。本书详述知识分子之个人主义及其思想上的敏感性。”7 月 11 日,“着手编第二册教科书”。《骆驼祥子(节录)》就选在《开明新编高级国文读本》第二册中。刚读过的《知识分子及其改造》及“个人主义”等概念给朱自清影响很大。他在《骆驼祥子(节录)》课后写道:“小说中写的是祥子的希望、遭遇和悲惨的结局。造成他的失败的,是社会环境和他的个人主义。”

《开明新编高级国文读本》是选新诗最多的中学国文教科书之一。第一册新诗九课,第二册新诗三课(共八首),占总课数的 1/4。在康白情《一封没有写完的信》后,编者介绍了新诗的特征后

① 朱自清日记 1948 年 7 月 2 日载:“读完何凝的《鲁迅杂感选集》序言。”《朱自清全集》(第十卷),南京:江苏教育出版社,1998 年,第 514 页。

② 《利己主义者》《自然》《门槛》均为屠格涅夫散文诗。《牢狱生活》为克鲁泡特金《我的自传》一节。巴金译《我的自传》1939 年 5 月由开明书店初版。

③ 《北平的夏天》来自老舍的《四世同堂》。

说,“本篇是五四时代的新诗。这一时代的新诗,我们选出康白情、郭沫若两位来代表”。在郭沫若《地球！我的母亲!》后,编者说:“他的诗有两个新的主题,就是泛神论与二十世纪动的和反抗的精神。由于前者,他把大自然看作神,看作朋友。由于后者,他要做个‘地之子’,地球的儿子。”如果说康白情和郭沫若是《新青年》和创造社的代表诗人的话,闻一多则是编者眼中新月社的代表诗人。《开明新编高级国文读本》第二册选了闻一多的《一个观念》和《发现》,称赞闻一多“差不多可以说是抗战以前我们的唯一的爱国诗人”,并说从这两首诗中“我们可以看出他所爱的一个理想的完整的中国,也是一个理想的完美的中国;对于现实的中国,他却是失望的。这样的抽象的国家的观念是近代的、外来的,他把它形象化了”。《开明新编高级国文读本》对于1940年代的诗歌选得特别多,这些诗歌的核心主题是歌颂人民大众,或表现人道主义精神。在苏夫《我童年时的王国》、苏金伞《离家》、北原《希望》三首诗后,编者说:“这里的三首诗都是近年的作品,反映着战争带给人民的灾难和痛苦。这些诗都很朴素,比五四时代的诗还要朴素些,因为写的一般人民,不止于知识分子。前两首的题材是农村,第三首也是站在人民的立场上‘希望’。”将这些诗歌跟五四时代诗歌相比,说明编者是从新诗史的角度去选择作品的。在艾青《城市》、艾漠《生活》、田间《多一些》、鲁黎《泥土》后,编者说:“这里是四首小诗,其中表现着城市和农村的生活的对比。城乡的对比原来是个老的主题,但是这里是摩登的城市,是新兴的农村,对比起来就更不同了。城市更见得可憎,农村倒真见得可爱了。这里还表现着一种新的生活态度。有了这种生活态度,就知道自己或个人不应该独尊,自己也在众人之中,并且众人的大我到底比自己的小我大得多。”在臧克家的《老马》《鞭子》《老哥哥》后,编者说“三首诗都是站在人道主义的立场上说话的”。编者还特别注意选择来自延安等共产党领导区域的诗歌。编者在何其芳写于1940年代的三首诗后说:“这三首新诗,所表现的是一种新鲜、活泼、健康、进步的生活态度。第一首《河》说河水是大地的脉搏,是生命力的象征。第二首《生活是多么广阔》指出生活的广阔丰富,叫人不要过狭隘的生活。第三首《我把我当作一个兵士》说生活就是战斗。三首都是自由体诗,不是按照一定的格式写的;但也相当整齐,而且韵节和谐,读起来琅琅上口。”除何其芳的三首诗来自延安外,《开明新编国文读本甲种》中的《太阳的话》是1942年艾青到延安后创作的第一首诗歌。

这两套教科书是民国以来选戏剧最多的中学国文教科书之一。1940年代是话剧发展的黄金时代,这两套教科书选入的戏剧作品反映了1940年代话剧发展的情况。《开明新编高级国文读本》除选曹禺《蜕变》外,还选了匈牙利青年剧作家塔比的独幕剧《八根火柴》,该剧原名《第三次世界大战之后》,1947年发表后,一年之内,中国就出现了五六个译本,清华大学学生在一次晚会上还表演了该剧。《开明新编国文读本甲种》节选袁俊《万世师表》;分两课节选海哲斯曼著、袁俊译《好望号》,并节选袁俊《〈好望号〉改译本序》;分三课节选夏衍改编《复活》。《复活》主人公是被侮辱与被损害的下层少女卡丘沙,《好望号》“写的是一群苦做的渔夫和他们的苦做的妻女”,他们有着“贫苦然而高傲的善良的灵魂”[①],这都反映着人民大众的情感。

李广田认为,“偏重文艺性的教材,当以散文占多数”[②],茅盾也

① 参看袁俊《〈好望号〉改译本序》。

② 李广田:《论中学国文应以文艺性的语体文为主要教材》,《国文月刊》第31、32期合刊,1944年10月。

说,“中学的教材散文比较多”①。《开明新编国文读本甲种》选得最多的,是游记、随笔、小品文等作品,共三十九课。朱自清《交湖风景》《莱茵河》《伦敦的动物园》、邹韬奋《开放给大众的克里米亚》和萧乾《战后访阿尔卑斯》是比较纯正的游记。编者在叶至诚《成都农家的春季》后说:“这一篇杂写成都农家生活的各方面,时令限于春季。说法与闲谈相近,谈谈这个,谈谈那个,按文学门类说,就是‘随笔’。”这样的“随笔”,编者选了很多。有描写某一特定地域风情的,像老舍《济南的冬天》《北平的夏天》、沈从文《辰州途中》、卞之琳《垣曲风光》和茅盾《“拉拉车”》等;有写景状物的,像郭沫若《杜鹃》、茅盾《白杨树》和巴金《繁星》等;有追念人事的,像鲁迅《风筝》、朱自清《背影》、余毅(顾颉刚)《蔡元培先生》和吴晗《哭一多父子》等。《开明新编高级国文读本》散文选得少,仅选了陈衡哲《居里夫人小传》、鲁迅《藤野先生》和孙伏园《哭鲁迅先生》。这跟当时朱自清手头资料欠缺有关。他在给叶圣陶的信中说:“《新月杂志》中有从文兄评新诗集数文可选,但手边无《新月》,又借不到,故不得选。他尚有《湘行散记》自传等,亦因无书未选。此外如鲁迅、志摩诸先生未选者尚多,萧乾先生《人生采访录》及《南德的暮秋》,亦均未选。”②他所提到的多是文学意味较浓的散文。

叶圣陶在1940年说:“国文教学,选材能够不忽略教育意义,也就足够了,把精神训练的一切责任都担在自己肩膀上,实在是不必的。”③1945年他又说:“‘五四’以来国文科的教学,特别在中学里,专重精神或思想一面,忽略了技术的训练,使一般学生了解文

---

① 茅盾:《中学生怎样学习文艺》,《文汇报》1947年7月1、2日,第7版。

② 《致叶圣陶(1948年3月6日)》,《朱自清全集》(第十一卷),南京:江苏教育出版社,1998年。

③ 叶圣陶:《国文教学的两个基本观念》,《中等教育季刊》创刊号,1940年8月。

字和运用文字的能力没有得到适量的发展,未免失掉了平衡。”[①]这提醒我们,讨论叶圣陶主编的国文教科书中的文学作品,不能仅从立场和内容这些角度展开。事实上,开明新编国文读本强调所选文学作品语言的“纯粹”性和对学生读写能力的训练。

在编辑开明新编国文读本期间,朱自清、叶圣陶合写了一篇《理想的白话文——以‘上口不上口’做标准》。他们认为,为了使白话文写得纯粹,“只要把握住一个标准,就是‘上口不上口’。一些字眼与语调,凡是上口的,说话中间有这样说法的,都可以写进白话文,都不至于破坏白话文的纯粹。如果是不上口的,说话中间没有这种说法的(这里并不指杜撰的字眼与不合语文法的话句而言),那便是文言成分,不宜用入纯粹的白话文”[②]。要求白话文写得纯粹,并以“上口不上口”为标准,其实是夏丏尊、叶圣陶在1930年代就已经形成并通过《中学生》杂志提倡的观点。[③] 但这种观点并没有体现在他们1930年代的教科书编辑实践中。罗黑芷的《雨前》是“新文艺腔”的典型代表,夏丏尊曾以它作反面教材谈修改文章[④],但还是被选入了《国文百八课》。这说明在1930年代的中学国文教材编辑中,叶圣陶对于作品语言的“纯洁”性要求得还不那么严格。但开明新编国文课本与此不同,编者对作品语言是否“纯洁”非常在意。他们赞赏老舍与冰心小说中的语言。《开明新编国文读本甲种》在《北平的夏天》后提示说:“这一篇流利上口的说话,该用说话的调子好好念念。”《开明新编高级国文读本》在《骆

① 叶圣陶:《教材、教法和教学效率——〈国文教学〉序》,《叶圣陶集》(第十三卷),南京:江苏教育出版社,1992年。

② 朱自清、叶圣陶:《理想的白话文——以“上口不上口”做标准》,《朱自清全集》(第八卷),南京:江苏教育出版社,1993年5月。

③ 李斌:《论1930年代〈中学生〉杂志倡导的白话文观念》,《中国文学研究》2009年第3期。

④ 夏丏尊:《文章偶谈·文章的省略》,《中学生》第62期,1936年2月。

驼祥子(节录)》后评老舍的语言“纯用北平话,而且充满了幽默的风趣”。在冰心《冬儿姑娘》后称:“这一篇是用非常地道的北平口语写的,我们要拿它来朗诵,才能充分欣赏它的语言的美。”对于不上口的白话文,编者时时提醒学生注意。《开明新编国文读本甲种》不选明清白话小说,《开明新编高级国文读本》选了《水浒传》中的《生辰纲》、《儒林外史》中的《四奇人》。在《生辰纲》后提醒学生注意“书里的白话主要是明朝的,也许还有宋朝的,和现代的白话有许多不同”,并要求学生把部分条理“没有现在的白话清楚”与部分含有“旧白话的句法”的句子改成现代白话。在《四奇人》后,要求学生将不同于“现在的白话的语句”“一一指出来”。徐志摩《我所知道的康桥》自 1920 年代起,先后入选叶圣陶等《初中国语教科书》、朱文叔《国语与国文》、朱剑芒《初中国文》、赵景深《初中混合国语》、扬州中学《初中国文》、傅东华、陈望道《基本教科书国文》、徐蔚南《创造国文读本》、罗根泽和高远公《初中国文选本》、朱剑芒《朱氏初中国文》、王伯祥《开明国文读本》《国文百八课》和国定本《初中国文甲编》等多套国文教科书中。但叶圣陶、朱自清认为这篇作品中,“如‘裙裾’‘啰嗦’‘睥睨’(应用‘睥睨’)‘闲步’‘清荫’‘美草’‘巧啭’等,都是文言的字眼”,且“语调也有非白话的”,如“第九段里的‘想像那一流清浅’与第十段里的‘更不烦殷勤问讯’”等①,都不符合他们对理想白话文的要求,所以没有选入开明新编国文读本。

1940 年代的舆论普遍认为,学习文学作品对于提高学生的阅读写作能力极为有利。丁易认为:“文艺教学和语文教学也不能截然分开,好的文艺作品就是精练的语言,它也可以作为语文教学示

① 朱自清、叶圣陶:《理想的白话文——以“上口不上口”做标准》,《朱自清全集》(第八卷),南京:江苏教育出版社,1993 年 5 月。

范的。”[①]这一看法在当时具有代表性。1940年,浦江清认为,初中和高中的白话文教材都应分为两种。初中第一种白话文教材为白话小说“菁华”。“可选宋元以来白话小说的菁华,从京本通俗小说、水浒传、儒林外史、红楼梦、镜花缘、儿女英雄传、老残游记等约略十部书里选出合于初中学生的口味的部分来编成一个教本(可分上下两册,适用于初中一、初中二)”,目的是“使读者能了解旧式白话文,获得丰富的词汇。古白话文的好处是干脆爽利,因为没有参杂欧化句调,这种文章可以读来作写现代白话文的‘底子’”。初中第二种白话文教材为现代文汇编。“选现代白话文的短篇,包括短篇小说(创作及翻译)、抒情散文、游记、传记、书札、议论文、演说辞等等,使读者熟练现代新式语体文的语法。另外以一部浅近的国语文法作为课外参考书。”高中白话文教科书也分两种。第一种跟初中第二种内容相同,但“程度稍稍加深(这一本课本如钟点不足时,可以略去)”。第二种“专选学术文,包括人文科学与自然科学的通俗论文(以不太专门为原则),以及讨论各种社会问题的通俗论文(亦可分上下两册,假定为高中二,高中三的课本)。选择的标准要顾到文章方面,使读者得到知识,同时也获得写作现代文的范本。中学生的趣味,不限于纯文艺,上面两册已偏重文艺,所以这两册注重学术,于将来不预备读文科的人最为有益”。[②] 可见,浦江清之所以看重文学作品,也是因为文学作品的教学有利于提高学生的读写能力。

开明新编国文读本的编者认同这些看法。叶圣陶认为文学作品的“内容和形式分不开来,要了解它就得面对它本身,涵咏得深,体味得切,才会有所得;如果不面对它本身,而只凭‘提要’‘释义’

① 丁易:《文艺的教育价值》,《中学生》第186期,1947年4月1日。

② 浦江清:《论中学国文》,《国文月刊》第1卷第3期,1940年10月16日。

的方法来了解它,那就无论如何隔膜一层,得不到很正的了解”[①]。朱自清认为:“文艺教学是语文教学的一部门,并且是主要的一部分,因为文艺是语文教学的主要材料。因为是语文教学的一部门,所以文艺教学应该注重词句段落的组织和安排,意义的分析;单照概括的文艺原理或批评原理讲论作品的大意,是不够的。文艺教学跟文艺批评不尽同,教学不该放松字句。”[②]他们把意见落实到了开明新编国文读本的编写之中,在《开明新编国文读本甲种》中写道:“在每篇文字之后,我们写了短短几句,或是指点,或是发问,意在请读者读过以后,再用些思索的工夫,可以思索的当然不止这些个,我们写的不过举例而已。”[③]《开明新编高级国文读本》课后有“讨论”“音义”和“练习”等项。“‘讨论’全用发问的方式。读者从这些问题里可以学习分析文篇的方法,知道怎样把握要点,贯穿脉络,怎样看字面,怎样看字里行间。这里其实要分析和综合并用才成。这样才能了解和欣赏,也才能学习怎样表现。‘练习’除了背诵或默写以及指出某一类特别的表现法外,也都用发问的方式。这里提出结构的分析、词语的讲解、句式和比喻的运用等。句式属于文法,比喻属于修辞,结构属于文章作法。这部读本里并不系统的讲到这些,但是我们在‘音义’和‘练习’里常常提出具体的文法问题,如词语的形声、结构、意义等。偶然用到文法术语,大多采用一般通用的。关于文法的说明,我们希望教师和读者用王了一的《中国语法纲要》(开明)和叔湘的《中国文法要略》(商务)做参考。在‘练习’里我们也常提出具体的修辞问题和作法问题,如隐喻和篇段的结构等。我们注重的是应用,不是理论,所以采取这样一点

---

① 叶圣陶:《论中学国文课程的修订》,《叶圣陶集》(第十六卷)。

② 朱自清:《中学生与文艺》,《中学生》第187期,1947年5月1日。

③ 《序》,《开明新编国文读本甲种》(第一册),上海:开明书店,1947年。

一滴的办法。‘讨论’和‘练习’两栏里的问题有时候并没有严格的分界,要看文篇的性质而定。总之,我们希望读者能够得到实际的益处。”①

从这些说明中我们也可以看到,开明新编国文在强调通过文艺作品的学习提高读写能力的同时,不追求语法、修辞学习的系统性,这是它的创新之处。1930年代的中学国文教科书,包括《国文百八课》,大都有系统的文法、修辞和文章作法知识。余冠英对此批评说:“坊间中学国文教科本里有些缺点就是因为编撰的体例不妥而产生的。有些教本将选文作为‘文章讲话’的例子,有些将选文的门类分别得非常琐细。这样便发生一种流弊。门类要求完备,例子要求丰富,有许多文章便为备格充数而入选,并非为了学生的需要,有时也就顾不到适宜不适宜的问题。而许多该入选的文章地位反被一些不相干的篇什占了去。”他不点名批评《朱氏初中国文》编得“岂不像描写辞典?描写辞典对于学写作的人本来就没有丝毫用处。编国文教本的人绝不可有重视描写辞典的观念”②。叶圣陶对此也有反省。大多数学者认为《国文百八课》在1949年前叶圣陶所编教材中最具代表性。但叶圣陶在1940年却认为:“阅读得其法,阅读程度提高了,写作程度没有不提高的。所谓得其法,并不在规律地作训诂学、文法学、修辞学与文章学的研究,那是专门之业,不是中学生所该担负的。”③《国文百八课》最具特色的文话,其实正是系统的文章知识。与此不同,开明新编国文课本在编辑上不求文法、修辞、文章学知识的系统性和完整性,而是通过对选文的反复琢磨,来提高阅读和写作的能力。打破长期

① 《编辑例言》,《开明新编高级国文读本》(第一册),上海:开明书店,1948年。

② 余冠英:《坊间中学国文教科书中白话文教材之批评》,《国文月刊》第17期,1942年11月16日。

③ 叶圣陶:《国文教学的两个基本观念》,《中等教育季刊》创刊号,1940年8月。

以来分单元的教学模式，减低语法、修辞等知识教学的比重，通过对文学作品的反复阅读、揣摩，来提高学生读写能力，强调“应用”而非“理论”，强调能力而非知识，这些经验值得我们思考和借鉴。

正因为目的是提高学生的语文能力，所以开明新编国文课本虽以文学作品为主，却不排斥说明文、议论文等普通文章。余冠英在设计中学国文教科书时说：“文艺作品中包含记叙、抒情、描写各体。说明和议论有时也能容纳在其中。假如国文教本将大部分篇幅给予文艺作品，小部分给予说明和议论的文章（内容也可以偏文学），则对于文章各体实际上已经兼备，并无偏枯之弊。”[①]给普通文的教学留下了余地。开明新编国文读本的编者也认为国文教学不可偏废普通文。叶圣陶一直主张应多选普通文作教材。1940 年 8 月，他在《对于国文教学的两种基本观念》中说：“其实国文所包的范围很广，文学只是其中一个较小的范围。文学之外，同样被包在国文的大范围里头的，还有非文学的文字，就是普通文字。这包括书信、宣言、报告书、说明文等应用文，以及平正地写状一件东西、载录一件事情的记叙文，条畅地阐明一个原理、发挥一个意见的论说文。中学生要应付生活，阅读与写作的训练，就不能不在文学之外同时以这种普通文为对象。”[②]1941 年，朱自清主张多翻译书信和国外短论做白话教材。[③] 1948 年，吕叔湘写信给叶圣陶，建议开明国文读本选进他翻译的几篇科学文字，叶圣陶深以为然。[④] 在选择普通文时，《开明新编国文读本甲种》于介绍某一方面知识的说明文选得较多，共二十九课。其次是论说文，共十八课。《开明新

① 余冠英：《坊间中学国文教科书中白话文教材之批评》，《国文月刊》第 17 期，1942 年 11 月 16 日。

② 叶圣陶：《国文教学的两种基本观念》，《中等教育季刊》创刊号，1940 年 8 月。

③ 朱自清：《论教本与写作》，《国文月刊》第 10 期，1941 年 9 月 16 日。

④ 叶圣陶 1948 年 3 月 4 日日记。

编高级国文读本》选议论文、杂文十课,说明文六课。编者说:“就体裁而论,大致一二册记叙文描写文占得多些,说明文议论文少些,以后说明文和议论文逐渐加多,五六册记叙文描写文就比较少了。”①只是后面几册没来得及编辑出版。

同时,开明新编国文读本的编者认为写作应以报章文等普通文字为目标。在“中学生与文艺”笔谈会中,曹伯韩说:“就国文科说,我赞成把青年爱好文艺的倾向因势利导,使他们把国文弄通。但不赞成忽视普通文字的教学。中学生不妨练习片段的文艺写作,如速写、报告、日记、随笔之类,给大众阅读的作品尤其值得学着写。但市民阶层所欢迎的小说、戏剧、诗歌等,似乎都可暂不写作。至于普通文字,人人要应用的,非练习写作不可。”②朱自清认为:“中学生如果只爱文艺,阅读的是它,练习的是它,却又没有敏锐的辨别力,就很容易滥用文艺的笔调。他们不能清楚的辨别文艺和普通文字(就是广义的应用文)的不同,他们只会那一套。因此写起普通文字来,浮文多,要紧话少,而那几句要紧话又说不透彻。这就不能应用。所以我在第九条答案里说:‘中学生作文课该以广义的应用文为主’。这广义的应用文应该以报章文做标准。”③正因为此,开明新编国文读本很少设计文学创作方面的作业。

第四节 开明文言读本对文言文教学的设计

自1940年起,学界开始对中学国文教科书文白混编有不同看法。1940年,浦江清在思考当时中学国文教学情况的基础上提出:

---

① 《编辑例言》,《开明新编高级国文读本》(第一册)。
② 曹伯韩:《要指导他们打好学习的基础》,《中学生》第186期,1947年4月1日。
③ 朱自清:《中学生与文艺》,《中学生》第187期,1947年5月1日。

"我有一个谬见,主张把中学国文从混合的课程变成分析的课程;把现代语教育和古文学教育分开来,成为两种课程(名称待后讨论),由两类教师分头担任。这样可以使教师发挥特长,教本的内容纯粹,作文的训练一贯而有秩序,而且有分别练习语体文、文言文两种作文的机会。"[①]浦江清有关文白分开教学的意见,受到叶圣陶的重视。叶圣陶将这篇文章作为附录编入他和朱自清合著的《国文教学》,并在序言中说:"现行课程标准规定初中一年级起就将文言和白话混合教学,文言的比例逐年增加,直到大学一年级整个讲读文言为止,这样办效果却不好。学生不但文言没有学好,白话也连带着学得不够好。教本里选的文言花样太杂,使他们不容易摸着门路,而混合教学又使他们彷徨,弄不清文言和白话的区别。我们赞成本书附录里浦江清先生的主张,将白话和文言分别教学。"[②]在同月发表的为吕叔湘《笔记文选读》所作序言中,叶圣陶认为文言白话在"理法上差异很多,在表达上也大不一样,要分开来学习才可以精熟,不然就夹七夹八,难免糊涂。两相比较当然是需要的,但是须待分头弄清楚了才能比较。开头就混合在一起,不分辨什么是什么,比较也只是徒劳"[③]。

叶圣陶不仅在理论上赞成文言白话分开编辑,而且组织人员操作。叶圣陶认为:"白话文言混合教学的办法,是十一年编订新学制课程标准的时候开的头。到如今二十多年了,没有改变。有些人关心这件事情,以为混合教学虽有比较与过渡的好处,也有混淆视听与两俱难精的毛病。二十年来国文教学没有好成绩,混合教

---

① 浦江清:《论中学国文》,《国文月刊》第1卷第3期,1940年10月16日。

② 叶圣陶:《教材、教法和教学效率——〈国文教学〉序》,《叶圣陶集》(第十三卷),南京:江苏教育出版社,1992年。

③ 《叶序》,吕叔湘《笔记文选读》,上海:文光书店,1946年。

学也许是原因之一。”[①]1922 年新学制课程标准初中国语部分正是叶圣陶起草的,随后由商务印书馆出版的第一套文白混编的《初中国语教科书》叶圣陶也参加了编选。解铃还需系铃人,如今又由叶圣陶牵头将文言白话分开编辑。开明书店于 1946—1949 年出版的四套中学国文教科书中,《开明新编国文读本甲种》与《开明新编高级国文读本》所选都为白话文,与它们配套的《开明新编国文读本乙种》与《开明文言读本》则都选文言文。

这两套文言教材的编选目的不是训练学生的文言写作,而是提高学生阅读能力。

1923 年胡适起草的《高级中学公共必修的国语课程纲要》中,将“继续练习用文言作文”作为高中国文教学的四大目标之一。1932 年颁布的《高级中学国文课程标准》,也将“养成其用文言文叙事说理表情达意之技能”作为重要目的。这些观点为人们所普遍认可。

1940 年,浦江清主张中学文言教材有两项任务,一为训练阅读能力,二为帮助文言写作。帮助文言写作的初中教材应“选短篇文章,程度可以参考二十年前的高小教本而增加些文言尺牍。读这一本课本时,学生试作百字以内的作文,并练习文言书札”[②]。高中教材应“选晚清到民国的文言文。古文是文言的根底,至于现在通行的文言,是不用古文调子的。这一本课本,为帮助学生练习文言之用,所以不要求他们‘精读’,只要他们略读。内中可以选晚清人谈新学、谈革命的文章,爱国志士所写的发扬民族精神的文章,近代政论家的政论,政府的重要宣言,外交文件,新闻记者的文章,对于预备读法科的学生最有用处。此外还可以选名人的传记、书札、

① 《序言》,《开明新编国文读本甲种》(第一册)。

② 浦江清:《论中学国文》,《国文月刊》第 1 卷第 3 期,1940 年 10 月 16 日。

山水游记等类。以文章明白晓畅为标准"[①]。

朱自清赞同浦江清的意见,他也认为文言文教材需要承担"给学生做写作的榜样或范本"的功能,本来"中等学校里已无须教学生练习文言的写作",但"在现行课程标准未变更以前,中学生还得练习文言的写作"。[②]

但《开明文言读本》并未采纳这些意见,编者认为学生不需要练习文言文写作,学文言文的目的仅在于阅读文言书籍,"或是为了了解过去的历史,或是为了欣赏过去的文学"[③]。

在选文来源上,跟以前的中学国文教科书相比,这两套教材侧重笔记文。

吕叔湘参与编辑《开明文言读本》之前,曾编过一本《笔记文选读》[④],其编辑缘由在于对当时通行的国文教科书不满。"现行的国文教科书,因为受种种条件的拘束,所选的文言篇章对于学习者的兴趣未免太少顾及。同时,教科书所选的多半出于专书或文集,风格以高古为尚,是可以或应该读,但未必是可以或应该模拟的。"[⑤]吕叔湘批评现行教科书的文言课文没有顾及学生的阅读兴趣,是因为他认为笔记文应作为国文教科书的材料来源。"笔记作者不刻意为文,只是遇有可写,随笔写去,是'质胜'之文,风格较为朴质而自然,于语体较近,学习起来比较容易。"[⑥]

后来吕叔湘追认,他选笔记文,不仅仅因为学生容易对此发生兴趣,还在于笔记里面有很多好文章,"我对于中国文学史没有研

---

① 浦江清:《论中学国文》,《国文月刊》第1卷第3期,1940年10月16日。
② 朱自清:《论教本与写作》,《国文月刊》第10期,1941年9月16日。
③ 《编辑例言》,《开明文言读本》(第一册),上海:开明书店,1948年。
④ 文光书店1946年3月重庆初版,9月上海再版。
⑤ 吕叔湘:《序》,《笔记文选读》,上海:文光书店,1946年。
⑥ 同上。

究,只是有这么一个感觉,从先秦以后到白话文学兴起以前,中间这一千多年里,散文文学是远远落后于韵文文学的。这个时期的大作家,司马迁以外,数来数去就只有诗人的名字。连最有名的散文作家韩愈和苏轼,也好像是他们的诗比他们的文更可取似的。这不仅仅是我个人的偏见,也有别人说过。打开《古文辞类纂》之类的书来看,可以算做优秀的文学作品实在不太多。其实这一时期的散文文学,如果不限于第一流的作品,还是有相当数量的,只是文集里不多,应该到‘杂书’里去找罢了。所谓‘杂书’,包括多种,而数量最多的是笔记,这里面是有很多好东西的”①。

吕叔湘于“笔记”有详细解释。“随笔之体肇始魏晋,而宋人最擅胜场。”又可分而为三:一为搜神志异及传奇小说之类,二为正经考史及诗话文评之类,三为“或写人情,或写物理,或记一时之谐谑,或叙一地之风土,多半是和实际人生直接打交道的文字”②。《笔记文选读》只收第三类。一方面因为“随笔之文也似乎本来以此类为正体”;另一方面也因为“六朝志怪和唐人传奇都可另作一选,并且已有更胜任的人做过”,而诗文评和考史“内容未必能为青年所欣赏,文字也大率板滞寡趣”。所以前两类都不选。具体来说,《笔记文选读》“选辑始于《世说新语》而终于《武林旧事》,凡九种,而宋人之作居其七”③,包括《世说新语》二十则、李肇《国史补》十则、沈括《梦溪笔谈》十四则、苏轼《志林》九则、庄季裕《鸡肋篇》十则、陆游《老学庵笔记》十一则、周去非《岭外代答》十则、周密《癸辛杂识》八则、周密《武林旧事》四则。

叶圣陶赞同吕叔湘选笔记文作教材。“语文教本的选材,也有

---

① 吕叔湘:《序》,《笔记文选读》,上海:上海古籍出版社,1979 年 7 月新一版。
② 吕叔湘:《序》,《笔记文选读》,上海:文光书店,1946 年。
③ 吕叔湘:《序》,《笔记文选读》,上海:上海古籍出版社,1979 年 7 月新一版。

人主张须在内容跟形式两方面找出些条件来作取舍的标准。内容方面,大概可以凭背景的亲近不亲近、需要的迫切不迫切、头绪的简明不简明这些条件;形式方面,大概可以凭需要的迫切不迫切、结构的普通不普通、规律的简单不简单这些条件。这就跟每样都尝一点儿的办法不一样;每样都尝一点儿的办法是只问好菜,这个办法却顾到吃的人的脾胃,顾到他的真实得到营养。"叶圣陶这些话是有针对性的,他所说的没有考虑到学生的接受情况,试图每样都让学生尝一点儿,正是壬戌学制实施以来中学国文教科书的普遍情况。"现在中学里的语文教本,白话文言兼收;就材料说,从现在人的随笔小说以至经史子集,几乎无所不包。这个风气在民国十一二年间开始,到现在二十年,一直继承下来。"而《笔记文选读》"文言之中专选笔记,笔记之中又专选写人情,述物理,记一时的谐谑,叙一地的风土,那些跟实际人生直接打交道的文字,为的是内容富于兴味,风格又比较朴实而自然","几乎全是记叙文,对于读者日常写作该会有不少帮助"。①

《开明文言读本》全书三册共五十二课,其中寓言与笔记八课,分别来自《韩非子》《百喻经》《世说新语》《夷坚志》《梦溪笔谈》《天工开物》。《开明新编国文读本乙种》三册共一百一十课,近人文言三十七课中,有《某氏母女》《何伶》《瞽者》《波斯老人》《猎象》《昆虫之农工业》《稻》《麦》《珊瑚岛》《喜马拉亚之游》(分二课)等十一课作者均署"轶名"。古人文言七十九课中,有十五课笔记、九课寓言与三课日记。笔记分别来自《世说新语》、周密《癸辛杂识》、沈括《梦溪笔谈》、刘元卿《应谐录》、刘悚《隋唐嘉话》、戴埴《鼠璞》、洪迈《容斋随笔》、刘基《郁离子》、袁宏道《促织志》、张岱《陶庵梦忆》、江盈科《雪涛小说》、李渔《闲情偶寄》、沈复《浮生六

① 《叶序》,吕叔湘《笔记文选读》,上海:文光书店,1946年。

记》、蒲松龄《聊斋志异》、俞樾《春在堂随笔》。寓言除钱大昕《弈喻》外,分别来自《韩非子》《孟子》《战国策》《列子》《晏子春秋》《家语》《百喻经》《伊索喻言》(林纾译)。日记分别来自徐宏祖《游雁荡山日记》、姚鼐《使鲁日记》、曾国藩《求阙斋日记》。这些作品都是以前教科书很少选的。

叶圣陶认为:“教材选得适当,只是有了好的凭借,要收效,还得在体会、揣摩、辨认、推求方面下工夫。唯有这些工夫做到家,教学的技法才化为学生的语文习惯。”“如今学习的时间既已减少,而应得的成绩又非得到不可,唯有特别注重方法,才会收到事半功倍的效果。多读多作固属重要,但是尤其重要的是怎样读、怎样写。对于这个‘怎样’,如果不能切实解答,就算不得注重了方法。”①这里的“方法”,有些受到吕叔湘《笔记文选读》的启发。

《笔记文选读》在选文后有注解和讨论。注解“于常见词语之用法随时提示,于生僻的词语在字书中可一索而得者或竟置之不论,和旧时的笺注也有点不同”。讨论部分“除一部分和词句的义蕴有关外,大率以引发读者的经历见闻和所读文字相印证为宗旨,希望能帮助养成一种比较良好的读书习惯”。② 叶圣陶称赞《笔记文选读》文后的“注释与讨论”写得好。当时流行的中学国文教科书也有这一部分③,但相比之下,“吕先生才真正做到了‘指导’,他用心那么精密,认定他在指导读者读文言,处处不放松,他使读者不但得到了解,并且观其会通。在现在的青年,文言到底是一种比较生疏的语言,不经这样仔细咀嚼,是很难弄通的。他的指导又往往从所读的篇章出发,教读者想开去,或者自省体验,或者旁求参

① 叶圣陶:《教材与教法》,《叶圣陶集》(第十六卷)。

② 吕叔湘:《序》,《笔记文选读》,上海:文光书店,1946年。

③ 穆济波《高级国语读本》、傅东华《复兴初中国文》都设计有讨论部分。

证。这无关于文言不文言，意在使读者读书，心中常是活泼泼地，不至于只见有书，让书拘束住了"①。《笔记文选读》的两点经验——第一点：注释部分不重生僻字，不重人名地名，而"于常见词语之用法随时提示"；第二点："从所读的篇章出发，教读者想开去，或者自省体验，或者旁求参证"——都被开明书店新编的两套文言教科书吸收了。

具体来说，这两套教科书所设计的文言文教学有四个特点。

第一，学习文言不追求文法知识的系统完整，而随篇讲解，特别注重文言虚字、文言句法的用例及与现代语的比较。叶圣陶认为："一个青年开头读文言，语汇与文法大都是生的，就一个个字看，也许都认得，把许多字连起来看，可不知道他说些什么。因此，语汇和文法得一点一滴的教学，又得研究各各的用例，与白话对照、比较。"②这跟时人对中学生的文言程度认识相符，浦江清就有如下说法："初中的文言文要从头读起。小学生只习惯了白话，现在初中国文课本，忽然插入成篇的文言，显得非常突兀，除是悟性特高的学生，就不会明白。"③因此，《开明新编国文读本乙种》"在每篇文字之后，我们写了短短的几句，大多关涉文法方面，能在文法方面多加思索，距离通晓文言的境界也就不远了。可以思索的当然不止这些个，我们写的不过举例而已"④。它不求文法体系的完整，只是从课文中随处指出文言虚字的用法、句子结构的特色来。如第一册第一课为沈复《儿时记趣》，课后问题为："（一）这篇里的九个'之'字，就作用来分，可以分成几类？（二）'蹲其身'的'其'字是'我的'。可见'其'字不一定是'他的'。（三）'为之'的

① 《叶序》，《笔记文选读》，上海：文光书店，1946年。
② 《序》，《开明新编国文读本乙种》（第一册），上海：开明书店，1947年。
③ 浦江清：《论中学国文》，《国文月刊》第1卷第3期，1940年10月16日。
④ 《序》，《开明新编国文读本乙种》（第一册）。

‘为’,‘以…为…’的‘为’,‘尽为所吞’的‘为’,口语里怎么说?”吕叔湘在为《开明文言读本》所写的《导言》中,“说明文言和现代语的种种区别,并且罗列了一百多个普通称为虚字的字,把它们的用法分项举例说明”。此外,《开明文言读本》课后有六项辅助性学习材料:“(一)‘作者及篇题’,对于这两者作简单的说明。(二)‘音义’和(三)‘古今语’解释文篇里的词语:现代语里已经完全不用的字,人名地名,事实和制度的说明等等归入‘音义’,现代语里形式略变,还有限制地使用的字归入‘古今语’。不加注释的就是跟现代语里形式和意义完全相同的字。(唯一的例外是加‘子’尾‘儿’尾的字,为省事起见,也不入注。)(四)‘虚字’这一项里面只把本篇的虚字在导言里的节数标明,除例外用法之外不再注解。(五)‘文法’项下指出除虚字以外的文法可注意的事项。(六)‘讨论及练习’包括对于选文内容、文章形式、词语应用等各方面的讨论,以及翻译和造句的练习。翻译只有把文言译成现代语的一种,目的在促进读者对于选文的更确实的了解。造句的练习也还是为了增进读者对于文言字法句法的认识,并不希望读者能由此习作文言。”[①]都是为了随文练习阅读文言文的基本技能。

第二,注重不同时代、不同作者风格的比较。《开明新编国文读本乙种》注重引导学生感知不同的风格。比如在《〈百喻经〉四则》后问:“《百喻经》是一部佛经,译文造句跟普通文言颇有不同。试辨别一下,不同的是哪些句?”[②]在吴均《与朱元思书》后问:“作者吴均是六朝人,这一篇正是所谓‘六朝文’。‘六朝文’的形式和风格,不同于普通的散文,你体味得出吗?”[③]而《开明文言读本》则

① 《编辑例言》,《开明文言读本》(第一册)。
② 《开明新编国文读本乙种》(第三册)。
③ 同上。

注重对不同风格的揭示,但它不同于以《诗品》为代表的诗文评的抽象体悟,而是建立在对作者遣词造句特征的具体分析之上,显得比较容易把握。如称林嗣环《口技》和一般古文不同,"气势特别流畅",因为"那个时代的作家竭力摆脱唐宋'古文家'的束缚,尽管在词汇方面守着文言的范围,在文法章法上却不故意拘拘束束,口语的、佛经的、时文(八股文)的特色都会被他们改头换面的运用进去"。[①] 评《夷坚志》的风格跟"《世说新语》和《梦溪笔谈》不很一样,容纳口语成分较少(连'撞入'也是见于《汉书》的成语),但是跟蓄意要做'古文'的文章毕竟不同。一般地说,南宋人的笔记的风格已经不及北宋的质朴"[②]。《开明文言读本》还注重作家风格的详细剖析及同一时代不同作家风格的对比。比如,称《水浒传自序》"作者的文字有点受佛经的影响,从'杨木''唐'(《法华经》:福不唐捐;《百喻经》:唐使其妇受大痛苦)、'或若问言'、'云何独有此传?'等词语可见"[③]。称鲁迅的文言文"和一般古文大异其趣;他糅合汉魏文的整齐和笔记文的朴素,而又很能调和。在这一篇里随便举两三个例:第一段'然卷帙繁重,不易得之'不作'不易得也';第三段'尝称百喻,而实缺二'不作'而实缺其二';第四段'今则已无阿伽陀药,更何得有药裹?'不用'乎'或'哉'——这些地方都可以看出他跟古文家取径不同"[④]。比较蔡元培、胡适、鲁迅的文言文:"蔡先生的文章虽然容纳许多现代词语,所谓'新名词',如'感觉''比例''刺激''记忆''神话''宗教''进步''注意'等等,但用的全然是正统文言的句法,段落的编排、虚字的呼应,也都是正统派的手法,所以看上去俨然是一篇'古文'。胡先生的文章

---

① 《口技》"讨论及练习",《开明文言读本》(第一册)。
② 《綦崇礼》"讨论及练习",《开明文言读本》(第一册)。
③ 《水浒传自序》"讨论及练习",《开明文言读本》(第二册)。
④ 《痴华鬘题记》"讨论及练习",《开明文言读本》(第一册)。

并没有很多‘新名词’,但是遣词造句都不很守古文家的家法,仿佛是从白话里翻译过去的,可是又没有我们读过的几篇笔记文的朴质。这是现代文言作品里最常见的一派。鲁迅先生的风格又跟他们不同,前面已经说过。”①

第三,注重介绍文体知识,但并不系统。《开明文言读本》在《百喻经》后介绍翻译佛经文体,《寄弟》后介绍骈体,《虬髯客传》后介绍传奇和平话,《赤壁赋》后介绍赋,《游子吟》《陌上桑》《绝句二十四首》与《律诗十二首》后的“诗体略说”中介绍乐府、律诗、绝句等各种诗体。这都是朱自清所谓的“古典的训练”②。

第四,注重参证学生的经验,以求加深对课文的理解。比如在《开明新编国文读本乙种》第二册黄宗羲《柳敬亭传》后,编者设计的问题有:“莫生批评柳敬亭说书的三句话是三层境界,越后越精深。试凭自己的经验加以证明。”在《开明新编国文读本乙种》第三册林景熙《蜃说》后,编者设计问题为:“所谓‘海市蜃楼’,就科学上讲是什么道理?你在物理学书上读过吗?”

可见,跟以前的中学国文教科书不同,开明书店四套新编中学国文读本将初高中连成一片;为适合学生的接受能力,放弃文章体制、文学史和学术思想的教学;不进行系统的文学、语法和文章学知识教学;几乎不选学术文和应用文;强调阅读与写作等语文技能的训练;文白分编,不分单元;白话文同时承担思想训练的功能,文言文教学附带介绍古典文学知识。这些做法建立在对以前中学国文教科书编辑实践的反思之上,其经验值得我们重视。

① 《装饰》“讨论及练习”,同上书。

② 朱自清:《论教本与写作》,《国文月刊》第10期,1941年9月16日。

结语

行文至此，我们可以简单归纳出 1912—1949 年中学国文教科书发展演变的主要矛盾。

我们认为，思想道德教育、技能训练、知识灌输、文学教学这四种内容相互冲突、缠绕和斗争，构成了 1912—1949 年中学国文教科书发展演变的主要矛盾。

民国初年，技能训练和文学教学主要表现在林纾、吴曾祺所编以“古文作法”为内容的教科书中，知识灌输主要表现为许国英、谢无量等人在教科书中对保存国粹的强调，思想道德教育主要表现为刘宗向等人对“厉行明史”的突出。对于这些不同内容的教科书，教育部内部看法并不一致。1922 年改革学制，中学分初高中。1920 年代的初中国文教科书，在内容上侧重新思潮和新文学，而忽略写作能力的训练，学界对此有过反省。1930 年代的初中国文教科书主要呈现出思想道德教育、文学教学和文章作法三种内容，前两种实际上是对 1920 年代国文教学观念的继承。以文章作法为内容的教科书，是 1930 年代的主流，但它们多是介绍文章作法知识，而非实实在在的“形式上的训练”。1920 年代，各地高中开设大量国文选修课，其主要内容为包括经史子集在内的“国故”，所用教材以古籍为主，近人学术论著为辅。1924 年，这一现象受到学界批评。1930 年代出版的高中国文教科书，大都选文言文，内容比较固定，从高一至高三，分别为“文章体制”“文学源流”“学术思想”。

这些教科书受到尖锐批评，人们要求高中国文教学重在读写能力训练。抗战期间，国民政府编出《初中国文甲编》，推行“党化教育”，受到学界批评。抗战胜利后，叶圣陶主编了四套中学国文教科书，以阅读与写作技能训练为主要内容。

1912—1949 年的中学国文教科书，在内容上突出思想道德教育的，无论是新思潮，还是传统观念，都受到学界批评；突出文学教学的，无论是新文学作品，还是文学源流，其效果也不佳；突出知识教学的，无论是系统的语法和文章学知识，还是“国故”知识，最后都没有坚持下来。人们在讨论学生国文程度低落时，一致要求国文教学重在训练读写能力。

这些结论对于今天的语文教育是有启发的。

如果说，新课标颁布前语文教育界的热点是工具性与人文性之争，那么，课改实验开始后，“语文教学的问题，关键是内容的问题，语文教学改革的突破口，是语文教学内容的重构”①。“语文教学内容”指在具体的语文课堂上“教什么”与“学什么”的问题。

目前，不同的语文教师，对于语文课“教什么”的看法并不一致。面对同一篇作品，不同的课堂有截然不同的解读。“如朱自清的《背影》，可以作随笔的例子，可以作抒情的例子，可以作写人的例子，可以作第一人称立足点的例子；可以用于学习字法、词法、句法，也可以用于学习文章的读法和作法；还可以进行伦理教育；等等。具体的教学内容到底是什么，答案是五花八门的。”②显然，肯

---

① 李海林：《“语文教学内容”研究的进展、问题及策略》，《中学语文教学》2010 年第 10 期。温立三执笔的《2009 年度语文理论热点追踪》（《中学语文》2010 年第 7、10 期）列举的六个热点中，“语文教学内容”排在第一位。一些著名的语文研究刊物也开始设置专栏深入探讨“语文教学内容”：《语文教学通讯》2009 年 4B 期设置“如何确定语文教学内容？”专栏，《中学语文教学》从 2010 年第 9 期起，开始“连续深入地探讨”“语文教学内容”。

② 屠锦红：《关于重构语文教学内容若干问题的思考》，《教育探索》2010 年第 1 期。

定有些教师是“该教的没有教,不该教的乱教”①。

具体的“语文教学内容”之所以“五花八门”,教科书应负很大的责任。有学者比较当下流通的人教版、苏教版、语文版、山东版四套高中语文教科书第一册第一单元后发现,“人民教育出版社的第一单元注重‘整体把握揣摩语言’,江苏教育出版社强调人文主题‘向青春举杯’,语文出版社关注‘用事实说话’,山东人民出版社强调‘开启智慧之门’。显然,人教版选择了‘阅读技能’为入口,苏教版选择了‘育人’为切入点,语文版选择了‘论证方法’为起点,山东版从‘学习方法’引领学生学习语文”。四家出版社“选取的学习内容是不一样的”②,这必然造成同一篇作品,不同的语文课堂会出现截然不同的解读。

有论者认为,教材层面之所以出现这样的问题缘于目前正在执行的《语文课程标准》“独缺‘课程内容’一章”,“这是目前语文课程与教学改革陷入困境的最直接的原因。从课程与教学管理的角度来讲,一门学科如果没有一个总的内容标准,这门学科必将陷入混乱”。③

批评者的声音也许过于尖锐,且课程标准制定者不设“课程内容”,也自有他们的理由。但至少批评者所揭示的混乱现象的确存在。在最近的一篇文章中,温儒敏也谈到“教材和教学体例的混乱”,并认为“不注重教学的‘梯度’,违背语文学习的规律”是现在语文教学最大的问题之一。④ 如此看来,“语文教学内容”的确需要一定程度上“确定”与“重构”。

---

① 李海林:《如何构建一个可用的阅读教学内容体系?》,《中学语文教学》2010年11期。

② 魏本亚:《“确定语文教学内容”何以成为问题》,《中学语文教学》2010年11期。

③ 李海林:《“语文教学内容”研究的进展、问题及策略》,《中学语文教学》2010年第10期。

④ 温儒敏:《语文教学中常见的五种偏向》,《课程、教材、教法》2011年第1期。

可见,确定什么样的“语文教学内容”,如何拿捏“确定”与“不确定”之间的度,这是目前语文教育界正在探讨的问题。通过对1912—1949年间中学国文教科书的考察,对于我们目前正在展开的关于确定“语文教学内容”的讨论至少有三点启示。

首先,无论哪个时期,中学语文都不可能仅仅是一门工具学科,每个时期的教科书编者,通过选文和对选文的处理,总将他本人的价值观念、政治立场融入进去。所以,语文天生就有思想教育的功能。我们不应该再局限于讨论语文教育是否应有“人文性”,而需进一步讨论“人文性”的内涵。抗战时期,国定本《初中国文甲编》提倡“礼义廉耻”等传统观念,这是一种人文性。开明新编国文读本的编者站在人民大众的立场,表达对人民民主的渴望,这是另一种人文性。这两种人文性是截然不同的。我们对于当下不同教科书和不同教学实践中“人文性”究竟是谁的人文性,是为谁服务的人文性,是通过哪些篇目体现的人文性,都应有清醒意识和深入探讨。

其次,语文教育中的“人文性”不同于思想道德教育。我们对于课程标准中“语文是工具性和人文性的统一”这一说法应该辩证地去理解。根据1912—1949年中学国文教学经验,凡是成功的语文教育,“人文性”都是潜移默化的。也就是说,我们未来确定的“语文教学内容”,应突出培养和训练学生的读写能力。只要课文编选适当,学生自然会受到潜移默化的人文熏陶,并且终身受益。过度分析课文的思想内涵,以“向青春举杯”等为话题组织教学,其实就没有尊重语文教育的规律。

再次,不宜将工具性混淆为知识教学,也就是在语文教学中不必系统学习和考查语法与文章学知识。可以讲解一些语法和文章知识,但必须是为提高学生读写能力服务的。现在有人要求恢复系统的语法和文章知识教学,这一提法值得商榷。

参考文献

一、期刊

《东方杂志》(1904—1927)

《教育杂志》(1909—1935)

《中华教育界》(1912—1935)

《湖南教育》(1912—1913)

《教育界》(1912—1913)

《教育部编纂处月刊》(1913)

《教育公报》(1914—1925)

《绍兴教育杂志》(1917—1919)

《新教育》(1919—1925)

《学生杂志》(1920—1944)

《中等教育》(1922—1924)

《教育研究》(1928—1930)

《大学院公报》(1928)

《教育部公报》(1929—1935)

《江苏教育》(1930—1943)

《师大月刊》(1930—1937)

《中学生》(1930—1949)

《青年界》(1931—1948)

《浙江教育行政周刊》(1931—1935)

《国立编译馆馆刊》(1935—1939)

《国文月刊》(1940—1948)

《国文杂志》(1942—1946)

《国文教学丛刊》(1942)

二、教科书研究

阮真等:《初中国文教材研究》,《教育研究》第14、16期,1929年。

黎锦熙:《三十年来中等学校国文选本书目提要》,《师大月刊》第2期,1933年。

吴研因、吴增介编:《小学教材研究》,上海:商务印书馆,1933年。

王恩华:《国难后中等学校国文选本书目提要》,《师大月刊·卅二周年纪念专号》,1934年。

洪芸仙:《高中国文教材之研究》,《师大月刊》第24期,1936年。

王国栋:《非常时期国文教材研究》,《师大月刊》第29期,1936年。

余冠英:《坊间中学国文教科书中白话文教材之批评》,《国文月刊》第17期,1942年。

张清常:《对于坊间中学教科书所选"学术文"教材之商榷》,《国文月刊》第18期,1942年。

黄光硕:《〈国文百八课〉的体系和选文》,《课程·教材·教法》1986年第6期。

张复琮、曾祥芹:《〈国文百八课〉文章学系统——评夏丏尊、叶圣陶的七十二篇"文话"》,《河南财经学院学报》1986年第4期。

王贵寅:《我国中学语文教科书的演变及其发展趋势》,《吉林师范大学学报》(人文社会科学版)1987年第1期。

颜禾:《我国近现代中学语文教材编写史略》,《教育评论》1988年第1期。

黄光硕:《〈国文百八课〉的习问》,《课程·教材·教法》1989年第4期。

周庆元:《中学语文教材概论》,长沙:湖南出版社,1994年。

王建军:《中国近代教科书发展研究》,广州:广东教育出版社,1996年。

熊承涤:《中国古代学校教材研究》,北京:人民教育出版社,1996年。

刘正伟:《1901—1949年语文教科书发展研究》,《中学语文教学参考》1997年8—10月。

张志公:《传统语文教育教材论》,上海:上海教育出版社,1998年。

温立三:《中学语文教科书世纪回眸》,《中国图书评论》2000年第3期。

[日]藤井省三著、董炳月译:《鲁迅〈故乡〉阅读史》,北京:新世界出版社,2002年。

徐雁平:《从中学国文教科书看近世文学观念的转变》,《现代中国》(第3辑),武汉:湖北教育出版社,2002年。

王倩:《体上求用 用中见体——〈国文百八课〉"文话"系统对作文教学的启示》,《首都师范大学学报(社会科学版)》2003年第3期。

刘洪涛:《现代中学语文的外国文学作品形态分析》,《中国现代文学研究丛刊》2003年第3期。

陈美宝:《由爱乡而爱国:清末广东乡土教材的国家话语》,《历史研究》2003 年第 4 期。

毕苑:《中国近代教科书研究》,北京师范大学博士论文,2004 年。

陈宇航:《译介、欧化与国化——20 世纪 20 年代初翻译文学进入中学国语教科书的进程与作用》,清华大学硕士论文,2004。

胡小敏:《〈国文百八课〉研究》,浙江师范大学硕士论文,2004 年。

林喜杰:《〈国文百八课〉研究》,首都师范大学硕士论文,2004 年。

岳辉:《〈国文百八课〉文话研究》,北京师范大学硕士论文,2005 年。

傅建明:《教科书价值取向研究——人教版小学〈语文〉教科书分析》,北京:中国社会出版社,2004 年。

商丽浩、李可依:《简析民国高中国文教材中女性文选》,《教育学报》2005 年第 6 期。

李良品:《论中国语文教科书的近代化》,《学术论坛》2005 年第 3 期。

吴晓峰:《国语文教科书中的文言白话之争》,《学术论坛》2005 年第 10 期。

M. 阿普尔、L. 克里斯蒂安-史密斯主编,侯定凯译:《教科书政治学》,上海:华东师范大学出版社,2005。

刘超:《民族主义与中国历史书写——清末民国时期中学中国历史教科书研究》,复旦大学博士论文,2005 年。

王友军:《清末和民国时期的中学历史教科书研究》,浙江师范大学硕士论文,2005 年。

李良品等:《论中国近代语文教科书的特征与贡献》,《重庆社会科学》2006年第2期。

闫萍、段建宏主编:《中国现代中学语文教材研究》,北京:文心出版社,2007年。

金兑妍:《50—80年代中学语文教科书与现代文学的经典化》,北京大学博士论文,2007年。

范远波:《民国小学语文教材研究》,华东师范大学博士论文,2007年。

汪家熔:《民族魂——教科书变迁》,上海:商务印书馆,2008年。

华晨:《民国时期初中本国史教科书研究(1920—1936)》,南京师范大学硕士论文,2008年。

孔云:《文化视野中的地理教科书研究》,华东师范大学博士论文,2008年

陈婷:《20世纪我国初中几何教科书编写的沿革与发展》,西南大学博士论文,2008年。

陈尔杰:《"文章选本"与教科书——民初"国文"观念的塑造》,北京大学硕士论文,2008年。

金建陵:《民国初期的语文课本》,《藏书》(南京市民间文艺家协会编)2008年第8期。

姚丹:《二十世纪二、三十年代中小学新文学教育——以教材为考察对象》,《鲁迅研究月刊》2008年第8期。

王荣生:《从文体角度看中小学作文教学——从〈国文百八课〉说起》,《上海教育科研》2008年第3期。

三、教育史料与研究

章士钊:《中等国文典》,上海:商务印书馆,1912年。

戴克敦:《国文典》,上海:商务印书馆,1912年。

《中华民国教育新法令》(第1、2册),上海:商务印书馆,1912、1913年。

王梦曾:《共和国教科书中国文学史(中学校)》,上海:商务印书馆,1914年。

庄庆祥:《文法要略》(上),上海:商务印书馆,1915年。

林纾:《修身讲义》,上海:商务印书馆,1916年。

俞明谦等:《新体国文典讲义(师范学校)》,上海:商务印书馆,1918年。

钱基博等:《戊午暑期国文讲义汇刊》,江苏省立第三师范学校,1918年。

杨树达:《中国语法纲要》,上海:商务印书馆,1920年。

黎锦熙:《新著国文文法》,上海:商务印书馆,1924年。

廖世承:《中学教育》,上海:商务印书馆,1924年。

廖世承等:《新学制中学的课程》,上海:商务印书馆,1925年。

夏宇众:《中学国文科教授之商榷》,北京:北京高等师范学校,1918年。

夏宇众:《国文测验举例》,上海:中华书局,1922年。

梁启超:《中学以上作文教学法》,上海:中华书局,1925年。

沈仲九:《国文科试行道尔顿制的说明》,上海:商务印书馆,1925年。

周铭三、冯顺伯:《中学国语教学法》,上海:商务印书馆,1926年。

张震南:《中学国文述教》,上海:商务印书馆,1927年。

光华大学教育系、国文系编:《中学国文教学论丛》,上海:商务印书馆,1927年。

《党化国语国文课程》,新教育出版社,1927年。

江恒源:《高级中学国文读本分周教学法纲要》,上海:商务印书馆,1928年。

王森然:《中学国文教学概要》,上海:商务印书馆,1929年。

阮真:《中学国文校外阅读研究》,上海:民智书局,1929年。

阮真:《中学作文教学研究》,上海:民智书局,1929年。

阮真:《中学国文各学程教学研究》,上海:民智书局,1930年。

阮真:《中学作文题目研究》,上海:民智书局,1930年。

《山东省县私立中等学校国文教学概况》,济南:山东省政府教育厅,1931年。

陈东原:《中国古代教育》,上海:商务印书馆,1931年。

权伯华:《初中国文实验教学法》,上海:中华书局,1932年。

周倩丝:《现代国文讲话》,北平:现代文化出版部,1933年。

王泽浦:《中学生国文应读书目提要》,北平:中华印书局,1934年。

《第一次中国教育年鉴》,上海:开明书店,1934年。

《民国二十二年度全国各大学入学试题解答》,北平:立达书局,1934年。

黎锦熙:《国语运动史纲》,上海:商务印书馆,1935年。

倪锡英编:《初中国文复习指导》,上海:现代教育研究社,1935年。

蔡元培审定:《全国学校国文成绩新文库》,中央编译局出版,出版日期不详。

葛遵礼、蒋箸超编辑:《国文精华录(中学部)》,上海:会文堂新记书局,1935年。

《二十四年度管理中英庚款董事会第三届留英公费生试题》,北京师范大学图书馆馆藏。

丁致聘:《中国近七十年教育纪事》,南京:国立编译馆,1935年。

《二十五年度管理中英庚款董事会第四届留英公费生试题》，北京师范大学图书馆馆藏。

阮真：《中学国文教学法》，南京：正中书局，1936年。

胡怀琛：《中学国文教学诸问题》，上海：商务印书馆，1936年。

许幕义选辑：《现代中学国文成绩》，上海：广益书局，1936年。

刘师培：《伦理学教科书》，宁武南氏铅印本，1936年。

刘师培：《经学教科书》，宁武南氏铅印本，1936年。

钱洪翔、倪锡英主编：《国语复习指导》，上海：现代教育研究社，1936年。

钱洪翔主编：《全国高中会考试题总揽》，上海：现代教育研究社，1936年。

钱洪翔主编：《全国初中会考试题总揽》，上海：现代教育研究社，1937年。

阮真：《中学读文教学研究》，上海：正中书局，1940年。

傅东华：《国文讲话》，商务印书馆，1940年。

张文治：《中学国文教师手册》，中华书局，1940年。

蒋伯潜：《中学国文教学法》，中华书局，1941年。

《第二次中国教育年鉴》，上海：商务印书馆，1948年。

舒新城编：《中国近代教育史资料》，北京：人民教育出版社，1961年。

张志公：《传统语文教学初探》，上海：上海教育出版社，1962年。

艾伟：《中学国文教学心理学》，台北：国立编译馆，1979年。

杨亮功：《早期三十年的教学生活》，台北：传记文学出版社，1980年。

钟叔河编：《过去的学校》，长沙：湖南教育出版社，1982年。

陈必祥：《中国现代语文教育发展史》，昆明：云南教育出版社，

1987 年。

欧用生:《课程与教学》,台北:文景出版社,1987 年。

《中国近代学制史料》(1—4 辑),上海:华东师范大学出版社,1983—1993 年。

宋恩荣、章咸主编:《中华民国教育法规选编》,南京:江苏教育出版社,1990 年。

璩鑫圭、唐良炎编:《中国近代教育史资料汇编·学制演变》,上海:上海教育出版社,1991 年。

陈伯璋:《意识形态与教育》,台北:师大书苑有限公司,1988 年。

作者不详:《解放前上海的学校》,上海:上海人民出版社,1988 年。

顾黄初、李杏保编:《20 世纪前期语文教育论集》,成都:四川教育出版社,1991 年。

张隆华:《中国语文教育史纲》,长沙:湖南师范大学出版社,1991 年。

吕达:《中国近代课程史论》,北京:人民教育出版社,1994 年。

施良方:《课程理论——课程的基础、原理与问题》,北京:教育科学出版社,1996 年。

熊承涤:《中国古代学校教材研究》,北京:人民教育出版社,1996 年。

费锦昌:《中国语文现代化百年记事》,北京:语文出版社,1997 年。

王丽:《中国语文教育忧思录》,北京:教育科学出版社,1998 年。

吴康宁:《教育社会学》,北京:人民教育出版社,1998 年。

吴永军:《课程社会学》,南京:南京师范大学出版社,1999 年。

孔庆东等:《审视中学语文教育》,汕头:汕头大学出版社,

1999年。

杨东平:《教育:我们有话要说》,北京:中国社会科学出版社,1999年。

李镇西:《从批判走向建设:语文教育手记》,成都:四川少年儿童出版社,1999年。

顾黄初、李杏保编:《20世纪后期语文教育论集》,成都:四川教育出版社,2000年。

李杏保、顾黄初:《中国现代语文教育史》,成都:四川教育出版社,2000年。

张隆华、曾仲珊:《中国古代语文教育史》,成都:四川教育出版社,2000年。

郑国明:《从文言文教学到白话文教学》,北京:北京师范大学出版社,2000年。

北京师大附中编:《北京师大附中》,北京:人民教育出版社,2000年。

顾黄初:《中国现代语文教育百年事典》,上海:上海教育出版社,2001年。

《20世纪中国中小学课程标准·教学大纲汇编·语文卷》,北京:人民教育出版社,2001年。

王松泉:《中国语文教育史简编》,北京:社会科学文献出版社,2002年。

王丽编:《我们怎样学语文》,北京:作家出版社,2002年。

钱理群:《语文教育门外谈》,桂林:广西师范大学出版社,2003年。

钟启泉编:《现代课程论》,上海:上海教育出版社,2004年。

邓洪波:《中国书院史》,上海:东方出版中心,2004年。

刘占泉:《汉语文教材概论》,北京:北京大学出版社,2004 年。

《(民国)教育部文牍政令汇编》,北京:全国图书馆文献缩微复制中心,2004 年。

蔡可:《现代中国语文课程与文学教育的演变》,北京大学博士论文,2005 年。

钱理群、孙绍振:《对话语文》,福州:福建人民出版社,2005 年。

史成明:《中国现代语文教育的早期路向》,华东师范大学博士论文,2006 年。

曾毅:《20 世纪中国语文教育批评研究》,华东师范大学博士论文,2006 年。

陈平原等:《教育、知识生产与文学传播》,合肥:安徽教育出版社,2007 年。

徐雁平:《清代东南书院与学术及文学》,合肥:安徽教育出版社,2007 年。

刘玉才:《清代书院与学术变迁研究》,北京:北京大学出版社,2008 年。

耿红卫:《革故与鼎新——科学主义视野下的中国近现代语文教育改革研究》,济南:山东教育出版社,2008 年。

饶腾杰:《近现代中学语文教育的发展》,广州:广东教育出版社,2008 年。

温儒敏:《温儒敏论语文教育》,北京:北京大学出版社,2010 年。

钱理群:《钱理群语文教育新论》,上海:华东师范大学出版社,2010 年。

钱理群、孙绍振,王富仁:《解读语文》,福州:福建人民出版社,2010 年。

四、出版史料

王云五:《商务印书馆与新教育年谱》,台北:商务印书馆,1973年。

《我和开明》,北京:中国青年出版社,1985年。

朱联保:《上海世界书局历年大事记》,《出版发行研究》,1986年第5期—1988年第6期。

《回忆中华书局》,北京:中华书局,1987年。

《商务印书馆九十年》,北京:商务印书馆,1987年。

《商务印书馆九十五年》,北京:商务印书馆,1992年。

《商务印书馆一百年》,北京:商务印书馆,1997年。

叶彤:《新文学传播中的开明书店》,《中国现代文学研究丛刊》1999年第1期。

俞筱尧、刘彦捷编:《陆费逵与中华书局》,北京:中华书局,1999年。

叶桐:《新文学传播中的开明书店》,《中国现代文学研究丛刊》1999年第1期。

[法]戴仁著、李桐实译:《上海商务印书馆1897—1949》,北京:商务印书馆,2000年。

《我和中华书局》,北京:中华书局,2002年。

钱炳寰:《中华书局大事纪要》,北京:中华书局,2002年。

张静庐:《中国近代出版史料初编》,上海:上海书店出版社,2003年。

五、其他相关文献

《御选古文渊鉴》,刻本(四色套印),清康熙二十四年(1685年)。

蔡世远编:《古文雅正》,湘乡曾氏刻本,同治七年(1868年)。

姚鼐编:《古文辞类纂》,康绍镛刻本。

王先谦编:《续古文辞类纂》,思贤讲舍刻本,光绪十九年(1893年)。

黎庶昌编:《续古文辞类纂》,金陵状元阁刻本,光绪二十一年(1895年)。

曾国藩编:《经史百家杂钞》上海:商务印书馆,1906年。

梅曾亮编:《古文词略》,北京:学部图书局,1908年。

林纾、严复:《林严合钞》,上海:国学扶轮社,1909年。

吴曾祺:《涵香山馆文集》,上海:商务印书馆,1910年。

吴曾祺:《涵芬楼文谈》,上海:商务印书馆,1911年。

谢无量:《中国大文学史》,上海:中华书局,1918年。

谢无量:《中国哲学史》,上海:中华书局,1918年。

林纾:《畏庐文集》,上海:商务印书馆,1925年。

林纾:《文微》,潜江朱氏刻本,1925年。

姜书阁:《桐城文派评述》,上海:商务印书馆,1930年。

文逸编著:《语文论战的现阶段》,上海:天马书店,1934年。

任重编:《文言、白话、大众语论战集》,上海:民众读物出版社,1934年。

吴曾祺:《涵香山馆文集》(第二集),上海:商务印书馆,1936年。

蒋祖诒:《文体论纂要》,南京:正中书局,1946年。

朱羲胄:《春觉斋著述记》,上海:世界书局,1949年。

朱羲胄:《林氏弟子表》,上海:世界书局,1949年。

朱羲胄:《林畏庐先生年谱》,上海:世界书局,1949年。

朱羲胄:《贞文先生学行记》,上海:世界书局,1949年。

《论文偶记·初月楼古文绪论·春觉斋论文》(合订本),北京:人民文学出版社,1959年。

《文章辨体序说·文体明辨序说》,北京:人民文学出版社,

1962 年。

《叶圣陶语文教育论集》(上、下),北京:教育科学出版社,1980 年。

《夏丏尊文集》(一至三卷),杭州:浙江文艺出版社,1983 年。

薛绥之、张俊才编:《林纾研究资料》,福州:福建人民出版社,1983 年。

宣浩平编:《大众语文论战》,上海:上海书店,1987 年影印。

文振庭编:《文艺大众化问题讨论资料》,上海:上海文艺出版社,1987 年。

浦江清:《清华园日记·西行日记》,北京:三联书店,1987 年。

《朱光潜全集》(三、四、九卷),合肥:安徽教育出版社,1987—1993 年。

《叶圣陶集》(一至二十五卷),南京:江苏教育出版社,1987—1994 年。

褚斌杰:《中国古代文体概论》,北京:北京大学出版社,1990 年。

《刘宗向先生遗著选》,长沙:湖南大学长沙校友会编印,1992 年。

李家骥等编:《林纾诗文选》,北京:商务印书馆,1993 年。

《叶圣陶教育文集》(一至六卷),北京:人民教育出版社,1994 年。

商金林:《叶圣陶评传》,合肥:安徽教育出版社,1995 年。

胡适:《白话文学史》,北京:东方出版社,1996 年。

陈平原编校:《中国现代学术经典·章太炎卷》,石家庄:河北教育出版社,1996 年。

《朱自清全集》(一至十二卷),南京:江苏教育出版社,1996 年。

《黎锦熙语文教育论著选》,北京:人民教育出版社,1996 年。

章太炎讲演、曹聚仁整理:《国学概论》,上海:上海古籍出版社,1997年。

章太炎:《国故论衡》,上海:上海古籍出版社,1997年。

陈平原:《中国现代学术之建立——以章太炎、胡适之为中心》,北京:北京大学出版社,1998年。

郭绍虞:《中国文学批评史》,南昌:百花文艺出版社,1999年。

《杜威五大讲演》,合肥:安徽教育出版社,1999年。

《钱玄同文集》,北京:中国人民大学出版社,1999年。

王风:《新文学的建立与现代书面语的产生》,北京大学博士论文,2000年。

张人凤整理:《张元济日记》,北京:商务印书馆,2001年。

吴孟复:《桐城文派述论》,合肥:安徽教育出版社,2001年。

张舜徽:《张舜徽学术文化随笔》,北京:中国青年出版社,2001年。

戴燕:《文学史的权力》,北京:北京大学出版社,2002年。

《胡适全集》,合肥:安徽教育出版社,2003年。

罗志田:《国家与学术:清季民初关于"国学"的思想论争》,北京:三联书店,2003年。

陈平原编:《章太炎的白话文》,沈阳:辽宁教育出版社,2003年。

陈国球:《文学史书写形态与文化政治》,北京:北京大学出版社,2004年。

刘师培:《中国中古文学史讲义》,北京:中国人民大学出版社,2004年。

商金林:《叶圣陶年谱长编》(一至四卷),北京:人民教育出版社,2004—2005年。

刘曾兆:《清末民初的商务印书馆——以编译所为中心之研究》,台北:花木兰出版社,2005年。

商金林编:《叶圣陶抗战时期文集》,北京:人民教育出版社,2005年。

启功、张中行、金克木:《说八股》,北京:中华书局,2006年。

夏晓虹、王风等:《文章语言与文学体式——从晚清到“五四”》,合肥:安徽教育出版社,2006年。

柳春蕊:《晚清古文研究》,南昌:百花洲文艺出版社,2007年。

陆德海:《明清文法理论研究》,上海:上海古籍出版社,2007年。

陈平原、米列娜主编:《近代中国的百科辞书》,北京:北京大学出版社,2007年。

傅宏星:《钱基博年谱》,武汉:华中师范大学出版社,2007年。

王达敏:《姚鼐与乾嘉学派》,北京:学苑出版社,2007年。

钱基博:《现代中国文学史》,北京:中国人民大学出版社,2009年。

罗志田:《近代读书人的思想世界与治学取向》,北京:北京大学出版社,2009年。

亢乐:《许指严及其作品研究》,华东师范大学硕士论文,2009年。

刘晨:《立达学院史论》,北京:团结出版社,2009年。

六、工具书

《教育论文索引》,北京:清华学校教育学社,1924年。

《增订教育论文索引》,上海:民智书局,1932年。

《中华书局图书总目1912—1949》,北京:中华书局,1987年。

《民国时期总书目·中小学教材》,北京:书目文献出版社,1995年。

商金林、李斌、张红丽:《1911—2008叶圣陶研究资料索引》,北京:开明出版社,2009年。

后记

本书受到两个学科的牵扯,一是语文教材研究,一是中国现代文学史研究。

我的问题意识和书稿定位,来源于语文教材研究的学科发展现状。在教育学界,自 1990 年代以来,一直有人呼吁成立语文教材学,并认为这应该成为教育史学的一个重要分支。在这些呼吁下,出现了一些语文教材研究的成果。但是,“概论”“概观”类的宏观研究和某一套教科书的微观研究较多,就某一具体时段的教科书的综合性研究较少;对 1990 年代以来的教科书研究较多,对民国时期的教科书研究较少。尤其是民国时期的中学国文教科书研究,迄今为止还没有比较扎实的成果,主要表现在:我们还不能大致知道民国时期究竟出版过多少套中学国文教科书,彼此间的联系是什么,学术界还没有建立起一幅有关民国时期中学国文教科书的学术地图。所以,我们目前的研究有点类似盲人摸象,都认为自己偶尔接触到的那套教科书很重要,却不知道这些教科书在中学国文教科书发展史上所处的位置。

鉴于这样的学科发展现状,我对本书预设了三个层次的目的。第一个层次,通过自己的努力,尽可能全面搜集民国时期出版的中学国文教科书,对它们进行整理归类,描述其基本面貌,弄清各套教科书在整个教科书发展史上所处的位置。目前看来,这个层次完成得比较好。教科书的搜集相当艰苦,很少有图书馆收藏中小学教科书，除了北京，其他任何一个城市都不可能有条件将这些教科书搜集齐全。而北京的学者，其实都还没有认真地摸过这些材料。所以我做的资料工作和对教科书基本面貌的描述，在学术史上还是第一次。第二个层次的定位，是企图找出决定民国时期中学国文教科书发展演变的主要矛盾，这在学术史上也是第一次。本书提出：思想教育、技能训练、知识灌输、文学教学这四种内容的相互冲突、缠绕和斗争，构成了民国时期中学国文教科书发展演变的主要矛盾。第三个层次的定位，是通过对民国时期中学国文教科书编写经验的总结，得出对当下中学语文教学的启示。上述三个层次的研究目的，都是从语文教材学这一学科需要出发的。

中国现代文学史的学术训练，对于我做这个课题既有帮助，也带来了困惑。帮助是，我自觉运用现代文学史研究的方法，尽量将教科书研究放回到它产生和发展的政治、经济、文化语境中去考察，尽管这完成得不算太好，但总算突破了以往就教科书探讨教科书的方法，使全书的讨论充满了历史纵深感。困惑也不少。这样的选题，对象太大，论题不集中，本身就不是现代文学史的学科训练所能允许的。现代文学史学科发展到今天，已经比较成熟，对于一些基本史料和重大文学史现象，圈内人都基本能做到心中有数。在这样的学科背景下，我们对于一本专著的要求，会看论题是否集中和有针对性，会看问题意识是否明确，会看研究的深度。一个具有中国现代文学史良好学术训练的学者去探讨民国时期中学国文教科书，也许会挑出其中某个问题集中深入地论述。因为这些论题牵涉传统与现代、国粹与西学、中央与地方、政府与民间、计划与市场等各种关系，横跨教育史、政治史、文学史、学术史等多种学科，从某一侧面去切入这些史料，会得到比较深入的研究。但缩小对象，从某一主题进入的深入研究，我觉得并不是现在的语文教材学所能承受的。语文教材学目前最需要的,是能有一本比较完整地描述民国时期中学国文教科书基本面貌及总结其经验教训的著作,只有这样,才有可能进行更深入的研究。

结果是,本书虽然照顾了语文教材学的实际,但从现代文学史的学术训练来看,有些地方写得并不理想。这主要表现在两个方面:一是研究对象太大,必然在每个细节上停留的时间不足,展开的纵深度不够;二是为了照顾历史面貌的全景性和结构的完整性,不可能扬长避短,有些不擅长的部分,也得硬着头皮写出来,这就导致论文各部分质量不均衡。当然,出现这些遗憾,也主要是因为我的学术基础有待进一步夯实,学术水平有待进一步提高,那样才可能找到一个两全的解决办法,这都是我今后需要努力的方向。

2012年李怡老师为台湾花木兰出版社主编《民国文化与文学研究丛书》第一辑,本书得以忝列其中,作为第十七种出版。书虽出版,但仍有些问题没有解决,于是修修补补。蒙花木兰出版社允许,也蒙北京大学出版社看重,本书的简体字修订本得以和大陆读者见面。花木兰版中后记有些话,仍需在此提及:

> 本书是在博士论文基础上修改而成的。从选题到写作答辩直至修改出书,都离不开导师商金林老师的启发和指导。从2004年秋进入北京大学,一念就是七年。这七年中,商老师手把手教我怎么做学问。从最开始如何查资料,到后来如何选题,如何改文章,其间的点点滴滴,每次回味起来,总觉得幸福无限。知道这本书要出版了,他很高兴,多次就写序的事跟我商量,他定下两条原则:争取不要跟温儒敏老师的序言有所重复;争取每句话都说到要害。他太认真了,写了几次都不满意。终于,出版社等不了了。如果还有机会,再请他吧。

温儒敏老师一直关心着这篇论文。在博士生入学考试面试时,我说准备研究这个课题,他当即表示支持。这坚定了我的信心。选题报告会温老师也参加了,鼓励我继续这方面的研究,并提出了若干建议。他是我毕业论文答辩委员会的主席,答辩时对我的论文给予了较高评价。他本来希望本书能够收入由他主编的丛书,但这次却要先出了。我很不安地给他写信,请他作序。他正在主编全国统一的小学初中语文教材,非常忙,却很快就写好了序。

参加论文选题和答辩的张恩和、吴福辉、方锡德、高远东、吴晓东、傅光明、王风、程凯等诸位老师给了我很多很好的建议,敦促我最后完成了论文。吴晓东老师曾经代替商老师指导了我一段时间,他的谦和大度激发了我在学术上的勇气。王风老师不吝啬对我的夸奖,这让我很愉快。

2015 年 11 月于郭沫若故居